_____ 님의 소중한 미래를 위해
이 책을 드립니다.

주린이도 술술 읽는
친절한 경제책

주린이도 술술 읽는

친절한
경제책

경제 왕초보가 꼭 알아야 할 기본

박병률 지음

메이트북스

메이트북스 우리는 책이 독자를 위한 것임을 잊지 않는다.
우리는 독자의 꿈을 사랑하고,
그 꿈이 실현될 수 있는 도구를 세상에 내놓는다.

주린이도 술술 읽는 친절한 경제책

초판 1쇄 발행 2021년 1월 2일 | 초판 5쇄 발행 2024년 5월 10일 | 지은이 박병률
펴낸곳 (주)원앤원콘텐츠그룹 | 펴낸이 강현규·정영훈
편집 안정연·신주식·이지은 | 디자인 최선희
마케팅 김형진·이선미·정채훈 | 경영지원 최향숙
등록번호 제301-2006-001호 | 등록일자 2013년 5월 24일
주소 04607 서울시 중구 다산로 139 랜더스빌딩 5층 | 전화 (02)2234-7117
팩스 (02)2234-1086 | 홈페이지 matebooks.co.kr | 이메일 khg0109@hanmail.net
값 16,000원 | ISBN 979-11-6002-315-2 03320

이 도서의 국립중앙도서관 출판시도서목록(CIP)은 e-CIP홈페이지(http://www.nl.go.kr/ecip)에서
이용하실 수 있습니다.(CIP제어번호 : CIP2020051500)

현명한 투자자는
특정 자산의 미래수익에 대한
전망을 바탕으로
자산을 매수하는 사람이다.

• 존 메이너드 케인즈(영국 경제학자) •

경제를 알아가는 주린이의
궁금증을 확 풀어드립니다

다시 주식바람이 불고 있습니다. 크게 보면 2000년, 2007년에 이어 10여 년 만에 찾아온 주식붐입니다.

제 기억에는 세 번째 주식붐입니다만 어떤 분들에게는 이번이 생애 첫 주식붐일 수 있습니다. 이들 중 상당수는 주식을 처음 시작한 '주린이'들이겠지요.

주식은 개별 종목의 기업 상황이 가장 중요합니다. 기업의 향후 전망이 좋다면 앞으로 주가도 좋을 것입니다. 하지만 주식시장을 둘러싼 경제·금융환경의 변화도 무시할 수 없습니다. 기업의 실적 또한 주변 환경의 영향을 많이 받기 때문입니다.

성공적인 주식투자를 위해선 환율과 금리, 국내외 경제환경을 이해할 수 있어야 합니다. 주린이들이 본격적으로 부딪히는 장벽이 바로 이 지점입니다.

상승장에서 첫 주식 거래를 시작하면 수익률이 플러스를 보이는 것이 처음에는 신기하게 보입니다. 어쩌다가 첫 거래에 큰 수익을 남길 수도 있습니다.

하지만 주식시장은 그리 호락호락하지 않습니다. 몇 개의 종목을 사고팔다 보면 손실을 입는 종목이 하나씩 보입니다.

그러다가 공부를 좀 해야겠다 싶어 증권사 애널리스트의 보고서 혹은 주식 유튜버의 영상을 보기 시작합니다. 이들의 얘기에는 환율·금리·경제성장률·인구·유가·금값·물가 등 다양한 지표들이 등장합니다. 부동산도 주식시장과 관련이 깊습니다. 심지어 기업의 지배구조나 도덕성도 주가에 영향을 미친다는 것을 알게 됩니다.

맞습니다. 주가는 단순한 숫자가 아니라 경제의 종합선물세트와도 같은 존재입니다.

주식을 시작했다면 자의든 타의든 '경제 읽기'를 피할 수 없습니다. 하지만 생각보다 경제관련 서적은 읽어내기가 힘듭니다. 경제책의 종류도 무척 많습니다. 하지만 주식투자에 특화된 경제책은 생각보다 찾기가 힘듭니다.

나름 경제부 기자를 오래한 탓인지 많은 분들이 저에게 경제관련 질문을 던집니다. 유상증자는 나쁜 것이냐, 배당금은 어떻게 받는 것이냐, 우선주는 왜 가격이 뛰느냐 등 주식의 기본적인 상식부터 환율이 상승하면 주식을 사야 하느냐, 미국이 금리를 내리면 주식시장이 어떻게 되겠느냐 등 금융과 연계된 질문까지 다양합니다. 주린이 눈높이에 맞는 '경제책'을 써야겠다고 생각하게 된 것도 이 때문입니다.

이 책은 경제학을 잘 알지는 못하지만 실물경제의 흐름을 빨리 이해하고 싶은 사람들, 주식투자의 원리를 엿보고 싶은 사람들을 위한 책입니다. 경제에 대해 폭넓게 이해하고 싶은 사람들에게 적합합니다. 주린이들의 빠른 이해를 돕기 위해 묻고 답하기(Q&A) 형식을 빌었습니다.

1장은 환율과 금리에 관한 질문들입니다. 들어도 들어도 매번 헷갈리던 원화 약세·강세의 개념, 환율과 주가의 움직임, 금리와 채권과의 관계, 마이너스 금리의 성립원리 등을 쉽게 풀어냈습니다.

2장은 주식에 대한 직접적인 질문들입니다. 배당락일, 공매도의 원리, 네 마녀의 날의 영향, 자사주매입 효과 등 신문에서 자주 보면서도 헷갈렸던 개념과 원리를 명쾌하게 설명합니다.

3장은 주식 외 자산 만들기에 대한 질문입니다. 현금결제와 카드결제 중 무엇이 더 나은지, 마이너스 통장을 쓰는 것이 신용대출보다 나쁜 것인지, 건폐율과 용적율의 차이는 무엇인지 등 알쏭달쏭한 물음을 담았습니다.

4장은 경제를 읽기 위한 질문들입니다. 성장률 전망을 어디까지 믿어야 하는지, 국가부채가 240%가 넘어도 일본은 왜 안 망하는지, 삼성그룹은 왜 지주사로 전환하지 않는지, 외환보유액은 무작정 늘리는 게 좋은지 등의 궁금증을 담았습니다.

마지막 5장에서는 경제용어를 설명합니다. 경제를 읽기 위해서는 경제용어를 반드시 알아야 합니다. 하지만 경제용어는 외우려 한다고 해서 외워지지 않습니다. 주제어를 정하고, 연관되는 용어를 설명해 재미를 높였습니다.

남들은 다 아는 것 같은데 나만 몰라서 물어보기가 부끄러운 질문들이 있습니다. 그래서 묻지 않고 일단 넘어가보지만 그렇게 해서는 영원히 궁금증을 해결할 수 없습니다.

이 책을 읽고도 궁금한 점이 생긴다면 언제든 연락을 주시기 바랍니다. 개별적으로라도 답을 드리겠습니다. 그것이 제가 경제부 기자를 하는 이유이기도 합니다.

이 책이 나오기까지 애써주신 모든 분들께 다시 한 번 고마움을 전합니다.

초겨울 정동에서
박병률

차례 ···

금리와 환율, 주식시장은 서로 영향을 줍니다. 시장이 예상하는 전망치(컨센서스)에 부합하지 않으면 정반대의 상황이 벌어질 수 있습니다. 혹은 국가 간 무역분쟁, 시중유동성, 팬데믹 상황에 따라서도 시장은 달리 반응을 할 수 있습니다. 금리에 따라서 환율, 주식, 채권시장이 영향을 받는다니 너무 복잡합니다. 이 질문에 대한 답들이 1장에 있습니다.

1장

돈의 흐름을 알아야 주식시장이 보인다

환율이 상승하는데
왜 원화 약세라고 부르나요?

원화 약세란 원화가 달러에 비해 약해졌다는 뜻입니다. 1,000원을 주고 1달러를 구할 수 있던 것을 2,000원을 줘야 1달러를 구할 수 있다는 의미니까요.

Q —···

환율은 정말 어려운 것 같아요. 환율이 상승하면 왜 '원화 약세, 달러 강세'라 부르는지 궁금해요.

A —···

처음 환율을 접할 때 가장 헷갈리는 게 원화 강세, 달러화 강세라는 용어입니다. 환율을 조금 아시는 분은 "그것도 몰라?"라고 코웃음 치겠지만 처음 경제에 입문하는 사람들에게는 의외로 어렵지요(저는 지금도 가끔 헷갈립니다).

먼저 원화 입장에서 살펴보겠습니다. '원화가 강세냐, 약세냐'는 원화의 가치를 뜻합니다. 즉 외국 돈과 비교했을 때 우리나라

돈의 가치를 말하는 것이죠. 외국 돈 중에서는 주로 달러와 거래를 하니 원화 강세는 '달러화에 비해 원화가 강하다'라고 보시면 됩니다.

'1달러=1,000원'에서 '1달러=2,000원'이 되었다고 가정해볼게요. 원달러 환율은 1,000원에서 2,000원으로 상승을 했습니다. 즉 과거에는 1,000원을 주고 1달러를 구했는데, 지금은 2,000원을 줘야 1달러를 구할 수 있습니다. 달러화와 비교해 원화의 가치가 어떻게 되었을까요? 떨어졌습니다. 과거보다 1,000원을 더 얹혀줘야 간신히 달러를 바꿀 수 있게 된 것이잖아요. 원화 가치가 떨어졌으니 이를 '원화 약세'라고 부릅니다. 정리하면 아래와 같습니다.

원달러 환율 상승 = 원화 가치 하락 = 원화 약세

반대로 '1달러=1,000원'에서 '1달러=500원'이 되었다고 가정해보겠습니다. 과거에는 1,000원을 줘야 1달러를 구했는데, 이제는 500원만 줘도 1달러를 구할 수 있습니다. 원화를 적게 주고도 달러를 구할 수 있게 되었으니 원화의 가치가 올랐네요. 원달러 환율은 '하락'했고, 원화의 가치는 '상승'했습니다. 정리하면 아래와 같습니다.

원달러 환율 하락 = 원화 가치 상승 = 원화 강세

이제 달러의 입장에서 들여다보겠습니다. 원화와 달러화를 바꾸는 시장에서 원화가 강세면 달러는 약세겠죠. 반대로 원화가 약세면 달러는 강세겠죠. 즉 '원화 강세=달러 약세'이고, '원화 약세=달러 강세'입니다.

> 원달러 환율 하락 = 원화 강세 = 달러 약세
>
> 원달러 환율 상승 = 원화 약세 = 달러 강세

환율은 다른 두 화폐를 교환하는 일입니다. 원화와 달러를 바꿀 때 원화가 강해지면 달러는 약해진다는 뜻입니다. 반대로 달러가 강해지면 원화가 약해졌다는 뜻입니다.

원화는 언제 강해지고 언제 약해지나요?

한국 경제가 미국 경제보다 좋아지면 원화가 강해집니다. 통화의 가치는 그 나라 경제의 힘과 비례합니다.

Q——…

원화는 언제 강세가 되고, 또 어떤 때 약세가 되나요? 원화는 강세가 되는 게 좋은 것 아닌가요?

A——…

　원화 가치란 한국 돈의 가치를 말합니다. '원화 가치가 높아졌다'는 말은 한국 돈의 가치가 높아졌다는 뜻입니다. 한국 돈의 가치가 높아지기 위해선 한국 돈을 가지려고 하는 사람이 많아져야 합니다. 수요공급 법칙에서 보듯 사려는 사람이 많으면 가치가 높아지게 마련이죠.

　한국 돈을 가지려는 사람이 많아질 때는 언제일까요? 그렇습니다. 한국 경제가 강할 때입니다. 즉 경제성장률이 높거나 수출이 잘될 때를 말합니다. 한국 경제가 잘되면 투자하고 싶은 사람도 많아집니다. 한국에 투자하기 위해서는 원화로 투자해야 합니다. 그렇기 때문에 원화에 대한 수요가 많아집니다.

이렇듯 통화의 가치는 그 나라 경제의 힘과 비례합니다. 원화가 강세가 된다는 말은 한국 경제가 좋은 상태라는 뜻이 됩니다.

국민의 입장에서 보면 원화 강세는 장·단점이 있습니다.

먼저 장점은 외국의 물품을 상대적으로 싼 가격에 살 수 있다는 것입니다. 1만 달러짜리 수입 자동차를 예로 들어보겠습니다. '1달러=1,000원'이라면 그 차를 1천만 원에 살 수 있습니다. 그런데 원화 강세로 '1달러=900원'이 됐다면 900만 원에 구입이 가능합니다. 그저 환율 효과로 100만 원을 벌게 되는 것이죠. 또한 해외여행하기도 좋습니다. 해외여행은 해외의 물품과 관광 상품을 사는 것이기에 같은 논리가 적용됩니다.

단점은 수출 기업들의 부담이 커진다는 것입니다. 현대자동차가 해외에서 1만 달러에 파는 자동차가 있다고 가정해보겠습니다. '1달러=1,000원'일 때는 1천만 원의 매출액이 생깁니다. 그런데 '1달러=900원'이라면 900만 원밖에 매출액이 발생하지 않습니다. 현대차로서는 혁신을 해서 생산 가격을 떨어뜨리지 않으면 손실을 볼 수밖에 없습니다.

결국 '통화가 강하다'는 말은 대외적으로는 손실이 늘어나는 구조입니다. 남의 나라 물건을 더 사주고 우리 물건을 더 팔게 된다는 것이지요. 이를 견디기 위해서는 경제가 강해야 합니다.

미국도 마찬가지입니다. '강한 달러'를 유지하기 위해서는 '강한 경제'가 필수적입니다. 경제 구조상 계속해서 적자를 볼 수밖에 없기 때문에 이를 감내해야 할 힘이 있어야 합니다. 그렇지 못할 경우 무역적자, 재정적자의 악순환으로 빠질 수 있습니다.

트럼프·대통령이 "아메리카 퍼스트(America first)"를 외친 것은 더 이상 '강한 달러'를 유지하지 않겠다는 선언과도 같습니다. 그러나 보호무역으로 미국 경제를 부흥시키니 달러는 더 강해지는 아이러니가 발생하고 있습니다. 반대로 바이든 당선인은 '메이크 아메리카 리드 어게인(Make America lead again)'을 내세우며 미국을 다시 국제사회의 지도국가로 돌려놓겠다고 했습니다. 하지만 경기부양을 위해 달러를 추가적으로 풀면서 달러는 약해지고 있습니다. 환율이란 것, 참 재미있죠?

왜 환율이 상승하면
주가가 떨어지나요?

원화 가치가 떨어지면 주식을 판 뒤 환전하는 과정에서 환차손이 발생합니다. 원화 약세는 한국 경제 자체가 좋지 못하다는 뜻도 됩니다. 외국인들이 주식시장에서 주식을 팔고 떠나려하겠죠.

Q —···

환율이 상승(원화 약세)하면 주가가 떨어진다고 하는데 이해가 안 됩니다. 1,000원짜리 주식이 있다고 가정할 때, 1달러에 1,000원이면 주식 1주를 살 수 있지만 1달러에 2,000원이 되면 2주를 살 수 있으니 외국인들이 주식을 더 사지 않을까요?

A —···

아하! 그렇게도 생각할 수 있겠네요. 하지만 앞으로 팔 것을 생각하면 환율 상승이 주식투자자에게는 결코 이롭지 않다는 것을 아실 수 있을 겁니다. 주식을 투자한 외국인들은 차익을 실현해야 자기 돈이 되는 거죠.

미국인 제임스가 주당 2,000원인 주식 1주를 보유하고 있다고 가정해보지요. 그가 주식 1주를 매각했습니다. 2,000원을 손에 쥐었겠죠? 이제 달러로 바꿉니다. 자기 나라에서 돈을 쓰려면 달러로 써야 하니까요. 1달러에 1,000원일 때는 2,000원을 환전하면 2달러를 받을 수 있습니다. 그런데 만약 원달러 환율이 상승해 1달러에 2,000원이 되었다면 2,000원으로 1달러를 환전할 수 있습니다.

결과적으로 제임스는 1달러를 손해보게 되었습니다. 이를 '환차손'이라고 부릅니다.

환율이 향후 상승할 것으로 예상되면 환차손은 계속 커집니다. 차라리 빨리 팔아버리고 떠나고 싶겠죠. 환율이 상승할 때는 외국인들이 국내 주식을 팔고 빠져나갈 가능성이 커집니다. 즉 환율 상승기에는 주가가 하락합니다.

바꿔 생각해보면 주가 하락이 환율을 상승시킬 수도 있습니다. 외국인들이 주식을 팔고 빠져나갈 때 매각 대금으로 받은 원화를 달러로 바꿔야겠죠? 그러면 외환시장에서 달러화를 사려고 하는 수요가 많아집니다. 달러를 사겠다는 사람이 많으면 달러 가치가 올라갑니다. 즉 원달러 환율이 상승하는 것이죠. 주가 하락기에 환율이 상승하는 것은 이 때문입니다.

거시경제적으로도 볼 수 있습니다. 원달러 환율 상승은 원화 가치가 떨어지는 것이라고 말씀을 드렸죠? 원화 가치가 떨어진다는 말은 한국 경제나 한국 기업의 상황이 좋지 못하다는 뜻입니다. 1997년 외환위기나 2008년 금융위기 때 환율이 크게 뛰었던 것을 생각해보면 이해가 쉬울 겁니다.

한국 경제가 좋지 못한데 한국에 투자할 이유는 없겠죠? 외국인 투자자들은 투자금을 회수하고 떠나려할 것입니다. 환차손도 환차손이지만 투자자 입장에서는 투자하고 싶은 국가의 경제적 상황이 더 중요합니다. 10% 환차손이 나더라도 30% 수익이 난다면 투자할 매력은 있으니까요.

환율만 보고 있으면
주가 예측이 가능한가요?

환율 상승이 기업 수익을 높이는 쪽으로 작용한다면 주가가 오히려 올라갈 수도 있습니다. 적절한 환율 상승은 수출 중심의 한국 경제에 도움이 됩니다. 경제에 '언제나'는 없습니다.

Q——…

환율이 상승하면 주가는 무조건 하락하나요? 환율만 보고 있으면 주가 예측이 가능하겠네요?

A——…

하하, 경제가 그래서 어렵습니다. 경제에서 '무조건'이란 없습니다. 주가와 환율은 당시의 국내외 경제·사회·정치적 환경에 따라 다르게 반응할 수 있습니다.

수출 중심 국가에서는 환율이 상승하면 주가가 상승할 수도 있습니다. 수출 기업의 수익이 좋아져 향후 기업 가치가 높아질 것으로 기대할 수 있기 때문입니다.

삼성전자가 반도체 10개를 팔아 10달러를 벌어들였다고 가정하겠습니다. 달러당 1,000원일 때는 수익이 1만 원이 됩니다. 그런데 원달러 환율이 상승해 달러당 2,000원이 되면 수익은 2만 원이 됩니다. 삼성전자의 재무제표는 원화로 표기하기 때문에 수익이 2배(!)나 증가하게 됩니다. 이에 따라 영업이익과 순이익도 증가하고, 기업 가치가 높아집니다. 즉 삼성전자 주가가 상승할 요인이 되는 것이죠.

환율 상승은 수출 기업의 가격경쟁력도 높입니다. 예전에는 미국에서 10달러에 팔던 것을 5달러에 팔아도 남는 장사가 될 수 있기 때문입니다. 가격을 낮추면 판매가 증가할 테고, 전체 매출액과 영업이익이 증가할 가능성이 큽니다.

특히 자동차, TV, 세탁기, 스마트폰 같은 가격에 민감한 가전제품의 경우는 직접적으로 환율의 영향을 받습니다. 중국, 일본 등과 경쟁해야 하는 우리 기업들로서는 환율 상승이 반가울 수 있습니다. 그래서 수출이 많은 국가들은 의도적으로 자국화폐를 평가절하(해당 통화의 가치를 낮추는 것)하려는 경향이 있습니다. 2008년 이명박 정부 시절 강만수 기획재정부 장관이 '고환율 정책'을 채택했던 것은 이 때문입니다. 이런 정책은 종종 주요국 간의 '환율전쟁'으로 확전되기도 합니다.

반면 내수기업이나 항공, 여행산업 등 해외에 달러를 지불해야 하는 업종의 경우는 환율 상승이 부담이 됩니다. 내수기업은 해외에서 물건을 사와야 하기 때문에, 항공기업은 항공유를 사와야 하기 때문에 달러를 지출하는 부담이 커집니다. 예컨대 10달러어치를 구매해야 한다면, 예전에는 1,000원을 지출하면 되었지만 이제는 2,000원을 지출해야 합니다. 비용이 커진 만큼 수익이 줄어들게 되고, 재무제표는 악화됩니다.

그렇다면 결론적으로 환율이 우리 주식시장에 미치는 영향은 어떨까요? 한국은 삼성전자, 현대자동차, SK하이닉스 등 수출 기업이 증시를 주도하고 있습니다. 따라서 환율 상승으로 수출 기업들의 실적이 개선될 것이라는 기대감이 커지면 전체적으로 주가를 끌어올리는 요인이 될 수 있습니다. 즉 통상적인 환율 상승(원화 약세)은 주가 하락의 원인이 맞지만 적절한 수준의 환율 상승이라면 주식시장에 도움이 됩니다.

남북정상회담을 하는데
왜 환율이 떨어지나요?

단번에 모든 것이 잿더미가 되는 전쟁만큼 투자자가 싫어하는 리스크도 없습니다. 남북정상회담은 글로벌 투자자들에게 한반도가 좀더 안전해졌다는 신호를 줍니다. 외국인 투자가 증가하면 원화 강세로 이어집니다. 즉 환율이 떨어지는 것이죠. 평화가 곧 경제입니다.

Q——…

남북정상회담 소식에 원달러 환율이 하루 사이에 10원이나 떨어진 적이 있었습니다. 남북정상이 만나는 정치적 이슈에 환율이라는 경제적 이슈가 영향을 받는 것은 왜 그런가요?

A——…

한국은 전 세계 유일의 분단국가입니다. 언제든 머리 위로 포탄이 날아올 수 있다는 것은 투자자로서는 엄청난 리스크죠. 전쟁은 투자한 모든 것을 하루아침에 날려버리니까요.

주요 경제대국 중에 언제든 전쟁이 날 수 있을 만큼 아슬아슬한 나라는 한국 말고는 없습니다. 이 때문에 한국 경제는 실제 능력보다 저평가를 받곤 합니다. 이를 '코리아 디스카운트(Korea Discount)'라고 합니다.

남북정상이 손을 맞잡는 모습은 한반도 긴장 완화에 대한 기대를 갖게 합니다. 전쟁에 대한 공포가 제거되면 한국 경제에 대한 안전성도 한층 높아지게 되는 것이죠. 즉 코리아 디스카운트가 축소됩니다. 2019년 10월 국제신용평가사인 무디스는 북한 관련 지정학적 리스크로 인한 '코리아 디스카운트'가 과거보다 완화되었다고 평가했습니다.

전쟁 가능성이 줄어들었다는 믿음은 한국 경제가 과거보다 더 잘될 수 있다는 뜻이 되고, 이는 원화에 대한 믿음으로 이어집니다. 원화 가치가 올라간다는 뜻입니다. 즉 원달러 환율이 하락하게 됩니다.

코리아 디스카운트는 주식시장에도 영향을 많이 미칩니다. 글로벌 투자자들 입장에서는 단 몇 퍼센트의 가능성이라도 전쟁이 나서 초토화가 될 수 있는 곳에 굳이 투자할 이유는 없습니다. 한국말고도 투자할 만한 나라는 세상에 널렸으니까요.

한국의 코스피와 코스닥은 다른 나라에 비해 저평가되어 있다는 것이 일반적인 견해입니다. 코리아 디스카운트가 갉아먹은 주가는 얼마나 될까요? 박소연 한국투자증권 연구원은 "선진국 시장과 비교하면 42%, 신흥국 시장과 비교하면 26% 저평가받고 있다"고 설명했습니다.*

* 「'코리아 디스카운트' 작년보다 심화됐다…"기업 이익 개선 관건"」, <이데일리>, 2017년
  8월 9일

남북 평화기조가 공고해지면 외국인의 국내 주식투자가 증가하고, 이 때문에 환율은 추가 하락하게 됩니다.

글로벌 채권시장의 움직임도 원화 강세를 거듭니다. 대북리스크가 사라지면 해외에서 달러를 조달해 들여오기가 쉬워집니다. 달러가 많이 들어올 수 있다는 말은 원화 강세로 이어질 수 있다는 뜻도 되는 것이죠. 즉 환율이 하락할 요인이 된다는 얘깁니다.

코리아 디스카운트가 해소되면 한국의 국가 신용등급에도 긍정적인 영향을 미칩니다. 한국이 더 안전해진 만큼 국가신용도는 더 높아지고, 국가신용도가 높아지면 대외 조달 금리가 낮아집니다. 금리가 낮아진 만큼 싸게 달러를 쓸 수 있어 경제에 도움이 됩니다.

코리아 디스카운트는 지정학적 위기(남북 대치 상황)뿐 아니라 배당 성향, 기업의 지배구조, 경제의 투명성, 노동시장 경직성 정도 등에도 영향을 받습니다. 하지만 지정학적 위기를 제외하고는 어느 나라나 일정 부분 갖고 있는 문제라는 점에서 우리로서는 코리아 디스카운트 해소가 가장 중요한 과제 중 하나인 것은 틀림없어 보입니다.

미국이 이란을 공격하는데
왜 우리 환율이 오르나요?

세상이 혼란스러울 때 투자자들은 신흥국 통화보다는 안전자산인 달러를 선호합니다. 중동 정세 악화는 원유를 수입해야 하는 한국에는 악재입니다. 자칫 원유가격이 오르면 내수와 수출 모두 부정적인 영향을 받습니다. 그러니 원화는 약세로 갈 수밖에요.

Q——…

미국이 이란 군부를 공격하는데 왜 우리나라 환율이 급등하나요? 원화가 중동과도 관련이 있나요?

A——…

　환율은 대외 정치경제의 영향을 많이 받습니다. 한국처럼 대외 개방 정도가 높고, 대외 의존도가 높은 나라는 더 그렇습니다. 2020년 1월 미국이 이란 군부 지도부를 무인 드론으로 공격하자 원달러 환율은 하루 만에 10원 가까이 상승했습니다. 그 원인은 크게 2가지로 볼 수 있습니다.

　첫 번째로, 공격당한 것에 분노한 이란이 미국에 보복을 할 수 있고 그러면 향후 중동 정세가 어지러워질 것이라고 전망할 수 있기 때문입니다. 중동은 전 세계에 원유를 공급하는 핵심 지역입니다. 원유 공급에 차질이 생기면 원유 가격이 상승하고 전 세계가 영향을 받게 됩니다. 즉 글로벌 경제에 불확실성이 커지는 것이지요.

불안감이 커지면 사람들은 안전한 것을 찾습니다. 즉 위험자산을 버리고 안전자산을 보유하려는 욕구가 강해집니다. 위험자산이란 내·외부적 충격에 쉽게 가치가 하락할 수 있는 상품입니다.

한화를 비롯한 신흥국 통화는 위험자산으로 분류됩니다. 글로벌 경제 상황이 나빠지면 투자자들은 신흥국으로부터 자금을 회수해가고, 신흥국의 경제는 선진국에 비해 더 빨리 붕괴됩니다. 경제가 나빠지면 경제적 약자부터 삶이 힘들어지는 것과 같은 이치라고 봐야겠네요.

그렇다면 안전자산은 무엇일까요? 대표적으로 달러화가 있습니다. 기축통화국인 미국은 어떤 경제위기가 와도 마지막까지 버틸 수 있는 국가라고 투자자들은 믿고 있습니다(기축통화란 국제 간의 결제나 금융거래의 기본이 되는 통화를 말합니다). 달러화에 이어 유로, 엔화, 스위스프랑 등이 안전자산으로 분류됩니다. 하나같이 선진국들의 통화입니다.

두 번째, 중동발 불안은 제조업과 수출 중심의 한국 경제에 초대형 악재가 될 수 있기 때문입니다. 원유를 전부 수입해와야 하는 한국은 원유 가격이 상승하면 생산 비용이 높아져 가격경쟁력을 잃기 쉽습니다. 휘발유 가격이 치솟으면서 국내에는 인플레이션 우려까지 겹칩니다. 경기는 나쁜데 물가만 오르면 스태그플레이션에 빠질 수 있습니다.

스태그플레이션이란 스태그네이션(stagnation: 경기침체)과 인플레이션(inflation: 물가 인상)을 합성한 신조어입니다. 스태그플레이션은 정부가 경기부양을 위해 재정을 풀 수도 없기 때문에 일반적인 인플레이션이나 스태그네이션보다 나쁩니다. 1970년대 오일쇼크 때 한국 경제가 특히 충격을 많이 받았던 것도 이 때문입니다. 한국 경제가 나빠질 것이라는 전망은 외환시장에서 원화의 가치를 떨어뜨리고, 원달러 환율을 상승시킵니다.

미국이 이란을 공격했을 뿐인데 원화가 약해지는 것은 솔직히 억울하지만 그게 글로벌 경제의 현실입니다. 만약 미국과 중동 간의 위기가 계속된다면 그때는 어떨까요? 장기전은 달러의 힘도 약화시킬 수 있습니다. 전쟁을 치르기 위해서는 달러를 많이 찍어야 하는데, 이렇게 되면 글로벌 외환시장에서 달러의 가치가 하락합니다. 또한 지속된 전쟁은 미국의 경제성장률을 떨어뜨립니다.

이럴 경우는 신흥국의 통화 가치가 상승하기보다 금, 원유, 구리 등 다른 종류의 안전자산으로 투자가 옮겨갈 가능성이 큽니다. 화폐와 달리 금, 원유, 구리 등 실물자산은 가치가 보전되는 것이라서 경제위기 때 달러보다 더 안전한 자산으로 평가되기도 했습니다.

최근에는 달러가 약해지면 비트코인과 같은 가상통화 가격이 상승하는 모습도 보입니다. 가상통화는 분명 안전자산은 아닙니다. 매우 위험한 자산입니다.

그럼에도 불구하고 가상통화 가격이 뛰는 이유는 무엇일까요? 미래 가치가 있다고 믿기 때문일까요, 아니면 실물경제에서 잠시 도피할 수 있는 피난처라고 생각하기 때문일까요?

누구도 그 답을 정확히는 모릅니다. 다만 가상통화는 스마트폰에 앱을 깔면 전 세계 어디서나 24시간 거래할 수 있고, 현금화도 비교적 쉽다는 장점이 있습니다.

환율조작국이 뭔가요?
우리도 지정 가능성이 있나요?

환율조작국은 미국이 만든 개념입니다. 의도적으로 자국의 환율을 약세로 만들어 수출경쟁력을 높인 국가를 견제하기 위해 만든 조치입니다. 때문에 미국이 필요하다면 언제든 자의적으로 지정할 수 있습니다.

Q——…

경제 뉴스를 보면 우리나라가 환율조작국으로 지정되는 것을 우려하던 데요, 환율조작국이란 뭔가요? 정말로 지정 가능성이 높나요?

A——…

　환율조작국은 국제기구에서 정하는 것이 아닙니다. 따라서 국제적인 기준도 없습니다. 미국이 미국 경제를 보호하기 위해 자의적으로 지정한 조치입니다. 즉 환율조작국 지정은 특정 국가가 의도적으로 환율시장에 개입해 환율을 왜곡시키는 것을 막기 위한 국제적 조치가 아니라 미국의 대외무역 적자를 줄이기 위한 조치로 보시는 게 맞습니다.

어떤 기준으로 지정하는지 살펴볼까요? 미국 재무부는 1년에 두 번(4월, 10월) 주요 교역국에 대한 경제 및 환율정책 보고서를 미 의회에 보고합니다. 이때 아래 3가지 기준에 부합하는 국가를 환율조작국(심층 분석 대상국)으로 지정합니다.

- 지난 1년 동안 200억 달러(약 24조 원)를 초과하는 대미 무역 흑자
- 국내총생산(GDP) 대비 2%를 초과하는 경상흑자
- 지속적이고 일방적인 외환시장 개입(GDP의 2%를 초과하는 외환을 12개월 중 6개월 이상 순매수)

만약 이 중 2가지에 해당하면 '환율 관찰 대상국'으로 분류합니다. 한국은 2020년 1월부터 '환율 관찰 대상국'입니다. 한국이 외환시장에 개입하는 '나쁜 나라'여서일까요? 아닙니다. 한국은 1항과 2항에 저촉됩니다.

1항 대미 무역흑자 203억 달러(2019년 7월~2019년 6월) > 기준치 200억 달러

2항 GDP 대비 경상흑자 4% > 기준치 2%*

한마디로 '미국에 대해 너무 많은 흑자를 남기고 있으니 너희

*「美 환율 '관찰 대상국' 꼬리표 언제 떼나… 대미 무역흑자 발목」 <중앙일보>, 2020년 1월 14일

들은 환율을 조작하고 있을 가능성이 크다(!)'라는 얘깁니다.

　수출이라는 게 단순히 가격만으로 이뤄지는 것은 아니겠죠? 특히 미국처럼 선진화된 시장에서는 소비자들이 '싸다'는 이유만으로 제품을 사지 않습니다. 제품의 질이 따라야 합니다. 하지만 미국 정부는 한국이 흑자를 남기는 이유를 가격, 즉 '원화 절하' 때문만으로 보고 있습니다.

　미국의 이런 주장은 사실 근거가 부족합니다.

　3항을 볼까요?

> **3항** 80억 달러(GDP의 0.5%) 순매도 < 기준치 : GDP 2% 순매수

　한국은 GDP 대비 외환시장 개입을 0.5%만 했기 때문에 기준치(2%)에 훨씬 못 미칩니다. 무엇보다 주목할 것은 80억 달러 순매도를 했다는 부분입니다. 순매도를 했다는 말은 달러를 시장에 더 쏟아 부었다는 말이죠. 외환당국이 외환시장에 80억 달러를 내다 팔면 외환시장에는 달러가 그만큼 많아져 달러화 가치가 하락하고, 원화의 가치가 상승합니다. 원달러 환율은 하락합니다.

　미국이 문제를 삼는 것은 순매수를 했을 때입니다. 달러를 시장에서 사들이면 시장에서는 달러가 부족해져 달러 강세가 되고, 원화는 약세가 됩니다. 그 결과 원달러 환율이 상승합니다. 그러면 한국은 수출하기가 좋아집니다. 그래서 미국은 한국 정부가 원달러 환율을 억지로 끌어올리는 것을 싫어합니다.

한국 정부가 순매도를 했다면 GDP 대비 2% 이상이라도 미국이 불만을 가질 이유는 없습니다. 수출 기업의 입장으로 본다면 원화 가치가 상승하기 때문에 수출이 더 어려워집니다. 그러니까 한국은행은 80억 달러 순매도를 해서 한국 기업들이 수출하는 것을 더 어렵게 만든다는 얘기입니다.

그렇다면 한국은행은 왜 달러를 써가면서 바보(?)같이 원화 절상을 시도했을까요? 환율은 국민 경제에 양방향으로 영향을 미칩니다. 환율이 높아지면 수출 기업은 유리하지만 내수기업은 불리합니다. 특히 물가 인상을 자극해 소비자 물가가 뛰고, 그러면 각가정의 경제 주체들이 힘들어집니다. 때문에 원달러 환율이 너무 오르는 것도 외환당국은 달갑지 않습니다. 정부로서는 우리 경제수준에 딱 맞는 적정 환율이 가장 좋은 것이죠.

미국은 경제적 이유에서 환율조작국을 지정한다고 하지만 실제로는 매우 정치적인 행위입니다. 미국은 미중 무역전쟁이 한창이던 2019년 8월에 중국을 환율조작국으로 지정했습니다. 중국 정부가 인위적으로 환율을 '1달러=7위안'으로 낮춰 수출을 쉽게 하려 했다고 미국은 의심했습니다.

통상 4월과 10월에 보고서를 통해 환율조작국을 지정하지만 당시 미국은 아무런 예고도 없이 일방적으로 지정해 세계 경제계를 깜짝 놀라게 했습니다. 중국은 2항(GDP 대비 경상수지 2% 이상)과

---

* 중국의 경상수지 흑자 비율은 GDP의 1.8%, 인민은행은 1조 원 달러 이상 순매도하며 위안화 절상을 유도했다. 「트럼프, 中 '환율 조작국' 지정할까…14일 '환율 보고서'촉각」 <머니투데이>, 2017년 4월 6일

3항(GDP의 0.5% 순매수)에 부합하지 않는 상태였습니다.*

　미국은 5개월 뒤인 2020년 1월 중국을 환율조작국에서 지정해제했습니다. 그동안 중국의 경상수지나 외환시장 개입 트렌드는 큰 변화가 없었습니다. 다만 달라진 것은 미중 무역합의 1단계를 앞두고 있었다는 겁니다. 미국 재무부는 "중국은 환율 문제에 대한 투명성과 책임성을 높이기로 약속했고, 관련 정보도 공개하기로 했다"며 환율조작국 지정해제 사유를 밝혔습니다.

　전체적으로 볼 때 한국이 환율조작국으로 지정될 가능성은 매우 희박합니다. 그러나 환율조작국 지정은 단순히 경제적 판단으로 내려지는 것이 아닙니다. 한미 관계가 나빠지면 미국이 압박용 카드로 얼마든지 쓸 수 있습니다. 대통령이 트럼프이건 바이든이건, 마찬가지입니다. 국제 정치경제 관계는 그래서 냉혹합니다.

현찰 살 때와 팔 때, 송금 보낼 때와 받을 때 왜 환율이 다른가요?

달러를 지폐로 바꿔주기 위해서는 달러를 구해 해당 은행지점까지 배송하고 관리를 해야 합니다. 여기서 많은 비용이 발생합니다. 때문에 환율은 '송금 보낼 때'가 '현찰을 살 때'보다 좋습니다.

Q——···

환전하려고 은행에 가보니 매매기준율, 현찰 살 때와 팔 때, 송금 보낼 때와 받을 때가 각각 다릅니다. 너무 혼란스러운데요, 환전하려면 어떤 환율이 적용되나요? 그리고 왜 이렇게 다른가요?

A——···

환전을 하러 가면 환율 관련해서 3가지가 적혀 있습니다. '매매기준율, 현찰 살 때/팔 때, 송금 보낼 때/팔 때'죠.

결론부터 말씀드리면 달러를 사야 하는 사람이라면 '현찰 사실 때'만 보면 됩니다. 혹은 '현찰 매도율'을 보면 됩니다. 현금을 사는 것이면 '매수'가 되어야 하는데 왜 '매도'라고 표현했을까요?

그 이유는 은행 기준으로 보기 때문입니다.

즉 '현찰 매도율'은 은행이 고객에게 달러를 팔 때 제시되는 환율을 의미합니다. 이런 점이 고객들에게 오해를 줄 수 있다고 해서 요즘은 한글로 풀어 '현찰 사실 때'로 표기해놓은 은행들이 많습니다.

환전 시 환율의 가장 기본이 되는 것은 매매기준율입니다. 통상 환율 조회 때 가장 앞부분에 위치합니다. 매매기준율은 은행이 외환시장에서 달러를 구해온 원가를 의미합니다. 매매기준율 '1달러=1,000원'은 은행이 1달러를 1,000원에 구해왔다는 뜻이 됩니다.

다만 은행은 필요한 달러를 한 번에 모두 바꾸지 않습니다. 외환시장에서 수시로 달러를 바꾸게 되는데, 그때마다 적용된 환율을 고시합니다. 환율이 급등락하게 되면 은행들도 자주 외환시장을 찾게 됩니다. 그 이유는 가급적 시장과 비슷한 환율로 달러를 사고팔아야 손해 볼 가능성이 적어지기 때문입니다.

예컨대 매매기준율을 '1달러=1,000원'으로 고시했는데 환율이 폭등해 외환시장 가격이 '1달러=1,500원'이 되어버리면 은행은 앉아서 500원을 잃게 되겠죠?

따라서 시장이 불안정할 때는 고시하는 매매기준율의 횟수도 늘어나게 됩니다. 하루에 고시되는 매매기준율은 통상 50회 정도지만 환율 급등락이 커지면 400회에 이르는 경우도 발생합니다.

은행들은 매매기준율에서 마진(환전수수료)을 더해서 달러를 고객에게 팔거나 사게 됩니다. 고객에게 달러화를 팔 때는 '현찰 사실 때(현찰 매도율)', 고객에게서 달러화를 살 때는 '현찰 파실 때(현찰 매수율)'가 됩니다. 은행들은 현찰을 팔 때는 매매기준율보다 비싼 환율을 적용합니다. 사온 달러를 고객에게 팔기 때문에 마진을 붙이고 파는 것이죠.

반대로 현찰을 살 때는 매매기준율보다 낮은 환율을 적용합니다. 매매기준율과 고객에게서 사들인 환율 차이가 은행의 마진이 됩니다. 즉 환율은 '현찰 사실 때 〉 매매기준율 〉 현찰 파실 때'입니다.

다음 표는 2020년 2월 28일 하나은행이 고시한 원달러 환율입니다. 비교를 해볼까요?

은행의 원달러 환율고시표

2020.02.28 20:02 하나은행 기준 | 고시회차 377회

| 통화명 ▾ | 매매기준율 | 현찰 | | 송금 | | 미화환산율 |
		사실 때	파실 때	보내실 때	받으실 때	
미국 USD	1,210.50	1,231.68	1,189.32	1,222.30	1,198.70	1.000
유럽연합 EUR	1,335.67	1,362.24	1,309.10	1,349.02	1,322.32	1.103
일본 JPY (100엔)	1,114.18	1,133.67	1,094.69	1,125.09	1,103.27	0.920

현찰 사실 때(1231.68원) > 매매기준율(1210.50원) > 현찰 파실 때(1189.32원)

원화를 달러로 바꿔 해외로 송금할 때라면 '송금 보내실 때'를 보시면 됩니다. 은행이 달러를 고객에 파는 것이기 때문에 '전신환매도율'이라고도 합니다. 해외에 공부하는 자녀에게 송금할 때 이 환율이 적용됩니다.

해외에서 달러를 보내와 원화로 바꿀 때는 '송금 받으실 때'가
적용됩니다. 은행이 달러를 고객으로부터 사는 것이기 때문에 '전
신환매입율'이라고도 합니다. 해외에서 근무하는 아빠가 한국의
집에 돈을 보낼 경우 적용되는 환율이라고 보시면 됩니다.

송금 역시 현찰 때처럼 적용 환율은 '송금 보내실 때 〉매매기
준율 〉송금 받으실 때'가 됩니다.

앞의 표를 보면 확실히 알 수 있습니다.

> 송금 보내실 때(1222.30원) > 매매기준율(1210.50원) > 송금 받으실 때(1198.70원)

그렇다면 현찰을 살 때와 송금을 보낼 때 중 어느 쪽이 환율이
좋을까요? 당연히 송금 보낼 때겠죠? 현찰을 사면 은행이 유통과
보관에 따른 수수료를 덧붙이기 때문에 전산으로 처리되는 송금
에 비해 환전수수료가 비쌉니다. 앞의 표를 이용해서 볼까요?

> 현찰 사실 때(1231.68원) > 송금 보내실 때(1222.30원) > 매매기준율(1210.50원)

통상 환전수수료는 현찰을 살 때는 매매기준율의 2%, 송금 보
낼 때는 1%가 붙습니다. '1달러=1,000원' 기준으로 보자면 10원
정도 차이가 납니다.

결국 은행에서 달러화로 직접 환전할 때 적용되는 환율은 환전

환율표에 있는 환율 중에서 가장 비싼 환율이라고 보시면 됩니다.

　은행은 수수료를 받고 금융소비자들에게 환전을 해줍니다. 현찰거래는 송금 거래에 비해 아무래도 비용이 많이 듭니다. 지폐를 직접 배송해야 하고, 관리까지 해야 하니까요. 그래서 송금을 보낼 때보다 현찰을 살 때 수수료가 더 부과되는 것입니다.

　그렇다면 여기서 퀴즈 하나. 자녀가 미국에 있습니다. 자녀에게 매달 생활비를 송금해왔는데요, 다음 달엔 자녀를 보러 미국에 들어갑니다. 이때 원화를 달러로 바꿔 현찰로 전달하는 것이 쌀까요, 아니면 그래도 송금을 해버리는 것이 쌀까요?

　환율만 보자면 송금이 유리하지만 전체적으로 보면 딱히 송금이 유리하다고 말하기 힘듭니다. 송금할 때 송금수수료와 전신료·중개수수료, 수취수수료 등이 붙기 때문입니다.

　송금수수료를 면제하거나 감면하는 인터넷 전문은행이나 송금 앱을 이용하지 않는다면 송금이 오히려 비쌀 수도 있습니다. 다만 현찰을 갖고 외국에 갈 경우에는 1만 달러를 넘을 수 없다는 것은 알고 계시죠?

우대환율을 받으면
환율을 깎아주나요?

우대환율은 환전 때 발생하는 환전수수료를 깎아준다는 뜻입니다. 우대환율이
100%가 되면, 은행이 달러를 구해올 때 적용되는 '매매기준율'과 같아집니다.

Q——…

은행 창구에서 환전하려는데 한 달간 우대환율 50%를 적용해준다고 합
니다. 우대환율이란 외환시장에서 거래되는 환율보다 더 낮게 준다는 뜻
인가요?

A——…

　은행들은 해외여행을 앞두고 있는 6월이나 은행 우수고객에 대
해 '우대환율' 행사를 많이 하고 있습니다. 앞에서 은행이 달러를
구해오는 환율을 '매매기준율'이라고 말씀드렸습니다. 은행은 여
기서 마진을 붙여 고객에게 판매를 합니다. 이 마진을 환전수수
료라고 합니다.

은행이 달러를 환전해줄 때(현찰매도율) 통상 매매기준율의 2%를 환전수수료로 부과합니다. 즉 매매기준율 '1달러=1,000원'일 때 고객은 '1달러=1,020원'에 환전할 수 있다는 얘기입니다.

은행이 고객에게 환전해줄 때(1달러=1,000원 기준)

매매기준율(1,000원) + 환전수수료(매매기준율의 2%=20원) = 1,020원

은행은 달러당 20원의 환전수수료를 수익으로 갖고 가는데요, 우대환율은 환전수수료를 20원보다 적게 받겠다는 얘기입니다.

만약 50% 우대환율이라면 20원의 50%, 그러니까 달러당 10원만 부과하는 것입니다. 따라서 고객은 '1달러=1,010원'에 환전할 수 있습니다.

은행이 고객에게 환전해줄 때(1달러=1,000원 기준) 우대환율 50% 적용

매매기준율(1,000원)+환전수수료 50%만 부과(매매기준율의 1%=10원)=1,010원

'애개 10원?'이라고 생각하실 수 있습니다만 생각보다 금액이 높아지면 차이는 큽니다. 만약 100만 원을 환전한다면 1만 원가량을 아낄 수 있습니다.

우대환율 100%는 무슨 뜻일까요? 우대환율 100%는 매매기준율에서 한 푼의 마진(환전수수료)도 붙이지 않겠다는 뜻이므로 매

매기준율을 의미한다고 보셔도 무방합니다. 따라서 우대환율이 아무리 커도 외환시장에서 거래되는 환율보다 낮을 수는 없습니다.

외환시장에서 거래된 매매기준율이 도매환율이라면 개인에게 판매하는 환전환율은 소매환율입니다. 소매가가 도매가보다 낮을 리는 없겠죠? 아, 물론 VVVVVVIP라면 은행이 역마진을 내서라도 붙잡으려 할 수는 있습니다. 그런 경우가 아니라면 손해 보면서 장사할 은행은 없습니다.

미국이 금리를 내렸는데
왜 원달러 환율이 떨어지나요?

미국이 금리를 내리면 시중에 달러가 많이 풀립니다. 달러가 원화보다 많아지면 원화가 강세를 띠게 됩니다. 그래서 원달러 환율이 떨어집니다.

Q——···

2020년 3월 4일, 미국 연방준비제도(Fed, 연준)가 정책금리를 0.5%포인트나 전격 인하했습니다. 그랬더니 원달러 환율이 8원이나 하락했습니다. 미국의 금리 인하가 우리나라 환율에 어떤 영향을 미치는 건가요?

A——···

중앙은행이 결정하는 정책금리(혹은 기준금리)를 내리면 시중 은행의 예금금리와 대출금리도 인하됩니다.

예를 들어 3%였던 금리가 1%로 떨어졌다고 가정해보겠습니다. 예금금리가 낮아지면 돈을 가진 사람은 은행에 저축하기보다 투자하려는 유인이 강해집니다. 반대로 대출이 필요했던 사람은 이

참에 은행에 돈을 빌리려 할 것입니다. 즉 금리를 내린다는 말은 '시중에 돈을 푼다'는 말과 같습니다.

미국 연준이 정책금리를 내리면 시중에 달러화가 많이 풀려나오게 됩니다. 달러화는 전 세계가 쓰는 기축통화니까, 달러는 전 세계로 풀려나갑니다. 달러가 많아지면 달러의 가치가 떨어지게 됩니다. 달러 가치가 떨어진다는 말은 달러 약세가 된다는 것입니다. 달러 약세는 원화 강세를 의미합니다. 즉 원달러 환율이 하락합니다.

통상 미국 연준은 한 번 결정에 0.25%를 떨어뜨립니다. 그런데 코로나19가 덮쳤던 2020년 3월은 경기 위축에 대한 우려가 원체 크다 보니 한번에 0.50% 금리를 대폭 인하해버렸습니다. 외환시장에서는 달러가 앞으로 많이 풀려나올 테니 달러가 약세로 갈 거라고 판단했고, 그 결과 달러는 원화뿐 아니라 주요국의 통화에 비해서도 약해졌습니다.

한국은행이 기준금리를 내리는 경우는 어떨까요? 원달러 환율은 상승할까요, 하락할까요? 맞습니다. 시중에 원화가 많아지면서 원화가 약세가 되고, 원달러 환율이 상승합니다. 원화가 많아진 만큼 달러의 몸값은 올라갑니다.

만약 연준도 금리를 내리고, 한은도 금리를 내리다면 어떨까요? 두 중앙은행이 비슷한 수준으로 금리를 인하한다면 원달러 환율은 보합으로 갈 수 있습니다. 연준 금리 정책에 우리나라의 한은이 따라가는 이유 중 하나가 이 때문입니다.

연준이 정책금리를 인하하는데 한은만 기준금리를 동결했다가는 원화 강세로 한국의 수출경쟁력이 나빠질 수 있습니다. 반대로 연준이 금리를 올릴 때는 한은도 적절한 수준에서 금리를 올려야 원화 약세를 막을 수 있습니다.

여기서 주의해야 할 점이 있습니다. 경제학 이론으로는 '금리 인하-환율 상승'으로 가야 합니다만 현실에서는 꼭 이렇지만은 않다는 것입니다. 환율은 금리 하나만으로 결정되는 것이 아니기 때문입니다.

금리 인하를 하더라도 시장 기대에 충족하는 폭이 되어야 합니다. 예를 들어 시장이 예상한 것보다 금리 인하 폭이 적었다고 가정해보겠습니다. 이 경우 돈이 생각보다 많이 풀리지 않을 것이라는 생각에 되레 통화 강세로 갈 수 있습니다. 즉 '금리 인하-환율 하락'이 일어날 수 있다는 얘기입니다. 결국은 중앙은행의 금리결정이 금리 인하 자체보다 시장이 예상하는 컨센서스(합의)에 얼마나 부합했느냐에 따라 환율이 더 큰 영향을 받게 됩니다.

해외에서 명품가방을 카드로 살까요, 현금으로 살까요?

환전을 하면 환전수수료가 많이 듭니다. 카드는 송금 보낼 때 환율이 적용되어서 환전수수료가 쌉니다만 카드이용수수료가 추가로 부과됩니다. 그러므로 카드로 사건, 현금으로 사건 큰 차이는 없습니다.

Q——···

해외여행을 가는 김에 국내에서는 팔지 않는 1,000달러짜리 가방을 사려고 합니다. 환전해서 현금으로 사는 게 쌀까요, 신용카드로 사는 게 쌀까요?

A——···

저도 해외여행을 갈 때마다 고민하는 거네요. 일단 가격적인 측면에서 따져보겠습니다. '1달러=1,000원'일 때 해외에서 가방을 사는 것을 상정해보겠습니다.

우선 현금으로 살 경우입니다. 은행에서 고객에게 달러를 팔 때 적용하는 환전수수료는 매매기준율의 2%로 보시면 됩니다. 즉

1.02를 곱하면 됩니다(은행마다 소폭 차이가 있습니다만 대충 그렇습니다). 이는 '1달러=1,020원'에 환전이 가능하다는 뜻이죠.

이제 1,000달러를 결제해볼까요? 계산해보면 해외에서 현금으로 가방을 사면 102만 원을 쓰게 됩니다.

1,000달러(1,000원) × 1.02 = 102만 원

다음은 카드로 결제할 경우입니다. 해외카드 결제 때 환율은 '송금 보낼 때(전신환매도율)' 환율입니다. '송금 보낼 때' 환율은 '현찰 살 때' 환율보다 좋습니다.* 때문에 환율로만 본다면 카드로 살 때가 유리합니다.

하지만 카드는 붙는 수수료가 있습니다. 해외카드사(비자, 마스터, 아멕스 등)의 서비스와 국내카드사(KB국민, 신한, 롯데, 하나 등)의 서비스 수수료가 붙습니다. 즉 다음과 같습니다.

상품가격(송금 보내실 때 환율) + 국제브랜드수수료 +

국내카드 해외이용수수료 = 청구 금액

해외카드의 국제브랜드수수료는 0~1.4% 정도, 국내카드 해외이용수수료는 0.18%~0.35% 정도 됩니다. (카드사마다 다르니 정확

* 매매기준율, 현찰 사실 때, 송금 보내실 때 참조(46페이지)

한 수수료율은 확인하셔야 합니다!)

자, 이제 1,000달러 가방을 국내 신용카드로 결제해볼까요? 국제브랜드수수료는 1%, 국내카드 해외이용수수료는 0.20%로 가정했습니다. 매매기준율은 '1달러=1,000원'입니다.

> 최초 결제액 1,000달러 + 국제브랜드수수료(1000×0.01) +
>
> 국내카드 해외이용수수료(1000×0.002) = 1,012달러

신용카드로 결제하면 '송금 보내실 때'의 환율로 적용됩니다. 송금 보내실 때의 환전수수료는 통상 매매기준율의 1%입니다. 따라서 1.01을 곱하면 됩니다.

> 1,012달러(101만 2,000원) × 1.01 = 102.2만 원

결과적으로 카드를 쓰면 현찰보다 2,000원을 더 결제하게 됩니다만 큰 차이는 없습니다. 해외카드사의 국제브랜드수수료가 다르고, 국내 카드사의 해외이용수수료도 달라서 어떤 경우엔 오히려 현금을 사용할 때보다 카드결제가 더 쌀 수도 있습니다.*

---

* BC, JCB의 경우 카드 발행 조건에 따라 해외카드 수수료율(국제브랜드수수료)이 0%인 경우도 있다. 신한카드, 현대카드는 국내카드 수수료가 0.18%다. 2020년 1월 기준

또한 카드사들은 해외여행 기간을 맞아 수수료 면제 이벤트를 하는 경우가 잦고, 마일리지 혜택을 부과하는 경우도 많습니다. 이런 경우 고객 입장에서는 해외카드 결제가 현금결제보다 더 유리할 수 있습니다.

해외에서 원화로 카드결제하면 더 유리한가요?

현지 화폐로 결제하는 것이 훨씬 쌉니다. 원화로 결제하는 과정에서 발생하는 환전수수료가 최고 8%나 되기 때문입니다. 아예 출국 전에 해외원화결제서비스(DCC)를 차단하고 떠나세요.

Q——···

해외에서 카드로 결제를 하는데 카드단말기에 '원화(KRW)로 결제할 것이냐' '달러(USD)로 결제할 것이냐'를 묻더군요. 거래 금액이 낯익은 원화로 표시되어서 '원화(KRW)'를 눌렀는데요, 달러(USD)로 결제할 때와 차이가 없을까요?

A——···

에구머니나! 아닙니다. 해외에서 원화로 결제하면 추가적인 수수료가 더 붙어요. 해외에서 신용카드를 사용할 때 현지통화가 아닌 자국통화로 표시되고 이를 결제하는 서비스를 해외원화결제(자국통화결제) 서비스라고 불러요. 영문으로 DCC(Dynamic

Currency Conversion)이라고 합니다.

세상에 공짜 서비스는 없죠. DCC는 기존 수수료에다 현지통화를 원화로 바꾸고 다시 달러로 바꾸는 과정에서 발생하는 수수료를 해외 DCC업체가 가져갑니다.

그런데 그 수수료가 3~8%나 되기 때문에 결코 작은 액수가 아닙니다(국제브랜드수수료, 해외이용 카드수수료와 합치면 최고 상품가격의 10%를 수수료로 지불해야 하기도 합니다). 예를 들어 100만 원짜리 가방을 샀다면 최고 8만 원을 수수료로 더 내게 되는 것이죠.

해외 원화결제(DCC) 서비스 이용 시 결제과정

해외 원화결제 서비스 이용 단계	기존 해외 신용카드 이용 단계

출처 : 소비자보호원

해외결제 때 이용 상점의 점원이 "어느 통화로 결제할 것이냐"고 직접 묻는 경우도 있지만 묻지 않고 DCC로 결제하는 경우도 있습니다. 혹은 카드 단말기가 묻기도 하는데, DCC가 뭔지 잘 몰라서 그냥 '원화(KRW)'를 눌러버리는 경우도 허다합니다. 특히 최근에 해외 호텔 예약 사이트에서 이런 사례가 빈번하게 이뤄집니다. 100달러로 표기되기보다 10만 원으로 표기되어 있으면 훨씬 이해하기 쉬워서 자기도 모르게 원화결제를 누르는 경우가 있습니다.

여행사 시트립코리아가 2017년 국내 성인 남녀 1,012명을 대상으로 설문조사를 해보니 "해외 호텔 예약을 원화로 결제한 적이 있다"고 답한 응답자가 무려 39%나 됐습니다.* 2017년 해외에서 사용된 15조 623억 원 중 2조 7,577억 원이 DCC로 결제되었고, 해외업자가 가져간 수수료는 1천억 원이 넘습니다.

해외구매의 경우 카드로 사는 것이 현금으로 사는 것보다 때로 유리할 수 있습니다. 하지만 수수료가 최고 8%나 되는 DCC 서비스를 이용했다면 무조건 현금거래가 유리하게 됩니다.

DCC로 결제할 경우 결제 확인 문자에도 관련 내용이 나오지 않기 때문에 소비자가 얼마의 수수료를 냈는지 모릅니다. 한 달 뒤에 청구서를 받고서야 비로소 높은 수수료를 확인할 수 있습니다.

자신도 모르게 DCC 결제가 되는 것을 방지하기 위해서는 해외여행 전 카드사에 전화하거나 홈페이지, 모바일 앱에 들어가 DCC 사전차단을 신청하면 됩니다. 그러면 설사 DCC로 결제하더라도 승인이 나지 않습니다.

---

*「소비자 약 39% 해외원화 결제 수수료 피해 경험 있어」, <여성소비자신문>, 2017년 7월 8일

환율 때문에 국민소득이
감소할 수 있나요?

대외에 공표되는 1인당 국민소득(GNI)은 달러화로 표기하기 때문에 환율의 영향을 받습니다. 원화 표시 국민소득이 증가했더라도 환율 상승보다 낮았다면 달러화 표시 국민소득은 감소한 것으로 나타납니다. 하지만 국내에서 생활하는 한 내 소득이 줄어든 것은 아닙니다.

Q——···

2019년 한국의 1인당 국민총소득(GNI)이 전년보다 4.1%가 줄었다는 보도를 봤습니다. 그런데 정부는 '소득이 줄어든 것은 아니고 환율이 상승했기' 때문이라고 합니다. 정부가 자신들의 잘못을 감추기 위해 하는 변명 아닌가요?

A——···

GNI(국민총소득)이나 GDP(국내총생산), 외환보유액 등 달러화로 발표되는 지표를 볼 때는 유의해야 할 점이 있습니다. 바로 환율 효과입니다. 국내의 부(富)가 국제비교를 위해 달러화로 환산되는 과정에서 착시현상이 생길 수 있습니다.

2019년을 예로 살펴보겠습니다. 2019년 한국의 1인당 GNI는 3만 2,047달러로 전년(3만 3,434달러)보다 4.1% 감소했다고 주요 언론들이 발표했습니다.

그러나 이것만으로 국내 거주자의 소득이 줄어들었다고 말하기는 어렵습니다. 국민소득의 기준은 원화입니다. 우리는 한국에서 생활하니까요.

원화를 기준으로 한 1인당 GNI는 3,735만 6,000원으로 전년(3,678만 7,000원)보다 1.5% 증가했습니다. 즉 국내 거주자의 경우는 소득이 실제로는 늘어난 것이지요. 다만 2019년 연평균 환율이 전년보다 5.9% 상승(원화 약세)했습니다. 즉 소득 증가보다 환율 상승이 가파르면서 결과적으로 마이너스 성장을 한 것처럼 보이게 되었습니다.

예를 들어볼까요? 2020년~2021년, 이 1년 사이에 소득이 1,000원에서 2,000원으로 2배 증가했습니다. 그런데 같은 기간에 환율이 '1달러=1,000원'에서 '1달러=4,000원'으로 4배가 뛰었다고 가정해보겠습니다.

원·달러 환율이 4배 상승했을 때 달러를 바꾼다면

	2020년 1달러=1,000원	2021년 1달러=4,000원	증가율
원화 기준	1,000원	2,000원	100%
달러 기준	1달러	0.5달러	-50%

분명히 원화로는 소득이 100% 증가했습니다만 달러로 바꾸니 50%가 감소한 것으로 나옵니다. 이게 바로 환율 효과죠.

　2019년 국내총생산(GDP)을 달러 기준으로 보자면 감소했습니다. 2019년 한국의 GDP는 164조 2천억 달러로 전년(172조 90억 달러)보다 4.6% 감소했습니다. GDP를 국제적으로 비교할 때는 한국의 GDP가 전년보다 후퇴한 것으로 평가되겠죠. 하지만 이것을 가지고 누구도 한국이 역성장했다고 말하지는 않습니다.

　2019년 한국의 실질 GDP 성장률은 2.0%입니다. GDP 성장률은 국내에서 발생한 부를 측정하는 것이어서 원화 기준으로 계산합니다. 원화로 보면 한국의 GDP는 1,931조 6천억 원으로 전년(1,898조 5천억 원)보다 증가해 국가의 부가 늘었습니다. 국제 비교에서도 성장률은 자국통화를 기준으로 계산한 성장률을 사용합니다.

　결론적으로, 환율 변동으로 인해 실제 소득은 증가했어도 1인당 GNI가 감소한 것처럼 보일 수 있습니다. 그러나 다시 말씀드리지만 한국에 있는 한 내 소득이 줄어든 것은 아닙니다. 다만 소득 증가가 원화 약세보다 더 가팔랐다면 달러 기준 GNI도 플러스가 되었을 것이라는 점에서 '소득 증가가 더뎠다'는 평가마저 비켜갈 수는 없습니다.

금리를 내리면
왜 경기가 부양되는 건가요?

대출금리가 떨어지면 대출받기가 쉬워집니다. 예금금리가 떨어지면 예금하기보다 투자를 선택합니다. 사회 전체적으로 투자가 증가하고 지출이 증가하면 경기가 부양이 됩니다. 다만 돈을 너무 빨리 풀면 생산을 위한 투자보다 부동산과 주식 등에 돈이 몰려 버블로 이어질 수 있습니다.

Q——···

경기가 안 좋으면 한국은행이 금리를 내리는 처방을 한다고 하는데요, 금리를 내리면 왜 경기가 부양되는 건가요? 만약 금리를 내려서 부양이 된다면 제로금리까지 내려버리면 되는 것 아닌가요?

A——···

2008년 글로벌 금융위기가 터지고 경제가 어려워지자 미국의 중앙은행인 연방준비제도(Fed, 연준)가 내린 처방은 '금리 인하'였습니다. 금리 인하도 그냥 금리 인하가 아니라 사상 초유의 제로금리(기준금리를 0%까지 내리는 것)였습니다. 그것도 2008년부터 2015년까지 무려 7년간 제로금리 정책을 씁니다.

금리가 0%라는 말은 표면적으로는 은행에 저축을 해도 이자를 안 주고, 대출을 해도 이자를 안 준다는 얘기입니다. 물론 중앙은행이 결정하는 기준금리는 시중은행 금리와는 달라서 기준금리가 0%라고 시중은행의 예금금리와 대출금리가 0%라는 말은 아닙니다. 그러나 시중은행 금리는 기준금리와 사실상 연동되기 때문에 0%에 준하는 수준까지 내려갈 수밖에 없습니다.

돈을 가진 사람 입장에서는 예금금리가 하락하면 저축을 해도 예금이자가 얼마 되지 않기 때문에 투자로 돌아설 가능성이 큽니다. 돈이 필요한 사람의 입장에서는 낮은 금리로 대출할 수 있기 때문에 돈을 빌려 투자를 할 유인이 생깁니다.

이미 대출을 한 사람의 경우도 이득입니다. 대출이자가 줄어들기 때문이죠. 예를 들어 한국의 가계부채는 1,700조 원쯤 되는데요, 대출이자가 1%포인트만 인하되어도 연 17조 원의 대출이자가 줄어듭니다. 대출금이 있던 사람들은 그만큼 이자비용을 줄이게된 것이고, 이를 가지고 향후 소비를 할 수도 있습니다.

금리 인하로 인해 이런 식으로 시중에 돈이 풀리면 물가도 하락합니다. 물가가 하락하면서 소비는 더 늘어날 수 있습니다. 결국 투자가 늘고 소비가 증가하니 경기가 부양이 되는 것이죠. 이처럼 시중에 돈을 공급하는 것을 경제학에서는 '유동성을 공급한다'고 표현합니다.

하지만 모든 정책에는 명암이 있기 마련입니다. 시중에 풀린돈은 공장을 짓는 데도 쓰이지만 다른 곳에도 쓰일 수도 있습니다. 그게 주식시장이라면 낫습니다. 경기가 나쁠 때는 주식시장도 시들해지기 마련이어서 주가를 부양하는 데 도움이 되니까요.

문제는 부동산으로 흘러 들어갈 때입니다. 일단 돈은 가졌는데 기업을 믿을 수 없어 주식시장에도 투자를 못하겠다고 생각한다면 그 대안은 부동산이 될 가능성이 큽니다. 부동산으로 돈이 몰려가면 주택 가격이 가파르게 상승하게 됩니다.

미국의 제로금리 정책이 꼭 그랬습니다. 2008년부터 이어진 제로금리 정책으로 푼돈들은 생산 부문으로 흘러가지 않았습니다. 결국 그 돈들은 부동산으로 옮겨갔고 부동산 가격이 폭등했습니다. 샌프란시스코, 베이징, 시드니, 런던 등 주요 도시의 부동산 가격은 이 시기에 2~3배씩 급등했습니다.

하지만 세상에 영원한 것은 없습니다. 실제 경제력보다 더 빠른 속도로 부동산 가격이 상승하다 보면 어느새 '버블'이 형성됩니다. 그리고 그 버블은 언젠가 폭발합니다.

2008년 금융위기가 그랬습니다. 2001년 9·11테러로 경제가 위축되자 미국은 기준금리를 대폭 낮췄습니다. 그 결과 집 가격이 치솟았고, 저금리에 투자할 곳을 찾지 못하던 은행들은 주택담보대출을 늘리다가 위기를 맞았습니다.

버블까지는 가지 않는다고 하더라도 실물경기가 좋지 못한 상황에서 집값만 오르는 현상은 역시 경제에 좋지 못합니다. 장사는 안 되는데 임대료만 올리면 기업이 살아날 수 없습니다. 혹 기업이 상품가격에 임대료 인상분을 반영한다면 상품가격이 인상되고 결국 판매가 줄어들기 때문입니다.

한국은행이라면 또 하나 생각해야 할 것이 있습니다. 다른 나라와의 금리 차입니다. 미국은 금리를 내리지 않았는데 우리만 금리를 내릴 경우 한국에 투자한 자금들이 미국으로 빠져나갈 수 있습니다.

2020년 1월 한국은행의 기준금리는 1.25%로, 미국의 정책금리 1.5~1.75%보다 낮았습니다. 이 같은 현상을 '금리역전'이라고 하는데요, 한국 금리가 미국 금리보다 낮은 것은 이례적입니다. 통상 신흥국의 금리가 선진국보다는 높기 때문이죠. 신흥국은 선진국보다 경제가 안정적이지 않기 때문에 금리를 조금 더 줘야 해외에서 투자자들이 찾아오기 때문입니다.

만약 한국 경제가 어렵다며 한국은행이 제로금리로 화끈하게 내려버리면 어떻게 될까요? 미국과의 금리 차는 최고 1.75%포인트까지 벌어지는데, 이렇게 되면 한국은 더 이상의 투자 매력이 없어집니다. 미국에 그저 저축만 해도 1.75%의 금리를 안정적으로 받는데 굳이 한국에 있을 이유가 없죠.

제로금리를 통해 국내에 많은 자금을 푼 상태에서 해외 투자자가 달러를 갖고 나가버리면 원화가 급격히 약화되어 원달러 환율이 폭등하게 됩니다. 이렇게 되면 경제를 살리기는커녕 망치게 됩니다.

이처럼 금리를 결정하는 데 고려해야 할 점이 많습니다. 한국은행 금융통화위원회가 '금리 인상'이나 '금리 인하'보다 '금리 동결'을 가장 많이 선택하는 이유는 금리결정이 그만큼 복잡하기 때문인지도 모르겠습니다.

미국과 중국은
왜 '1달러=7위안'에 집착하나요?

포치(破七)는 '중국이 환율을 인위적으로 평가절하 했느냐 아니냐'를 따지는 상징적 환율입니다. 위안화가 평가절하될수록 중국 기업은 가격경쟁력이 생겨 수출하기가 쉬워집니다. 미국은 중국이 인위적으로 위안화의 가치를 낮추는 환율조작을 하고 있다고 의심하고 있습니다.

Q——…

달러당 위안화 환율이 7위안을 넘어서자 미국이 중국에 대해 '환율조작국'으로 지정했습니다. 일각에서는 '1달러=7위안'을 넘어서면 코스피가 붕괴된다는 무시무시한 전망까지 하고 있습니다. '1달러=7위안'을 넘어서면 어떤 일이 벌어지기에 모두들 민감해 하는 것일까요?

A——…

　중국 위안화 환율이 달러당 7위안을 넘는 현상을 '포치(破七)'라고 부릅니다. 1달러에 7위안이 넘어서면 경제가 어떻게 된다는 것은 없습니다. 다만 그 상징성이 큽니다. 미국은 중국이 환율을 평가절하(위안화 약세)해 수출을 늘렸다고 의심하고 있습니다.

자국 통화를 절하하면 가격경쟁력이 생기죠. 중국의 대미수출이 눈덩이처럼 불어나는 데는 환율절하도 한몫을 했다고 보는 겁니다. 그래서 심리적 마지노선을 '1달러=7위안'으로 잡고, 7위안이 넘어서면 중국 정부가 의도적으로 위안화를 평가절하했거나 최소한 방치하고 있는 것으로 간주합니다.

중국은 2008년 5월 이후로 '1달러=6.××위안'에서 환율을 관리해왔습니다. 그러나 2019년 8월 미중무역 분쟁의 우려가 커지면서 1달러당 7.02위안을 기록해 7위안을 넘어섰습니다.

중국은 외환시장이 열리기 직전 인민은행이 매일 환율을 고시합니다. 전날 거래된 환율을 참고해서 외환 당국이 결정하는 시스템이지요. 중국은 관리변동환율제를 채택하고 있어서 환율은 고시된 환율의 상하 2% 내에서 움직일 수 있습니다. 따라서 미국은 중국 정부가 환율에 지속적으로 개입하고 있다고 의심합니다.

아울러 의지만 있다면 중국 정부가 환율을 절상(위안화 가치를 높임)시킬 수 있다는 것이죠. 즉 '1달러=6.××위안'으로 유지할 수 있다는 얘깁니다. 중국이 갖고 있는 외환보유액은 3조 1천억 원으로 세계에서 가장 많은 만큼 달러를 풀 실탄도 넉넉합니다.

포치시대는 중국만 문제가 되는 것이 아닙니다. 우리나라도 걱정입니다. 우리 원화는 위안화와 극심한 동조현상을 보이고 있어 "위안화의 프록시(대리)통화"라는 말까지 들을 정도입니다.

한국 경제는 중국 경제와 매우 밀접한 관계를 맺고 있어서 중국 경제가 좋아지면 같이 좋아지고 나빠지면 같이 나빠지는 현상이 최근 들어 심해졌습니다. 때문에 위안화 약세는 손쉽게 원화 약세로 이어집니다.

"원화가 약세가 되면 수출 기업에 유리하지 않느냐"고 말할 수도 있습니다. 그러나 수출 기업에 환율이 긍정적으로 작용하기에는 시간이 걸립니다. 반면 금융시장의 반응은 즉각적입니다. 원화약세(원달러 환율 상승)는 외국인들이 국내시장에서 자본을 회수해가는 유인이 될 수 있고, 이 경우 단기적으로 코스피에는 큰 악재가 될 수 있습니다.

금리 상승을 지지하는 사람을
왜 매파라 부르죠?

매파란 강경파를 의미합니다. 중앙은행의 설립목적은 물가 안정입니다. 물가가 뛸 때 물가를 잡는 방법은 금리 인상입니다. 때문에 통화정책에서는 금리 인상파를 매파라 부릅니다.

Q——…

신문을 읽다 보면 "매파적인 발언이다" "비둘기파적인 발언이다"라는 표현을 자주 볼 수 있습니다. '매파'는 뭐고, '비둘기파'는 뭔가요? 어디서 유래된 말인가요?

A——…

매파(Hawkish)란 강경파를 의미합니다. 대외정책도 무력충돌과 같은 과격한 방법을 마다하지 않습니다. 매파는 1798년 미국의 제3대 대통령인 토머스 제퍼슨(Thomas Jefferson)이 처음 사용한 것으로 알려져 있습니다.

반면 비둘기파(Dovish)는 온건파를 의미합니다. 대외정책은 대화와 협상으로 풀어나가기를 원합니다. 비둘기파는 미국에서 1960년대 후반 베트남전쟁의 확전을 반대하는 목소리가 커지자 매파의 반대 개념에서 가져온 용어라고 합니다.

이처럼 정치에서 사용되던 용어가 점차 경제 분야로 차용되었습니다. 통화정책에서도 강경파는 매파이고, 온건파는 비둘기파입니다.

그런데 통화정책의 강경파는 뭘까요? 한국은행의 설립 목적부터 들여다봅시다. 한국은행법 1조에는 '효율적인 통화신용정책의 수립과 집행을 통하여 물가 안정을 도모한다'라고 되어 있습니다. 따라서 다른 무엇(예를 들어 경제성장, 부동산)보다 물가를 반드시 잡아야 한다고 생각하면 '매파'로, 다른 것들을 위해 물가 안정을 뒤로 미룰 수 있다고 생각한다면 '비둘기파'로 볼 수 있습니다.

물가가 뛸 때 물가를 안정시킬 수 있는 통화정책은 금리 인상입니다. 그래서 금리 인상파를 매파로 부릅니다.

하지만 금리를 인상하면 물가도 잡지만 경기도 잡힐 수 있습니다. 경기를 살리기 위해서는 어느 정도 물가 인상을 용인해야 한다고 주장하는 사람들도 있습니다. 경기를 진작시키는 통화정책은 금리 인하죠. 그래서 금리 인하파를 비둘기파라고 합니다.

한국은행은 매파 성향이 짙습니다. 본업이 물가 안정이니까요. 박근혜~문재인 정부 시절의 이주열 한국은행 총재, 노무현 정부 시절의 이성태 한국은행 총재는 금리 인상을 선호하는 매파로 분류되었습니다. 이주열 총재와 이성태 총재는 모두 한국은행 출신이라는 특징이 있습니다.

경제정책 당국은 비둘기파 경향이 있습니다. 경기를 부양해 성장률을 높이는 것이 경제정책 당국의 역할이기 때문입니다. 기획재정부장관은 "중앙은행의 결정에 개입할 수 없다"면서도 내심 금리 인하를 지지합니다.

한국은행 총재 중에서도 비둘기파가 있습니다. 이명박 정부 시절 한국은행의 수장이 됐던 김중수 총재인데요, 임기 중 세 번이나 '깜짝' 금리 인하를 단행했습니다. 한국개발원(KDI) 원장과 청와대 경제수석을 지낸 김 총재는 비한국은행 출신입니다.

하지만 매파든 비둘기파든 한국은행 총재들은 어느 한쪽으로 불리는 것을 좋아하지 않습니다. 성향이 한쪽으로 치우칠 경우 시장에 부정적인 영향을 줄 수 있기 때문입니다. 증권·채권·환율 등 금융시장이 금리 인상 혹은 금리 인하의 어느 한쪽에 베팅을 할 수 있기 때문입니다.

그래서 '비둘기파'로 불렸던 재닛 옐런 미연방준비제도이사회 의장도 공식적으로는 "나는 데이터 디펜던트(Data dependent: 통화정책을 결정할 때는 경제지표를 우선 살핀다)"라고 말했습니다.

통화정책뿐 아닙니다. 재정정책에도 매파와 비둘기파가 있습니다. 재정 건전성을 반드시 유지해야 한다는 강경한 입장을 지녔다면 '매파'입니다. 절대 빚을 내지 않겠다는 쪽이지요. 반면 돈을 좀 써서라도 경기를 부양하겠다면 '비둘기파'입니다.

2017년 트럼프 대통령이 사회간접자본(SOC) 등에 막대한 돈을 퍼부어 경기를 부양시키겠다고 하자 글로벌 분석기관인 스테이트 스트릿은 "재정매파들이 둥지를 떠나버렸다고 봤던 기존의 가정들이 올해는 반복해서 시험을 받을 것"이라고 말했습니다.

금리 상승기에 채권을 사면
왜 손해인가요?

발행된 채권은 거래시장에서 유통됩니다. 금리가 높아지면 기존 발행되었던 채권도 금리를 그만큼 높여야 합니다. 금리가 높아진 만큼 채권의 가격은 떨어집니다. 샀을 때보다 낮은 가격에 채권을 팔아야 하니 그만큼 손해를 보게 됩니다.

Q——···

금리 상승기에는 채권 가격이 떨어지니까 채권을 사지 말라는데, 솔직히 이해가 안 됩니다. 금리가 오르면 채권금리도 따라 오르기 때문에 좋은 것 아닌가요?

A——···

이거 무지 헷갈리는 개념이죠. 그런 이유는 단순합니다. 발행시장과 거래시장을 구분하지 못했을 때 헷갈립니다.

'채권(債券)'이란 글자 그대로 빚문서죠. 국가와 기업이 시장에서 자금을 조달하면서 만기 때 얼마의 이자를 주겠다고 약속하는 차용증서입니다. 정부나 공공이 발행하면 국공채로, 기업이 발행하면 회사채로, 금융회사가 발행하면 금융채로 불립니다. 그러나 그게 무엇이든 전부 '채권'이죠.

3년 만기 5%의 이율로 100만 원 채권을 발행한다는 것은 시장에서 100만 원을 조달하되 만기까지 5만 원의 이자를 주겠다는 것을 의미합니다. 시중금리가 오르면 채권금리도 오릅니다. 같은 '금리'이니까요. 3년 만기 10%의 이율이라면 만기 때 10만 원의 이자를 채권 투자자에게 줍니다. 확실히 5%를 주는 것보다는 투자자에게 유리합니다.

하지만 이는 신규 발행 채권에 해당되는 얘기입니다. "시중금리가 오르면 채권가격이 떨어진다"는 이야기는 유통시장에 적용됩니다. 유통시장에서는 표면금리와 달리 별도의 유통시장 금리가 적용됩니다.

주식을 생각하면 쉽겠죠. 주식 액면가가 얼마이든 주식시장에서는 별도의 가격으로 주가가 움직입니다. 삼성전자의 액면가는 5,000원이지만 2020년 12월의 주가는 7만 원이 넘었습니다.

주가는 증시에서 기업의 현재가치와 미래가치, 경기변동 등에 따라 달라집니다. 금리가 올라가든 말든 내가 가진 채권의 표면금리는 그대로지만 유통시장으로 나가면 몸값이 달라지는 겁니다. 마치 주식처럼 말이죠.

시중 채권금리가 올랐다고 가정을 해보겠습니다. 시중에 채권금리가 더 높으면 내가 갖고 있는 저금리 채권을 중간에 되팔기 좋을까요, 좋지 않을까요? 당연히 좋지 않겠죠. 내가 갖고 있는 채권의 금리가 상대적으로 낮은 만큼 팔고자 하는 채권을 싸게 팔아야 합니다.

이렇게 가정해볼게요. 10년 뒤 100만 원을 주는 채권 A가 있습니다. 이 채권의 액면가는 95만 원, 이자가 5만 원입니다(이 경우 채권 표면금리는 5.2%입니다). 그런데 내가 갖고 있는 채권과 똑같은 형태의 채권이 새로 발행되면서 더 높은 금리를 주겠다고 합니다. 10년 뒤에 100만 원을 주겠다고 약속한 신규 채권 B는 액면가 90만 원에 10만 원 이자를 제시했습니다(이 경우 채권 표면금리는 11.1%겠네요).

나는 이 채권을 10년씩이나 갖고 있을 생각이 없습니다. 그래서 중간에 시장에 내다 팔 예정입니다. 그런데 채권 A를 팔려면 어떻게 해야 할까요?

맞습니다. 이자를 채권 B 수준에 맞춰줘야 합니다. 즉 이자 10만 원을 보장하기 위해서는 액면가를 90만 원으로 낮춰야 합니다. 내가 채권 A를 살 때 95만 원을 줬지만 유통시장에서 팔 때는 90만 원밖에 받을 수 없다는 뜻입니다. 결국은 5만 원을 손해 보게 되는 것이죠. 손해 본 5만 원이 채권가치 하락분입니다. 그래서 "채권 가치(채권 가격)가 떨어졌다"고 표현하는 겁니다.

채권금리 변화에 따른 채권 값 변화

채권금리(시중금리)	채권 값(채권 가치)
상승	하락
하락	상승

따라서 금리 상승기에는 채권 투자가 매력이 없습니다. 다만 해당 채권을 어떤 일이 있어도 만기 때까지 갖고 있겠다고 하면 뭐, 이런 고민은 필요가 없습니다.

어떻게 마이너스 금리가 가능한가요?

채권은 발행시장에서 매매가 가능하기 때문입니다. 채권은 금리가 떨어지면 몸값이 올라갑니다. 마이너스 금리라도 금리가 더 떨어지면 채권의 몸값은 올라갑니다.

Q——…

마이너스 금리가 어떻게 가능한가요? 돈을 빌려가면 이자를 준다는 건데요, 그러면 은행은 어떻게 장사를 하나요?

A——…

마이너스 금리는 과거라면 상상도 하지 못했을 개념이죠. '마이너스 금리 5%'라는 말은 100만 원을 빌리면 95만 원만 갚으면 된다는 것입니다. 마이너스 금리가 적용된다는 것은 돈은 많은데 빌려가는 사람이 없다는 말이 됩니다.

2008년 금융위기 이후로 전 세계가 엄청난 돈을 풀었음에도 그 돈이 풀리지 않고 있다는 말이 되는 거죠. 아무리 금리가 낮아도 그 돈으로 투자해서 수익을 남길 데가 없다면 돈을 안 빌리게 됩니다.

마이너스 금리는 중앙은행과 시중은행 사이에서 먼저 시작되었습니다. 유럽과 일본의 중앙은행이 시중은행이 맡기는 지급준비금에 마이너스 금리를 적용한 것이죠.

지급준비금이란 시중은행들이 고객이 빌려준 돈을 되찾으려할 때를 대비해 쌓아둔 돈입니다. (나머지 예치된 돈은 대출이나 투자를 해서 수익을 만들어야지요. 그래야 이자를 주니까요). 통상 예금 금액의 몇 % 정도 되는데요, 시중은행들은 이 돈을 중앙은행에 맡겨놓습니다.

그런데 경기가 좋지 못해서 시중은행에서 돈을 빌려가겠다는 사람이 많이 없으면 시중은행들은 중앙은행에 지급준비금 이상의 돈을 맡기려 합니다. 그래야 소폭이라도 이자가 붙으니까요.

중앙은행은 경기를 부양시키려 돈을 풀었는데 시중은행이 돈 빌려줄 데가 없다며 예치를 하면 곤란하지요. 그래서 중앙은행이 내린 처방이 '마이너스 금리'입니다. 중앙은행에 돈을 맡기면 되레 이자를 떼어가겠다는 것이죠. 일종의 돈 보관료를 받겠다는 이야깁니다. 시중은행으로서는 중앙은행에 맡기면 되레 보관료를 내야 하니까 억지로라도 시중에 돈을 풀 수밖에 없습니다.

하지만 시중은행이라고 경기가 안 좋은데 뾰족한 수가 있나요. 유럽의 일부 시중은행들도 일반대출을 하면서 마이너스 금리를 도입했습니다.

스위스 얼터너티브뱅크는 일반 예금금리로 −0.125%를 매겼습니다. 덴마크 유스케은행은 잔고가 750만 크로네를 초과하는 개인 계좌에 −0.6%의 금리를 적용합니다. 반면 주택담보(고정금리 10년 만기)로 돈을 빌려가는 사람에게는 0.5%의 이자를 지급했습니다.* 스위스 UBS도 잔고가 200만 스위스 프랑을 초과하는 개인 계좌에 −0.75% 금리를 적용했습니다. 하지만 마이너스 예금금리는 대규모 예금 인출사태를 불러오기 때문에 제한적으로만 적용되었습니다.

한편으로 채권시장은 폭넓게 사용되고 있습니다. 자본시장연구원에 따르면 2019년 8월말 기준으로 세계 국채 중 마이너스 금리는 전체의 34%(투자 적격 국채 기준)나 됩니다. 그러니까 발행되는 국채 3개 중에서 1개는 마이너스 금리라는 얘깁니다. 그 규모도 17조 달러(약 2경 원)에 육박합니다.

채권금리가 마이너스 2%면 A라는 회사가 100만 원을 빌린 뒤 만기 때는 98만 원만 주는 것을 말합니다. 그럼에도 인기를 끌 수 있는 것은 채권은 발행시장에서 매매가 가능하기 때문입니다. 채권은 금리가 떨어지면 몸값이 올라간다고 말씀드렸습니다. 향후 금리가 더 떨어지면 채권의 가치는 올라가겠지요.

예를 들어 표면이자 2%의 액면가 100만 원짜리 채권이 있다고 가정해보겠습니다. 이 채권은 만기에 102만 원(원금 100만 원+이자 2만 원)을 받을 수 있습니다. 그런데 시장금리가 0%로 떨어졌습니다. 이때 102만 원의 가치가 있는 이 채권을 유통시장에서 사려고

---

* 「마이너스 금리시대, 돈 빌려가면 이자 드려요」, <한겨레신문>, 2019년 9월 14일

하면 102만 원을 줘야 합니다. 채권의 몸값이 100만 원에서 102만 원으로 올라간 것이지요. 만약 100만 원을 주고 채권을 샀던 사람이라면 유통시장에서 이 채권을 팔고 2만 원의 차액을 남기게 됩니다.

그런데 만기까지 있으면 오히려 원금이 깎이는 채권을 누가 사려 할까요? 중앙은행이 있습니다. 중앙은행은 시중에 돈을 풀기 위해 이 채권을 매입할 수 있습니다. 이른바 양적완화지요.

독일은 발행 국채 표면금리가 마이너스입니다만 국채수익률은 9%나 됩니다. 국체수익률은 '표면금리+유통금리'를 말하는 거죠. 표면금리는 비록 마이너스라도 유통시장에서 금리는 높았다는 얘깁니다. 그러니 마이너스 금리 채권이 발행될 수 있는 거죠.

금리는 앞으로
계속 하락만 할까요?

인구고령화와 낮아지는 잠재성장률을 감안하면 금리가 반등할 가능성은 높지 않습니다. 하지만 4차 산업혁명으로 인해 생산성이 폭증하고, 정책적으로 유동성 회수에 들어갈 경우에는 금리가 상승할 수도 있습니다.

Q——···

1990년대 초반 한국의 예금금리는 10%에 달하더군요. 2000년대 초반에도 5%가 넘고요. 앞으로 이런 시대가 다시 올까요? 아니면 계속 금리가 떨어지기만 할까요?

A——···

1980년대로 돌아가 "30년 뒤 예금금리가 1%가 될 거야"라고 말하면 믿는 사람이 몇 명이나 될까요? 지금의 예금금리는 과거에는 정말 상상도 못했던 금리입니다.

그렇다면 앞으로 금리는 더 떨어질까요? 미래는 누구도 모릅니다. 예상치 못한 일이 일어나 예측이 어긋나는 일이 부지기수

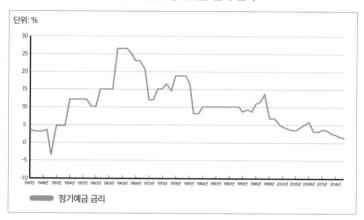

지난 70년간 정기예금 금리 변화

단위: %

정기예금 금리

자료: 한국은행

지요. 그럼에도 불구하고 추세만 보자면 향후 금리가 대폭 높아질 가능성은 낮습니다.

여러 가지 이유가 있습니다만 그중의 하나가 고령화 때문입니다. 한국은행은 1990년대 중반부터 급격하게 진행된 인구고령화로 인해 지난 23년간 실질금리가 약 3%포인트 떨어졌다고 추정했습니다. 노인들의 기대수명이 늘어나면서 미래에 대한 불확실성이 커졌고, 그래서 저축을 늘린 것이 실질금리를 떨어뜨렸다는 추론입니다.

은행이 예금금리를 높일 때는 돈이 필요할 때죠. 경기가 좋아 대출 수요가 많다면 고객으로부터 예치 받아야 하는 돈의 수요가 커지고, 많은 돈을 예치 받으려면 금리를 올려야죠. 반대로 가만히 있어도 사람들이 돈을 맡긴다면 예금금리는 떨어집니다.

고령화는 또한 잠재성장률을 떨어뜨립니다. 생산가능 인구가 줄고, 고령인구가 늘면 생산과 소비가 위축돼 경제가 역동적으로 성장하기 힘들죠. 금리는 성장률과 같이 움직이는 경향이 있습니다. 성장률이 높다는 이야기는 투자 수요가 높다는 이야기고요. 그만큼 자금 수요도 많다는 이야기니까요.

그러나 고령화된 국가에서는 역동적 투자가 일어나기 어렵기 때문에 성장률이 하락할 가능성이 높습니다. 낮은 성장률은 저금리로 이어집니다. 한국의 기대수명은 2020년 현재 82.4세에서 2070~2075년쯤에는 90.4세까지 높아질 예정입니다.

고령화와 금리와의 관계는 국제적으로 관심이 높은 주제입니다. 유누스 아크소이 런던대학교 교수 등이 2019년 경제협력개발기구(OECD) 21개국의 패널자료를 분석해보니 인구 고령화 및 출

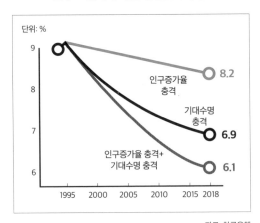

인구 고령화에 따른 실질금리 영향

단위: %

- 인구증가율 충격 8.2
- 기대수명 충격 6.9
- 인구증가율 충격 + 기대수명 충격 6.1

자료: 한국은행

산율 저하가 이들 국가의 실질 생산과 실질금리를 하락시켰다고 발표했습니다.

전반적인 대내외 상황은 금리 하락 가능성이 높습니다. 하지만 금융은 청개구리 같은 구석이 있어서 남들이 다 떨어진다고 할 때 상승하는 속성도 있습니다. 4차 산업혁명이 시의적절하게 이뤄져 생산량이 증가하고 투자가 활성화될 경우 금리는 다시 상승할 수 있습니다.

금융위기, 코로나19로 전 세계적으로 돈을 너무 푼 나머지 이를 회수하기 위해 정책적으로 고금리 정책을 펼 수도 있습니다. 세계는 과도한 유동성으로 부동산, 주가 등 자산가치가 상당히 부풀려져 있기 때문입니다.

국가부도 위기가 온다든가 경제가 급속도로 나빠질 때도 금리는 치솟을 수 있습니다. 하지만 그런 상황은 오지 말아야겠죠?

환율을 고정시키면
안 되는 건가요?

정부 고시가격과 시장가격 간에 차이가 커지면 암달러 시장이 생길 수 있습니다. 만약 정부가 환율을 고정시키려고 하면 막대한 외환이 필요합니다. 경상수지도 흑자를 유지해야 합니다.

Q —— …

환율이 매일 달라지는 게 복잡하고 귀찮아요. 환전을 언제 할까도 고민이고요. 그냥 환율을 고정시켜버리면 되지 않을까요?

A —— …

    우리나라도 해방 후 1964년까지는 고정 환율제였습니다. 경제 상황이 어떻든 '1달러=××원'으로 고정을 시켜놓은 것이죠. 하지만 정부가 어떻게 고정을 시켜놓았든 간에 시장은 시장가격으로 거래가 됩니다. 정부가 '1달러=1,000원'이라고 하더라도 외환시장에서 '1달러=1,500원'에 거래가 될 수 있는 것이죠. 외국과 담을 쌓고 산다면 모를까, 지속적으로 거래해야 한다면 시장이야말로 실제 거래가 이뤄지는 가격이 됩니다.

정부의 고시가격과 시장가격 간에 차이가 생기면 어떤 일이 벌어질까요? 맞습니다, 암거래시장이 생겨납니다.

마치 시장에서는 빵 1개가 1,500원인데 정부가 1,000원으로 거래하라고 명령하는 것과 같습니다. 그러면 빵은 시장에서 사라져 거래 자체가 안 됩니다. 대신 으슥한 곳에서 만나 1,400원에 거래하자는 사람이 나타나죠.

외환시장도 마찬가지입니다. 정부가 고시한 외환과 시장 환율에 차이가 생기면 암달러 시장이 생겨납니다. 반면 시장은 거래가 안 되기 때문에 외환시장이 붕괴됩니다. 때문에 정부가 직접 달러를 구해와 시중에 뿌려줘야 하는 일이 생깁니다. 결국 자유로운 외환거래가 이뤄지지 못하고, 정부가 외환을 통제해야 하는 일이 생기는 것이죠.

1960년대의 우리나라가 그랬습니다. 한국기업과 국민이 쓸 외환을 정부가 구해서 주었습니다. 하지만 지금처럼 경제 규모가 커지고 글로벌 거래가 많은 상황에서 정부가 일일이 외환을 구해주기란 불가능합니다.

만약 정부가 고시한 환율과 시장가격 간의 차이를 줄일 수 있다면 고정환율제가 가능할 수 있습니다. 다만 이때는 막대한 외환을 정부가 사전에 보유해야 한다는 전제가 붙습니다. 시장가격 '1달러=1,500원'을 '1달러=1,000원'으로 낮추려면 그만큼 많은 달러가 외환시장에 풀려야 하기 때문이죠.

하지만 글로벌 투기세력이 한두 군데겠습니까? 달러를 찍어내

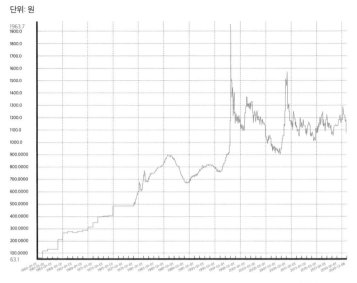

지난 60년간 원달러 환율변동 추이

단위: 원

자료: fxtop.com

는 기축통화국이 아닌 다음에야 무한대의 달러를 갖는 것은 불가
능합니다. 그러다 달러가 다 떨어지면 외국에 진 빚을 갚지 못해
국가부도 사태로 이어질 수 있습니다.

　고정환율제를 할 경우에는 경상수지도 신경 쓰이는 부분입니
다. 만약 경상수지 적자를 기록한다면 달러를 비축해놓을 수 없
기 때문입니다.

　우리나라는 1997년 외환위기 직전까지 정부가 외환시장에 강
하게 개입했습니다. 당시는 '시장평균 환율제도'라는 것이었는데
요, 시장이 환율을 정하되 하루 변동 폭은 ±10%를 넘지 못하도
록 했습니다. 투기세력이 외환을 집중 공격할 때 정부는 ±10%

변동 폭을 지키기 위해 외환을 투입하다 동나 맞게 된 것이 외환위기였습니다. 이후 한국은 환율변동 제한 폭을 두지 않는 자유변동 환율제도로 전환하게 됩니다.

하지만 자유변동 환율제도도 단점이 큽니다. 환율이 너무 출렁거릴 경우 경제를 운용하는 데 불확실성이 커지기 때문입니다. 쉽게 말해 기업과 개인이 정상적인 경제활동을 하기 힘들어지게 됩니다. 오늘 '1달러=1,000원' 하던 환율이 내일 '1달러=2,000원'이 되어버리면 수출 기업은 당장 상품에 대한 가격책정을 하기 힘들어지겠죠? 내수기업 역시 수입물품 가격이 급변하기 때문에 가격을 정하기 어려워집니다.

즉 자유변동 환율제는 환율변동에 따른 리스크를 사실상 민간이 지게 됩니다. 때문에 환헷지상품에 들어 환율변동에 따른 위험에 대비합니다.

주식을 갖고 있으면 배당을 준다는데 도대체 언제 어떻게 준다는 것
인가요? 내가 이용하는 증권사가 망하면 내 주식은 어떻게 될까요?
주가가 오르면 해당 기업에는 뭐가 좋아요? 주식을 처음 시작하는 주
린이 입장에서는 궁금한 것이 너무 너무 많습니다. 고수들에게 물어
보기는 그렇지만 누구도 시원스럽게 답을 해주지 못하는….

2장

주식투자로
돈 벌고 싶다면
꼭 알아야 할
투자지식

코스피지수는 네 자리, 코스닥지수는 세 자리인 이유는?

코스피지수와 코스닥지수는 기준년도의 시가총액에서 비교년도의 시가총액을 나눠서 구합니다. 코스피는 그간 23배가 성장했지만 코스닥은 기준년도 만큼도 성장하지 못했습니다. 그러면서 자릿수에도 차이가 생겼습니다.

Q——…

우리나라의 대표적인 주식시장으로 코스피와 코스닥이 있지요. 코스피는 대형회사나 우량 회사들이 많고, 코스닥은 벤처나 중소기업이 많다고 들었어요. 그런데 2020년 10월 현재 코스피지수는 2300인데 코스닥은 860입니다. 코스피는 대기업이 많아서 네 자리이고, 코스닥은 중소기업이 많아서 세 자리인가요?

A——…

두 시장은 기준시점과 기준지수가 전혀 다른 시장이기 때문에 절대수치로 비교하는 것은 적절치 못합니다. 코스피와 코스닥의 계산 방식은 기본적으로 같습니다. 그것은 바로 '시가총액 방식'

입니다. 비교시점의 시가총액(현재 시가총액)을 기준시점의 시가
총액으로 나눈 것이죠.

$$\frac{\text{비교시가 총액}}{\text{기준시가 총액}}$$

하지만 코스피는 1980년 1월 4일 기준으로 100을 곱합니다. 반
면 코스닥은 1996년 7월 1일 기준으로 1,000을 곱합니다. 즉 다음
과 같이 계산됩니다.

$$\frac{\text{비교시가 총액}}{\text{기준시가 총액}} \times 100 = \text{코스피} \qquad \frac{\text{비교시가 총액}}{\text{기준시가 총액}} \times 1{,}000 = \text{코스닥}$$

만약 기준시점의 시가총액이 100억 원이었고, 현재 시가총액이
1천억 원인데 지금의 지수를 알고 싶다면, 코스피와 코스닥은 각
각 다음과 같이 계산됩니다.

$$\frac{\text{1천억 원}}{\text{100억 원}} \times 100 = 1{,}000 \qquad \frac{\text{1천억 원}}{\text{100억 원}} \times 1{,}000 = 10{,}000$$

그런데 코스피는 100, 코스닥은 왜 1,000을 곱할까요? 여기에는 안타까운 사연이 있습니다. 코스닥도 2004년까지는 100을 곱했습니다. 그런데 IT 버블이 붕괴되고 코스닥시장이 너무 위축되다 보니까 1,000을 곱하는 것으로 바꿨습니다. 지수가 너무 작아서는 투자자들의 심리에 부정적으로 영향을 미칠 수 있기 때문이죠.

2020년 10월 현재 코스닥은 860인데요, 1000을 곱했다는 것을 생각하면 시가총액이 기준시점(1996년 7월 1일) 대비 86%에 그치고 있다는 뜻이 됩니다. 시장이 지난 25년간 성장하기보다 되레 쪼그라들어 있음을 알 수 있습니다.

2020년 10월 현재 코스피는 2300인데 100을 곱했으므로 기준시점(1980년 1월 1일) 대비 23배 시가총액이 커진 것으로 생각할 수 있습니다. 40년 전에 비해 덩치가 커진 것은 사실이지만 그간 물가 상승이나 우리 경제규모 등을 감안하면 만족스러운 수치라고 보기는 어렵습니다.

결국 코스피가 네 자리이고, 코스닥이 세 자리인 것은 코스피와 코스닥에 속한 기업들의 성장속도 차이에서 비롯된 것입니다. 다만 두 지수는 기준년도가 다르기 때문에 코스피가 코스닥보다 '몇 배 크다' 하는 식의 단순비교는 할 수 없습니다.

우리도 페이스북이나 아마존, 구글, 알리바바, 텐센트 같은 혁신기업이 많이 나와 주식시장에 상장되어 코스피가 3,000을 넘고 코스닥이 네 자리 숫자로 넘어서는 날을 간절히 기대합니다. 그때라면 대한민국 경제도 한층 활기가 생기겠죠.

배당을 받으려면 언제까지 주식을 갖고 있어야 하나요?

배당기준일 현재 주식을 가지고 있어야 배당을 받을 수 있습니다. 다만 주식은 매수한 지 3영업일이 지나야 내 계좌에 보유주식으로 등록됩니다. 그러니 배당기준일 3영업일 전에는 주식을 사야 합니다.

Q —…

주식을 갖고 있으면 배당을 받을 수 있다고 하던데요, 주식은 쉽게 사고 팔 수 있는 거잖아요? 1년 동안에도 한 주식이 여러 사람을 거쳐갈 텐데 그러면 도대체 누가 배당을 받나요?

A —…

주식을 갖고 있다고 무조건 배당을 받는 것은 아닙니다. 기말 배당의 경우, 1년에 딱 하루 시점을 잡아서 그때 주식을 갖고 있던 사람에게 줍니다. 이날 딱 하루만 주식을 들고 있어도 배당을 줍니다. 하지만 그 외 나머지 날에는 아무리 주식을 갖고 있어도 배당을 받을 수 없습니다. 재산세가 매년 6월 1일 기준으로 집을 가진 사람에게 부과되는 것과 같은 원리입니다.

배당을 주기 위한 1년에 딱 하루를 '배당기준일'이라고 부릅니다. 통상 배당기준일은 12월 31일입니다. 즉 12월 31일에만 주식을 들고 있으면 배당을 준다는 것이죠. 문제는 12월 31일에는 주식시장이 열리지는 않는다는 점입니다. 주식시장은 12월 30일에 폐장을 합니다. 그러니까 12월 30일 이전에 주식을 갖고 있어야 한다는 이야기죠.

여기에 한 가지를 더 고려해야 합니다. 주식은 당일 거래한다고 바로 내 주식이 되는 게 아닙니다. 주식을 매입한 뒤 3영업일이 지나야 내 계좌에 보유주식으로 등록이 됩니다. 그제야 주주가 되는 것이죠. 즉 월요일에 주식을 샀다면 수요일이 되어야 내 계좌에 주식이 들어옵니다. 그래야 주주 명부에 내 이름이 올라가고 배당을 받을 수 있습니다.

12월 30일까지 주식을 보유하기 위해서는 늦어도 언제까지 주식을 사야 할까요? 휴일이 언제 있느냐에 따라 매년 달라집니다. 2020년을 기준으로 보겠습니다.

2021년 배당을 받으려면

2020년 배당기준일		
거래소 휴장일	12월 31일 (목)	배당기준일
폐장일	12월 30일 (수)	마지막 영업일
주식 매수 시점	12월 28일 (월)	배당을 받기 위해 주식을 살 수 있는 마지막 날

12월 29일은 주식을 매수해도 배당기준일까지 주식을 받지 못하기 때문에 배당을 받을 수 없습니다. 배당금을 받을 권리가 없어진 것을 배당락(配當落)이라고 하고, 이날을 '배당락일'이라고 합니다.

주의할 점은 중간에 휴일이 있을 경우입니다. 모든 날짜는 영업일이 기준이기 때문에 중간에 토요일, 일요일이 끼어 있다면 휴일 전날로 날짜가 이동합니다.

예를 들어 12월 31일이 일요일이라고 가정해보겠습니다. 그러면 12월 30일은 토요일이어서 역시 휴일이지요. 이 경우 한해의 마지막 날인 주식 휴장일은 12월 29일이 됩니다. 따라서 12월 28일이 주식 폐장일이 됩니다. 이날부터 2일 전인 12월 26일(18:00)까지는 반드시 주식을 매수해야 합니다.

휴일 등을 고려할 때 12월 26일까지는 주식을 사두는 것이 안전합니다. 해당 연도의 정확한 매수 날짜를 알고 싶을 경우 증권사 고객센터에 문의하는 것이 좋습니다.

배당만 받은 뒤
주식을 팔아버리면 되지 않나요?

배당에 대한 기대 때문에 주가가 오르는 '산타랠리'가 실제 존재합니다. 하지만 국내 기업들은 배당액이 많지 않아 배당만 바라보고 주식을 사고팔기에는 큰 매력이 없을 수 있습니다.

Q——···

배당을 받을 수 있는 날에 주식을 샀다가 다음날 팔아버리더라도 배당을 받게 되잖아요. 그러면 굳이 주가를 신경 쓰며 주식을 보유하지 않아도 될 것 같은데요. 각 기업의 배당기준일을 기억했다가 당일에 사고 다음날 팔아버리면 배당만 빼먹는 '체리피커(자신의 실속만 차리는 소비자)'가 되지 않을까요?

A——···

네, 저도 처음에는 그렇게 생각했습니다. 제가 그렇게 생각하면 남들도 생각하겠죠?

연말 주식시장을 보면 현금배당금에 대한 수요 때문에 배당락일 전까지 주가가 꾸준히 오르는 경향이 있습니다. '사자'는 수요가 더 많기 때문이죠. 이는 산타랠리(크리스마스를 앞두고 증시가 강세를 보이는 현상)의 원인 중 하나로도 꼽힙니다.

하지만 이랬던 주가가 배당락일이 되면 떨어집니다. 이미 배당에 대한 권리를 가졌는데 더 보유할 이유가 없기 때문이죠. '팔자'는 수요가 더 많아집니다. 즉 주식을 비싸게 사서 싸게 팔게 될 가능성이 큽니다. 배당금은 챙겼지만 주식거래에서 손해를 봅니다.

더구나 우리나라 기업들은 배당금을 많이 주지 않습니다. 코스피의 배당 수익률(주가 대비 1주당 배당금 비율)은 3%대입니다. 100만 원어치 주식을 사면 3만 원의 배당금을 받을 수 있다는 얘긴데요, 배당소득세(15.4%)와 주식거래 수수료를 감안하면 시중은행 금리와 비교해도 수익률이 크다고 보기 어렵습니다.

하지만 주가 3% 하락은 쉽습니다. 100만 원짜리 주식이 97만 원으로 3만 원만 하락해도 3%가 빠집니다. 때문에 배당만을 노리고 연말에 단기 투자를 하라고 추천하는 곳은 많지 않습니다.

다만 최근에는 현대자동차, 삼성전자 등 주요 기업들이 배당을 늘리는 데다 일부 고배당주들은 배당금이 적지 않아서 종목에 따라서는 괜찮은 투자전략이 될 수도 있겠죠.

배당수익률을 한번 볼까요? 2020년 11월 현재 배당수익률 상위 종목을 보면 베트남개발1(37.64%), 동양고속(17.94%), 두산우(12.76%) 순입니다. 배당수익률은 통상 금융주들이 높습니다. 기업은행(7.36%), 대신증권(7.19%), 우리금융지주(7.06%) 등입니다. 배당을 많이 주는 주를 '고배당주'라고 부릅니다. 반면 삼성전자

(2.84%) 현대모비스(2.33%) 등 제조업 대기업들은 상대적으로 낮습니다. 네이버(0.14%), 카카오(0.04%), 엔씨소프트(0.66%) 등 IT기업들은 배당이 거의 없다시피합니다.

배당수익률상위종목을 확인해보려면 네이버에서 '배당수익률'을 치면 높은 순대로 표시됩니다.

배당수익률 상위 종목

증권정보					
국내증시 · 배당수익률 상위종목 ·					
종목명	현재가	전일대비	등락률	배당금	배당수익률
베트남개발1	238	▲ 6	+2.59%	90	37.64%
동양고속	26,200	▲ 50	+0.19%	4,700	17.94%
두산우	41,150	▲ 200	+0.49%	5,250	12.76%
대동전자	4,370	▼ 5	-0.11%	500	11.44%
웅진씽크빅	2,730	▼ 30	-1.09%	310	11.37%
한국ANKOR유전	1,650	▼ 15	-0.90%	185	11.21%
두산	49,000	▲ 100	+0.20%	5,200	10.61%

배당수익률과 함께 배당성향도 많이보는 지표입니다. 배당성향이란 당기순이익 중 현금으로 지급된 배당금 총액의 비율입니다.

고배당주는 주식침체기에 인기가 높습니다. 주식시장이 침체되어 수익이 잘 나지 않더라도 예금이자보다 높은 배당금을 챙기는 것이 쏠쏠하기 때문입니다.

배당금은
언제 입금되나요?

올 영업 실적에 대한 배당은 통상 이듬해 3월 중 주주총회를 열고 배당일시, 금액 등을 결정합니다. 통상 4월 중에는 배당금이 개인 주식계좌로 입금됩니다. 기말배당은 연간 한 번, 반기배당은 두 번, 분기 배당은 네 번 배당금이 지급됩니다.

Q——…

3월이 지났는데도 배당금이 안 들어옵니다. 12월 결산이 끝나면 바로 넣어줘야 하는 것 아닌가요? 도대체 배당금은 언제 지급받을 수 있는 건가요? 그리고 배당은 한번에 다 받는 것인가요?

A——…

배당에는 분기배당, 반기배당, 기말배당 등이 있습니다. 해당 회사의 이사회가 어떻게 의결하느냐에 따라 다릅니다. 분기배당은 1년에 네 번, 반기배당은 두 번, 기말배당은 한 번 배당을 합니다.

기말배당을 기준으로 말씀드릴게요. 국내 기업들은 12월 결산 법인이 많죠. 이들은 전년도 12월에 결산을 한 뒤 이듬해 3월 중

주주총회를 열고 배당을 언제 얼마나 할지를 결정합니다. 배당은 개인증권계좌로 들어오는데요, 배당소득세 15.4%를 원천징수한 뒤에 입금됩니다.

내가 보유한 주식의 배당금이 언제 지급될 것인지 궁금하면 한국예탁결제원의 SEIBro 사이트를 이용하면 됩니다. 홈페이지 (www.seibro.or.kr)에 접속한 뒤 '주식 → 배당 정보 → 배당 내역 전체 검색'을 하면 됩니다. 만약 아모레퍼시픽 주식을 보유하고 있다면 '아모레퍼시픽'을 치면 되겠죠? 검색은 최고 1년 전까지 가능합니다.

아래 표는 2020년 12월 6일 기준, 아모레퍼시픽 배당 조회입니다.

아모레퍼시픽 배당조회

단위 : 원, %

배정기준일	현금배당 지급일	주식 유통(교부)일	종목코드	종목명	시장구분	배당구분	명의개서대리인	주식종류
2019/12/31	2020/04/17		090430	아모레퍼시픽	유가증권시장	현금배당	한국예탁결제원	보통주

配 배당 등 비율은 소수점 셋째자리에서 반올림 함.
配 유통구분이 권리, 보호예수 로 지정된 종목들은 조회가 되지 않습니다.

지난 1년간을 조회했습니다만 배당은 단 한 차례밖에 검색이 안 됩니다. 1년에 한 번 기말배당을 한다는 뜻이죠. 배정기준일은 2019년 12월 31일이지만 현금배당 지급일은 4월 17일로 되어 있습니다. 아모레퍼시픽은 3월 20일 이사회를 열어 현금배당을 확정했습니다. 아모레퍼시픽의 이사회가 언제 열렸는지 어떻게 아느냐고요? 배정기준일을 클릭하면 더 많은 정보를 알 수 있습니다.

'배정기준일'을 클릭했을 때 나오는 정보들

■ 배당일정 기본정보

기업명	아모레퍼시픽	시장구분	유가증권시장
배당구분	현금배당	배당확정여부	확정
배당분류	결산	결산월	12 월
총회일	2020/03/20	명의개서대행사	KSD
액면가	500 원	총발행주식수	69,016,320 주
명부폐쇄기간	2020/01/01 ~ 2020/01/15	과세표준비율	0

■ 총발행주식수는 조회일 현재를 기준으로 합니다.

■ 배당/분배금내역

단위 : %, 원

단축코드	종목명	주식종류	주당배당액		액면가배당률		시가배당률		주식배당률	
			일반	차등	일반	차등	일반	차등	일반	차등
090435	아모레퍼시픽1우	우선주	1,005		201.00		1.10		0.00	
090430	아모레퍼시픽	보통주	1,000		200.00		0.50		0.00	

■ 배당율 등 비율은 소수점 셋째자리에서 반올림함.

아모레퍼시픽의 2020년 이사회는 3월 20일이었고, 주당 1,000원
을 배당하기로 했다는 것이 나옵니다. 내 증권계좌로는 15.4%의
세금이 제외된 주당 846원이 입금되겠죠.

분기배당을 하는 대표적인 기업이 삼성전자입니다. 삼성전자는
지난 1년간 배당내역을 조회를 해보니 네 번 나오네요. 분기배당도
배정 기준일과 현금배당 지급일 간에는 2~4개월의 차이가 납니다.

삼성전자 배당조회

단위 : 원, %

배정기준일	현금배당 지급일	주식 유통(교부)일	종목코드	종목명	시장구분	배당구분	명의개서대리인	주식종류
2020/09/30	2020/11/18		005930	삼성전자	유가증권시장	현금배당	한국예탁결제원	보통주
2020/06/30	2020/08/19		005930	삼성전자	유가증권시장	현금배당	한국예탁결제원	보통주
2020/03/31	2020/05/19		005930	삼성전자	유가증권시장	현금배당	한국예탁결제원	보통주
2019/12/31	2020/04/17		005930	삼성전자	유가증권시장	현금배당	한국예탁결제원	보통주

■ 배당율 등 비율은 소수점 셋째자리에서 반올림 함.
■ 유통구분이 권리, 보호예수 로 지정된 종목들은 조회가 되지 않습니다.

증권사가 망하면
내 주식은 어떻게 되나요?

내가 산 주식은 거래 증권사가 아닌 한국예탁결제원이 보관합니다. 거래한 증권사가 망하더라도 다른 증권사 계좌를 통해 내 주식을 정상적으로 거래할 수 있습니다. 다만 내가 산 종목의 기업이 망한다면 내 주식은 휴지조각이 될 수 있습니다.

Q——···

중소형 증권사와 거래할 때는 '혹시 이 증권사가 망하면 내 돈과 주식은 어떻게 되나' 싶어 걱정될 때가 있습니다. 증권사가 파산하면 제가 가진 주식은 어떻게 되나요? 주식을 사기 위해 예치해놓은 예수금은 은행처럼 예금자보호가 되나요? ELS와 DLS도 좀 사놓은 게 있는데 이것들은 어떻게 되는지 궁금해요.

A——···

주식을 매입할 때 증권사 HTS(홈 트레이딩 시스템)를 이용하죠. 내가 매입한 주식도 HTS를 통해서 볼 수 있습니다. 그렇다고 내 주식을 증권사가 갖고 있는 것은 아닙니다. 내가 산 주식은 한국예탁결제원에 잘 보관되어 있습니다. 내가 보유하고 있는 주식의 회사가 망하지 않는 한 내 주식은 안전합니다. 나중에 다른 은행의 계좌를 통해서 거래를 재개하면 됩니다.

HTS는 주식을 살 수 있는 플랫폼에 불과합니다. 예를 들어 넷플릭스가 망한다고 영화가 사라지는 것은 아니지요. 하지만 영화사가 망하면 영화도 사라질 수 있습니다.

주식을 사기 위해 증권계좌에 넣어둔 내 돈(예수금)은 어떨까요? 이 돈 역시 증권사가 소유하는 것이 아닙니다. 이 돈은 한국증권금융에 맡겨놓습니다. 다만 5천만 원까지만 예금자보호가 됩니다. 증권사는 은행처럼 예금보험공사에 매년 보험수수료를 납부하고 있습니다. 다만 선물·옵션거래 예수금 등 파생상품 투자를 위한 예수금은 좀 다릅니다. 증권사가 직접 보관하기 때문에 예금자보호가 되지 않습니다.

공모펀드는 어떨까요? 증권사는 펀드를 판매하는 판매사에 불과합니다. 판매 수수료를 먹을 뿐 자산관리는 자산운용사가 합니다. 자산운용사는 고객의 돈을 주로 은행에 신탁시켜놓습니다. 그러니까 증권사가 망한다고 해서 고객의 펀드가 영향을 받지는 않습니다.

그렇다면 CMA(종합자산관리계좌)는 어떨까요? CMA 계좌는 예금자보호가 안 됩니다. 다만 CMA에 맡긴 돈은 단기국공채, 우량회사채에 많이 투자되는데 증권사가 망해도 이들 우량채권은 살아 있기 때문에 상당액을 돌려받을 수 있습니다.

그러나 ELS(주가연계증권)나 DLS(파생결합증권)는 좀 다릅니다. ELS와 DLS는 증권사가 발행한 채권으로 보시면 됩니다. ESL와 DLS의 명의는 고객이 아니라 증권사입니다. 따라서 증권사가 망하면 투자금을 돌려받지 못할 수 있습니다. 때문에 전문가들은 ELS나 DLS를 선택할 때는 수익률과 함께 증권사의 안정성을 꼭 봐야 한다는 조언을 합니다.

사실 증권사가 망할 일은 거의 없습니다. 증권사는 펀드 등 상품을 팔거나 주식거래를 도운 뒤 얻는 수수료로 먹고사는 형태이기 때문입니다.

하지만 최근 들어 IB(투자은행)기능이 강조되면서 파생상품이나 부동산 등 수익성 높은 상품에 직접 투자하는 경우가 많아지면서 상황이 달라지고 있습니다. 하이 리턴을 추구하는 만큼 하이 리스크도 커지고 있는 것이죠.

자칫 잘못된 파생상품을 샀다가 손실을 봤을 경우 이를 만회하지 못하면 망할 수도 있습니다. 한맥증권의 경우 직원이 선물옵션을 시장가격보다 훨씬 낮은 가격으로 주문하는 실수를 저질러 큰 손실을 입었고, 이로 인해 문을 닫았습니다.

ELS, DLS가
도대체 뭔가요?

ELS는 코스피, 나스닥 등 주가지수를 걸고 금융사와 상품가입자가 벌이는 일종의 게임이라고 보시면 됩니다. 사전에 정산 지수 위로 가격이 형성된다면 가입자가 돈을 따고, 그 아래로 떨어지면 가격을 잃는 것이죠. DLS는 통화, 금리, 이자율, 실물자산이 베팅의 기초자산이 됩니다.

Q——···

2020년 3월 코로나19로 전 세계 주가가 폭락하면서 "ELS 폭탄이 터진다"는 언론보도가 많았습니다. ELS는 도대체 무엇이기에 주가가 떨어지면 손실을 보게 되나요? DLS도 있던데, ELS랑 어떻게 다른가요?

A——···

　ELS는 코스닥, 나스닥 같은 주가지수를 기초로 만든 상품입니다. 주가지수는 실시간 변동해서 예측하기가 힘들죠. 이런 변동성을 이용해서 특정 조건을 충족하면 약정한 수익률을 지급하고, 그 조건을 벗어날 경우 원금을 잃도록 만든 상품입니다. 일종의 내기를 건 거죠.

신한투자금융이 판매하는 공모 ELS 18911호(원금 비보장)을 볼까요?

공모 ELS 18911호(원금비보장) 상품개요

상품개요	
유형	조기상환형 스텝다운 (55 KI)
기초자산	KOSPI200 / EUROSTOXX50 / HSCEI
만기/상환주기	3년 / 6개월
상환조건	90-90-85-85-80-75 / 55KI
최대수익(세전)	22.50% (연 7.50%) 조건미달성 시 손실률: -100% ~ -25%

출처: 신한은행

상품 개요를 읽으면 이렇습니다.

이 ELS의 기초자산은 코스피 200(KOSPI200), 유로스톡스50(EUROSTOXX50), 항셍지수(HSCEI)입니다. 이 3가지 지수를 가지고 구성된 상품이라는 얘깁니다. 만기는 3년이고, 매 6개월마다 상환을 합니다.

상환 조건은 '90-90-85-85-80-75'라고 되어 있습니다. 이게 조금 복잡하죠? 숫자는 매 6개월마다의 상환 조건을 의미합니다. 가입할 때 각 지수의 기준가격을 100으로 보고요, 6개월 뒤 이 3가지 기초자산의 기준가격이 초기 기준가격의 90%를 넘어서면 조기상환이 된다는 말입니다. 만약 3가지 기초자산 중 하나라도 90%를 밑돌게 되면 6개월 뒤로 상환이 미뤄집니다. 6개월 뒤 3가지 기초자산 모두 기준가격 대비 90%의 가격을 넘어서면 조기상환됩니다. 하지만 3가지 중 하나라도 90% 아래로 떨어져 있으면 6개월 또 연장이 됩니다.

그 다음에는 조기상환 조건이 85%로 낮아집니다. 이런 식으로 3가지 기초자산이 조건에 부합할 때까지 미뤄지다가 마지막 3년째는 75%까지 내려갑니다.

수익률은 어떻게 될까요? 연 7.50%라고 되어 있네요. 3년 만기까지 상환이 계속 미뤄진다면 최고 22.50%를 받을 수 있습니다. 만약 3가지 기초자산이 첫 6개월 만에 조건을 달성해 6개월 만에 상환이 되면 어떨까요? 그때는 연 7.50%의 절반인 3.75%가 수익률이 됩니다. 조기상환하면 빨리 회수해서 좋긴 하지만 그만큼 수익률은 낮아집니다.

여기서 의문점이 생깁니다. '이렇게 퍼주기만 하면 상품을 만든 사람들은 무얼 남길까' 하는 것이죠. 여기서 무서운 조항이 하나 있습니다. 바로 '녹인(Knock-In. 손실구간)'입니다.

'유형' 조항을 보면 '55KI'라고 되어 있죠? 만약 만기 평가일까지 3가지 기초자산 중 하나라도 초기 기준가격의 55% 이하로 내려가는 일이 발생하면 원금을 까먹는다는 뜻입니다. '조건미달성 시 손실률' 조항을 보면 '-100%~-25%'라고 되어 있습니다. 하락 폭이 클 경우 원금 전체(100%)를 잃을 수도 있다는 뜻입니다.

녹인은 자주 일어나는 현상이 아닙니다. 시장이 폭락하지 않는다면 투자자가 좀처럼 손실을 볼 일은 없습니다. 하지만 잘 일어나지 않는 일이라도 얼마든지 일어날 수 있고, 이럴 때 투자자는 막대한 손실을 봅니다. 만만해 보이던 ELS가 엄청난 악몽이 되는 순간입니다.

DLS도 ELS와 수익률 설계가 똑같습니다. 다만 기초자산이 다른데요, ELS는 코스닥·나스닥 같은 주가지수가, DLS는 통화·금리·이자율·실물자산 등이 기초자산이 됩니다.

DLS가 악몽이 된 실제 사례가 있습니다. 2019년에 독일 국채 10년물 금리 기초자산으로 한 DLS가 엄청난 손실을 기록하면서 금융권을 발칵 뒤집어놓았습니다.

이 DLS는 독일 10년물 국채금리가 −0.25% 이상만 유지하면 수익을 얻을 수 있는 상품이었습니다. 발행 당시 독일 국채의 금리는 2%였습니다. 지금까지 독일 국채금리가 −0.2% 이하로 내려간 적이 한 번도 없었습니다. 그래서 "독일이 망하지만 않는다면 절대 채권금리가 마이너스로 내려가지 않는다"고들 했었죠. 하지만 독일 국채금리는 −0.7% 언저리까지 급락했습니다.

독일은 망하지 않았지만 막대한 유동성을 이기지 못하고 국채금리가 마이너스로 내려가버린 겁니다. 이 결과 일부 DLS의 투자자들은 엄청난 손실을 봤고, 수익률이 −98%을 기록했습니다. 1억 원을 투자했다면 200만 원만 돌려받았다는 이야기입니다.

2020년 들어서는 원유가격이 폭락하면서 원유 DLS가 비상이 걸렸습니다. 세상에 원유가격이 배럴당 20달러까지 떨어질지 누가 알았겠습니까.

또한 코로나19로 유럽증시가 폭락하면서 유로스탁스50 등을 기초로 한 ELS의 원금손실도 우려가 커졌습니다. 독일, 프랑스, 영국 등 서유럽 국가들이 전염병에 그렇게 취약하리라고는 누구도 상상하지 못했던 것이죠.

결국 ELS와 DLS는 주가지수나 금리, 환율 등을 가지고 금융사와 개인이 내기를 하는 것이라고 볼 수 있습니다. 마치 축구경기에서 승부 베팅을 하는 것처럼 베팅을 건 것인데요, 이 게임에서 이기면 몇 배의 수익을 거두고, 지면 원금손실을 입는 것과 같은 이치입니다.

유상증자를 하면
주가에 나쁜가요?

유상증자는 시장에서 주식을 추가로 발행한 뒤 추가로 자금을 모으는 것을 말합니다. 기업 입장에서는 "나는 지금 돈이 없어요"라는 시그널을 시장에 준 것이 됩니다. 또한 주주 입장에서는 주식 수가 늘어난 만큼 주식가치가 하락하게 됩니다.

Q———···

기업이 증자를 하면 주가흐름에 큰 영향을 받더라고요. 그런데도 기업들이 증자를 좋아하는 이유는 무엇인가요? 만약 증자를 한다면 무상증자와 유상증자 중에서 어떤 게 투자자 입장에서는 좋은 건가요?

A———···

기업을 운영하려면 돈이 필요하죠. 돈을 마련하는 방법은 크게 3가지가 있는데요, 은행에서 빌리거나, 회사 명의의 채권을 발행하거나, 주식을 추가로 발행해 자본을 모으는 방법(증자)이 있습니다. 이 중에서 기업들이 가장 선호하는 방법은 증자입니다. 자금조달에 대한 부담이 가장 적거든요. 단, 경영권에 문제가 없다는 전제하에서입니다.

은행에서 대출을 하거나 회사채를 발행할 때는 막대한 이자를 채권자들에게 줘야 합니다. 또한 원리금 상환시기를 장기로 할 수도 없습니다.

반면 증자는 원금과 이자상환의 부담이 거의 없습니다. 자금을 수혈하기 위해 신주를 발행하는 것을 유상증자라고 합니다. '신주(新株)'란 추가로 발행하는 주식을 말합니다.

신주를 발행한 뒤 회사가 지는 재무적 부담은 매년 배당금을 지급하는 정도입니다. 국내 기업의 배당금 수익률(주식의 시가 대비 배당금 비율)은 2% 수준이어서 기업의 부담이 적습니다. 특히 만기가 없기 때문에 차입한 돈을 장기적인 관점에서 쓸 수 있습니다.

또한 자본금이 클수록 회사의 안정성이 커지기 때문에 재무적 건전성을 따질 때도 유리해집니다. 예를 들어 부채비율의 경우, '기업채무액/자본금'이어서 자본금이 클수록 유리합니다[부채비율=(부채총계/자본총계)×100)].

그런데 증자에는 주식을 돈을 받고 파는 유상증자만 있는 것이 아닙니다. 주식을 공짜로 나눠주는 무상증자도 있습니다.

먼저 유상증자부터 자세하게 알아보겠습니다. 유상증자는 돈을 받거나 혹은 현물(부동산, 타주식 등)을 받고 신주를 나눠주는 것을 말합니다. 유상증자를 하면 발행주식이 늘면서 회사의 자산도 늘어납니다. 유상증자 때 기업들은 현재 시가에서 할인된 가격으로 신주를 판매합니다. 예를 들어 현재가가 1만 원이면

8,000원 정도에서 새 주식을 발행한다는 것이죠. (그래야 투자자들이 시세차익을 노리면서 신주를 사겠죠?)

신주를 배정하는 방식은 다음과 같이 3가지가 있습니다.

첫째, 주주우선공모 또는 주주배정 방식이 있습니다. 주식을 이미 갖고 있는 기존 주주에게만 새로 발행되는 주식을 살 권리를 주는 것이죠. 시가보다 할인된 가격으로 주식을 살 수 있도록 기존 주주를 배려하는 것이라고 볼 수 있습니다. 혹은 경영권에 대한 부담 때문에 기존 주주에게 혜택을 준다고 이해해도 됩니다.

둘째, 일반공모 방식이 있습니다. 일반 투자자에게 신주를 파는 것을 말합니다. 공모주 청약을 통해서 판매합니다.

셋째, 제3자 배정방식도 있습니다. 주주는 아니지만 회사와 특별한 관계에 있는 사람들에게 신주에 대한 인수권을 주는 방식입니다. 회사의 임원이 될 수도 있고, 직원이나 거래처 혹은 큰손투자자일 수도 있습니다. 기업은 이들 중 하나만 택할 수도 있고, 아니면 모두 선택해서 유상증자를 할 수도 있습니다.

유상증자는 "나는 지금 돈이 없어요"라고 기업이 선언하고 자금을 모으는 것이어서 주식시장에서 통상 부정적으로 인식됩니다. 또한 주주 입장에서는 주식 수가 늘어난 만큼 주식가치는 하락하게 됩니다.

주식 수가 늘어난 만큼 자신의 지분율도 줄어들게 되지요. 개미투자자라면 큰 상관이 없습니다만 의미 있는 주식 수를 보유한 대주주나 기관이라면 민감해질 수 있습니다. 유상증자로 인해 자신의 지분율이 감소되는 것을 '지분희석'이라고 합니다.

특히 코스닥 기업은 제3자 배정방식으로 유상증자를 하는 경우가 많은데, 이때 어떤 투자자가 들어오는지를 잘 봐야 합니다. 믿을 만한 대기업이 참여한다면 호재이지만 들어본 적 없는 투자자라면 각별히 조심해야 합니다. 대주주의 횡령배임, 혹은 우회상장 등 경영권을 가진 뒤 다양한 '작전'을 펼 가능성이 있기 때문입니다.

반면 무상증자는 주주들에게 공짜로 신주를 나눠주는 것을 말합니다. 회사에 수익이 많이 날 경우 이를 잉여금으로 그대로 두지 않고 자본금으로 옮기고, 늘어난 자본금만큼 늘어난 주식을 기존 주주에게 나눠주는 겁니다.

무상증자를 하면 회사의 자산은 변화가 없습니다. 하지만 회사는 늘어난 자본금만큼 회사에 재투자를 할 수 있습니다. 무상증자는 회사의 자금사정이 좋을 때 가능하기 때문에 시장에 긍정적인 시그널을 줍니다. 또한 주주들은 공짜로 주식을 더 보유하게 되어 재산이 더 늘어나게 됩니다. 기분 나쁠 이유가 없는 것이죠.

결국 투자자 입장에서는 자기 돈이 들어가는 유상증자가 상대적으로 리스크가 큰 투자입니다. 신주를 발행한 기업이 추후 경영을 잘하면 배당금과 시세차익을 누릴 수도 있지만 그 반대라면 막대한 손실을 볼 수도 있기 때문입니다.

이런 이유로 자본시장에서는 유상증자는 악재로 봅니다. 반면에 무상증자는 호재로 보는 경향이 있습니다.

최근 들어 공모주는
왜 엄청난 인기가 있나요?

공모주는 발행할 때 기업가치 대비해 통상 싸게 발행합니다. 공모주 가격을 비싸게 책정할 경우 투자자들이 청약에 뛰어들지 않아 원활하게 자금을 모으기 힘들기 때문입니다. 아파트 분양 때 미분양을 피하기 위해 시가보다 분양가를 낮추는 원리와 같습니다.

Q——···

최근 SK바이오팜, 카카오게임즈 공모주는 청약 단계에서부터 엄청난 인기를 끌었더라고요. 공모주가 도대체 뭐기에 이토록 많은 사람이 사려하는 건가요? 공모주는 사면 무조건 오르나요?

A——···

기업이 어느 정도 성장하면 더 큰 기업으로 성장하기 위해 자금이 필요합니다. 기업이 자본시장에서 일반인들로부터 투자금을 받고 그 대가로 주식을 발행하는데요, 이때 발행된 주식을 공모주라고 합니다. 이 주식은 상장 때 주식시장에서 자유롭게 거래됩니다.

공모주를 발행하기 전에는 증권시장에 기업의 경영 내역을 투명하게 공개해야 합니다. 이를 기업공개(IPO)라고 합니다.

일반 투자자들이 공모주를 받기 위해서는 청약을 해야 합니다. 이른바 공모주 청약이죠. 새 아파트를 분양받기 위해 아파트 청약을 하는 것과 유사합니다. 공모주 청약은 증권계좌만 있으면 누구나 청약할 수 있습니다.

또한 청약증거금을 얼마나 넣었느냐에 따라 비례해서 공모주를 배정받습니다. 일정기간 청약예금에 가입해야 하고 무주택 기간 등 가점에 따라 청약을 받는 아파트 청약과 비교해서는 매우 단순합니다. 다만 청약증거금을 많이 넣은 쪽이 더 많은 주식을 받기 때문에 자본의 힘이 센 쪽이 무조건 유리합니다.

공모주 청약의 4단계 과정은 다음과 같습니다.

1단계, 계좌 개설입니다. 증권사 계좌를 개설해야 합니다. 단, 대표 주관사 또는 주관사의 증권계좌여야 합니다. 증권사에 따라 청약 당일은 계좌개설을 안 해줄 수 있기 때문에 청약 2~3일 전에는 계좌를 만들어놓는 것이 좋습니다.

2단계, 신청입니다. 신청기간은 통상 2일입니다. 증권사의 MTS나 HTS에서 할 수 있습니다. 물론 증권사에 방문해 신청해도 됩니다.

3단계, 청약증거금 입금입니다. 공모주 청약버튼을 눌러 청약증거금을 입금하면 신청이 완료됩니다. 청약증거금은 통상 50% 납입합니다.

4단계, 환불입니다. 청약일로부터 2영업일이 지나면 증거금에서 배정받은 주식 수와 공모가액을 제외한 금액이 전액 환불됩니다.

공모주는 왜 상장 때 가격이 오르는 경우가 많을까요? 이것도 아파트 분양과 비슷한 논리입니다. 공모주는 발행할 때 기업가치 대비 통상 싸게 발행합니다. 공모주 가격을 비싸게 책정할 경우 투자자들이 청약에 뛰어들지 않아 원활하게 자금을 모으기 힘들기 때문입니다.

공모주 청약 일정

증시캘린더   Home › IPO/공모 › 증시캘린더

[12월]   2020년   1월 2월 3월 4월 5월 6월 7월 8월 9월 10월 11월 12월

일(SUN)	월(MON)	화(TUE)	수(WED)	목(THU)	금(FRI)	토(SAT)
		1 하나머스트스팩7호(청구) 에스케이바이오사이언스(청구) 티엘비(IR) 퀀타매트릭스(청약) 디비금융스팩8호(청약) 상상인이안스3호(예측)	2 엔시스(청구) 피엔에이치테크(승인) 알체라(IR) 에프앤가이드(IR) 엔젠바이오(청약) 에이치엠씨아이비스팩5호(예측) 엔에프앤가이드(예측) 엔에프씨(상장) 앱코(상장) 제일제강(BW)	3 지놈앤컴퍼니(IR) 인바이오(청약) 알체라(예측) 포인트모바일(상장)	4 티엘비(청약) 클리노믹스(상장) 전진바이오팜(실권주)	5
6	7 지놈앤컴퍼니(예측) 유안타스팩9호(예측) 엔에이치스팩18호(예측) 명신산업(상장)	8 엔비티(IR) 에이치엠씨아이비스팩5호(예측) 이에스알켄달스퀘어리츠(예측) 엔비티(예측) 프리시젼바이오(예측) 에이치앤비엠(CB) 에이앤피(실권주)	9 프리시젼바이오(IR) 와이더플래닛(IR) 상상인이안스3호(청약) 에프앤가이드(예측) 대신밸런스스팩9호(예측) 와이더플래닛(예측) 퀀타매트릭스(상장) 디비금융스팩8호(상장) 두산중공업(실권주) 디엔에이링크(실권주) 케이엠제약(실권주)	10 유안타스팩7호(예측) 석경에이티(예측) 엔젠바이오(상장) 자연과환경(CB)	11 석경에이티(IR) 알체라(청약) 인바이오(상장) 두산퓨얼셀(실권주) 에애두산(실권주) 드림텍(실권주)	12
13	14 엔에이치스팩18호(청약) 티엘비(상장)	15 엔비티(청약) 지놈앤컴퍼니(청약) 유안타스팩9호(청약) 프리시젼바이오(청약) 대신밸런스스팩9호(청약) 미디타(일반) 솔브레인홀딩스(일반)	16 석경에이티(청약) 에이치엠씨아이비스팩5호(상장)	17 와이더플래닛(청약) 상상인이안스3호(상장)	18 유안타스팩7호(청약) 자안(실권주) 명성티엔에스(일반)	19
20	21 알체라(상장)	22 조이맥스(실권주) 엔케이물산(실권주)	23 이에스알켄달스퀘어리츠(상장) 유바이오로직스(실권주) 에치에프알(실권주) 웹트론(실권주) 에스퓨얼셀(실권주)	24 멜릭스미스(실권주)	25	26
27	28	29	30	31		

출처: www.38.co.kr

그래서 공모주를 배정받을 경우 수익을 남길 가능성이 큽니다. 아파트 역시 분양 때는 주변 아파트보다 낮은 시세로 분양가를 결정하는 경우가 많죠. 그렇지 않다면 청약 경쟁률이 높지 않아 미분양이 될 수도 있으니까요.

물론 공모주라고 무조건 오르는 것은 아닙니다. 2019~2020년 상반기에 청약된 공모주 90개 중에 시초가 기준으로 71개(79%)는 상승했지만 19개(21%)는 하락했습니다. 따라서 '묻지 마 공모주 청약'을 해서는 안 되고, 공개된 투자설명서를 분석하며 전략적으로 투자할 필요가 있습니다.

공모주 청약 일정은 한국거래소(kind.krx.co.kr)에서 확인할 수 있습니다. 장외주식 사이트인 38커뮤니케이션(www.38.co.kr)에서도 같은 정보를 얻을 수 있습니다.

테마주는 누가 정하는 거고, 어떻게 알 수 있나요?

거래소나 금융당국이 테마주라고 지정하는 것은 아니고요, 투자자들과 시장 참여자, 언론이 임의대로 묶어서 부른다고 보면 됩니다. 테마주는 '이유가 있는' 종목이 있는가 하면, 조금은 뜬금없이 느껴지는 종목도 있습니다.

Q——···

증시에는 테마주라는 게 있다고 하던데요, 테마주는 누가 정하는 것인가요? 또한 어떻게 알 수 있나요?

A——···

　테마주란 어떤 사건(테마)과 관련되어 오르거나 내릴 가능성이 있는 주식 종목을 말합니다. 일정한 주제들에 따라 오르거나 내리는 특정한 흐름을 보인다면 이를 묶어서 '테마주'라고 부르는 것이죠. 물론 거래소나 금융당국이 지정하는 것은 아니고, 투자자들과 시장 참여자들이 임의대로 묶어서 부른다고 보면 됩니다. 테마주는 '이유가 있는' 종목이 있는가 하면, 조금은 뜬금없이 느

꺼지는 종목도 있을 수 있습니다. 테마주의 주제는 정부정책, 선거, 계절, 사건 등 무엇이든 될 수 있습니다.

2020년 이낙연 전 국무총리가 국회의원 출마를 선언하자 '남선알미늄' 주가가 꾸준히 올랐습니다. 2020년 1월 23일 기준 전년보다 51.56% 올랐습니다. 이 전 총리의 친동생이 계열관계인 SM그룹 삼환기업의 대표로 재직한 뒤 이낙연 테마주로 분류되었습니다. 남선알미늄 측은 "당사의 사업과 연관이 없다"고 밝혔지만 소용 없었습니다. 남선알미늄은 전년도 영업이익이 감소하는 등 주가가 급등할 이유가 없었습니다. 하지만 시장은 이낙연 전 총리가 대선에 출마할 경우 수혜 기업으로 남선알미늄을 꼽은 겁니다.

정치가 경제에 영향을 미칠 수 있다고 생각하는 게 참 후진적으로 생각됩니다만 우리나라만의 얘기는 아닙니다. 미국도 트럼프 테마주, 힐러리 클린턴 테마주, 조 바이든 테마주가 있습니다. 정치인 테마주는 정치인과 동문이거나 친인척이 근무할 경우에 잘 형성됩니다. 또한 정치인이 지향하는 정책 관련 기업도 테마주가 될 수 있습니다. 트럼프 대통령의 경우 총기회사 '스미스앤드웨슨'이 테마주로 꼽혔습니다. 후보 시절 총기 통제에 반대하면서 총기회사들의 매출이 증가할 것이라는 기대가 커졌기 때문이죠. 또한 항공사 '에어캐나다'도 주가가 올랐는데요, 트럼프 대통령이 당선되면 거처를 캐나다로 옮기겠다고 일부 저명인사들이 말하자 트럼프 대통령의 둘째아들인 에릭 트럼프가 "캐나다행 티

* 「공화당 경선서 트럼프 '돌풍'… 미 증시엔 테마주 등장」〈연합인포맥스〉, 2016년 3월 3일

켓을 사는 데 도움을 주겠다"고 말한 것이 원인이 되었습니다.*

테마주가 문제가 되는 것은 기업의 실적과 상관없이 주가가 움직이기 때문입니다. 적자를 냈거나 시장 상황이 악화되는데도 불구하고 테마와 관련 있다는 이유로 주가가 급상승하는 경우가 많습니다. 그러다 또 돌연 거품이 꺼져버리는데요, 상당수는 작전세력이 붙어 있을 경우가 많습니다. '뭔가 있나?' 싶어서 따라 들어왔던 개미 투자자들이 한순간에 엄청난 손실을 볼 수 있다는 것이죠. 때문에 테마주의 경우 "주가가 급등했다"는 소식이 신문이나 방송에 나는 순간, 이미 늦은 경우가 많습니다.

예상치 못한 변동성이 너무 크다는 것도 테마주를 주의해야 하는 원인 중 하나입니다. 예를 들어 문재인 대통령과 김정은 북한 국무위원장이 정상회담을 가졌을 때 현대건설 같은 남북경협주

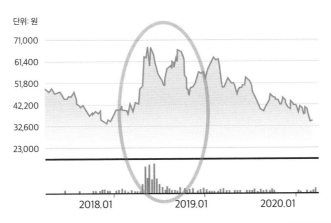

남북 정상회담 전후의 현대건설 주가흐름

출처: 네이버 금융

가 엄청나게 치솟았습니다. 며칠 사이에 주가가 두 배, 세 배가 뛰는 사례도 있었습니다. 남북경협이 성사될 경우 건설, 관광, 소규모 제조업 등은 확실히 수혜주가 되겠죠.

하지만 대규모 남북경협은 2020년 현재로는 먼 미래의 이야기입니다. 한때 급등하던 남북경협주는 소리 소문 없이 가라앉았습니다. 123쪽의 그래프는 대표적인 남북경협주로 불렸던 현대건설의 주가와 거래량 흐름입니다.

공매도는 주가 하락 때 어떻게 돈을 버나요?

주식 가격이 높을 때 해당 종목을 갖고 있는 사람에게 수수료를 주고 빌립니다. 그런 뒤 시장에 높은 가격으로 내다 팝니다. 3일 뒤 주식 가격이 떨어진다면 시장에서 낮은 가격에 주식을 사서 빌린 사람에게 되갚습니다. 공매도를 한 사람은 주식의 높은 가격에서 낮은 가격과 대여 수수료를 뺀 차액을 벌게 됩니다.

Q——···

코로나19로 코스피가 급락했을 때 "공매도를 금지해야 한다"는 얘기가 많이 들렸었죠. 실제로 금융위원회는 공매도를 일정기간 동안 금지시켰습니다. 공매도는 어떤 원리로 주가 하락 때 돈을 벌게 되는 건가요? 없는 주식을 판다는 게 잘 이해가 안 돼요.

A——···

주식을 하지 않더라도 공매도(空賣渡)라는 단어는 한 번쯤 들어봤을 것이라 짐작됩니다. 그만큼 공매도는 많이 입길에 오르내리는 주식 용어가 되었습니다. 공매도는 글자 그대로 '없는 주식을 판다'는 뜻입니다.

주식이 없는데 판다니요? 이게 참 무슨 말인가 싶지요. 원리는 이렇습니다. 마스크를 판다고 가정해볼게요.

- 코로나19로 마스크 가격이 치솟아 현재 약국에서 판매하는 마스크 가격이 2,000원입니다.
- 저에게는 마스크가 없습니다.
- 마스크를 갖고 있는 A에게서 임대료 500원을 주고 마스크를 빌려왔습니다. 3일 뒤에 마스크를 돌려주기로 했습니다.
- 빌려온 마스크를 B씨에게 2,000원에 팔았습니다(저는 이제 마스크가 없습니다).
- 3일 뒤 코로나19가 진정되면서 마스크 가격이 1,000원으로 떨어졌습니다. 약국에서 1,000원에 마스크를 삽니다. 그런 뒤 A씨에게 돌려줍니다.
- 저는 마스크를 팔아 2,000원이 생겼고, 마스크를 사는 데 1,000원을, 임대료로 500원을 썼습니다. 500원의 차익이 생겼습니다.

마스크 대신 주식을 넣으면 그게 바로 공매도입니다. 공매도는 향후 가격이 떨어질 것을 생각하고 하는 거래지요. 그래서 특정 주식의 공매도 현황을 보면 '주식투자자들이 이 주식을 어떻게 생각하고 있구나' 하는 것을 짐작할 수 있습니다.

만약 마스크 가격이 오르면 어떻게 될까요? 1번~4번까지는 똑같습니다. 5번과 6번이 달라지지요.

3일 뒤 코로나19가 더 확산되면서 마스크 가격이 3,000원으로 올랐습니다. 약국에서 3,000원에 마스크를 삽니다. 그런 뒤 A씨에게 돌려줍니다.

저는 마스크를 팔아 2,000원이 생겼고, 마스크를 사는 데 3,000원을, 임대료로 500원을 썼습니다. 1,500원 손해를 봤습니다.

주식시장에서는 주가가 상승해야 돈을 법니다. 때문에 언제든 과열이 될 우려가 있는데요, 그런 점에서 주식시장 하락장에 베팅하는 공매도는 주식시장의 균형을 잡아주는 장치가 됩니다.

하지만 단점도 있습니다. 공매도 세력들이 붙을 경우 좋은 주식의 가격을 의도적으로 떨어뜨리려 할 수 있습니다. 주가에 좋지 못한 악의적인 소문을 퍼뜨리거나 주식을 대량 매도(파는 것)해 해당 종목의 가치를 떨어뜨리려 할 수 있다는 것이죠. 가격이 떨어지면 투자자들이 혼란을 느끼고 불안감에 주식을 대량 매도해버리면 우수한 기업의 주가도 폭락하게 됩니다.

특히 금융위기 등 시장위기 상황에서는 작은 루머가 크게 취급될 수 있기 때문에 공매도 세력에 더욱 휘둘릴 가능성이 큽니다. 코로나19로 코스피지수가 큰 폭 하락하는 시점에 금융당국이 공매도 금지령을 내린 것은 이런 우려 때문입니다.

파생상품이란 게
도대체 뭔가요?

주식, 채권, 원유, 구리, 국가신용도, 금리, 날씨 등의 변동에 베팅을 하고 차익을 남기는 금융상품을 말합니다. '한 달 뒤 날이 맑으면 1만 원을 얻지만 비가 오면 1만 원을 잃는다' 식입니다.

Q —···

글로벌 금융위기가 파생상품 때문에 벌어졌다 하고요, 은행에 가면 파생상품에 한번 투자해보라고 합니다. 그런데 파생상품이 정확히 무슨 뜻인지 모르겠어요.

A —···

파생상품(派生商品, Derivatives)은 용어 그대로 어디에선가 갈라져 나와 만들어진 상품이라는 뜻입니다. '파생'이라는 한자만 알아도 대충 감은 잡습니다. 영문인 Derivatives도 '유래하다, 파생하다'라는 단어에서 출발했습니다.

그런데 여기서 궁금해지죠. "갈라져 나온다는 게 무슨 말이야?"

'갈라져 나오다'라는 말은 근원상품에서 갈라져 나왔다는 이야기입니다. 파생상품은 금융상품을 의미합니다. 상품거래는 금융거래를 동반합니다. 물건을 사고파는 과정에서 현금이 오갑니다.

그런데 상품을 사고팔지 않으면서 거래를 하려면 어떤 방법이 있을까요? 그렇죠. '내기'입니다. 내기를 거는 순간 새로운 금융상품이 만들어집니다.

예를 들어 한국과 독일이 월드컵에서 맞대결을 하게 됩니다. 그러면 기초자산은 한국과 독일전 축구경기입니다. 그런데 뽀로로가 "독일이 이기면 1만 원, 한국이 이기면 10만 원 주겠다"면서 내기를 하자고 합니다. 이 제안이 성사된다면 '한독일전 파생상품'이 됩니다.

기획재정부가 펴낸 『시사경제 용어사전』에서는 파생상품을 '주식과 채권 같은 전통적인 금융상품을 기초자산으로 하여 기초자산의 가치 변동에 따라 가격이 결정되는 금융상품을 말한다'라고 정의하고 있습니다. 즉 주식이나 채권은 가격이 오를지 내릴지 모르니 '오르겠다'거나, '내리겠다'로 내기를 건 상품이라는 뜻입니다. 당연히 이기면 따가고, 지면 잃어버리는 게 되는 것이죠.

기재부는 기초자산을 주식과 채권 등 '금융상품'으로 한정했습니다만 실제로는 내기를 걸 수 있는 것이면 뭐든지 다 됩니다. 원유, 구리, 철, 금, 철 같은 원자재는 물론이고 돼지고기, 밀, 커피 등 농산물도 됩니다. 국가신용도, 금리, 환율, 주가지수 등도 당연히 파생상품이 됩니다. 심지어 기후나 날씨도 파생상품으로 만들 수 있습니다. '한 달 뒤 맑은 날이 많으면 1만 원 얻지만 구름 낀

날이 많으면 2만 원 잃는다'라는 파생상품을 만들 수도 있습니다.

파생상품이 만들어질 수 있는 것은 누구도 미래를 알 수 없기 때문입니다. 격이 오른다는 사람과 내린다는 사람이 존재할 때 거래가 가능해집니다.

원래 파생상품은 불확실한 미래의 위험을 피하기 위해(위험 헷지) 만들어졌습니다만 금융시장이 발달하면서 점차 투기상품으로 바뀌었습니다. 다른 사람들도 이 상품을 살 수 있도록 판을 키웠거든요. 그러다 보니 파생상품은 보험이 아니라 내기판으로 변질되었습니다. 예컨대 나는 포커가 없지만 판돈을 내 내기판에 있는 A씨가 이기면 나도 똑같은 이익을 분배받겠다고 하는 것과 같은 이치입니다.

그렇다면 대표적인 파생상품은 무엇이 있을까요? 선물, 옵션, 주가연계증권(ELS), 파생결합증권(DLS), 주식워런트증권(ELW) 등이 파생상품입니다. 정확한 개념은 잘 몰라도 한 번쯤은 들어본 적이 있을 겁니다.

선물과 옵션은 도대체 뭔가요?

선물은 미리 정해진 가격으로 미래 일정 시점에 사거나 팔겠다고 약속한 거래를 말합니다. 옵션은 선물과 똑같은데 상품을 사고파는 게 아니라 '선택권'을 사고팝니다. 이때 선택권을 포기할 경우 계약금은 포기해야 합니다.

Q — …

대표적인 파생상품으로 선물과 옵션이 있다는데요, 어떤 상품들인가요? 풋옵션, 콜옵션이라는 용어도 잘 모르겠어요.

A — …

선물(先物)이란 미리 정해진 가격으로 미래 일정 시점에 사거나 팔겠다고 약속한 거래를 말합니다. 선물거래를 설명할 때 가장 흔히 예로 드는 게 농산물 밭떼기입니다.

배추농사를 짓는 양철아저씨는 올해도 배추가격이 걱정입니다. 하도 가격이 오르락내리락해서 잘하면 대박이지만 잘못하면 쪽박을 차는 경우가 적지 않았기 때문이죠. 배추가격은 2년 전에는 한 포기당 100원을 했다가 지난해에는 5,000원이었습니다. 배추 생산가격이 2,000원이니까 이 정도만 누가 보장해줘도 마음놓고 농사를 지을 것 같습니다.

배추를 떼다가 파는 도로시는 양철아저씨의 고민을 들었습니다. 도로시의 생각에 올해 배추가격은 5,000원이 될 것 같습니다. 만약 양철아저씨로부터 배추를 포기당 2,000원에 미리 사놓을 수 있다면 가을에 큰 이득을 남길 것 같습니다. 포기당 3,000원이 남는 것이니까요. 물론 배추가격이 포기당 100원으로 떨어질 수도 있습니다. 그러면 큰 손실을 보게 됩니다.

고민 끝에 도로시는 양철아저씨의 배추를 포기당 2,000원에 사기로 했습니다. 자신의 감을 믿기로 한 것이죠. 이 같은 거래를 '선도거래'라고 합니다. 선도거래를 거래소와 같은 공인된 기관을 통해 사고판다면 '선물거래'가 됩니다(결국 선도거래와 선물거래는 개념상으로는 같습니다).

사고팔 수 있는 것이면 무엇이든 선물거래의 대상이 됩니다. 농축산물(옥수수·대두·커피·돼지 등), 에너지(원유·천연가스 등), 원자재(금·은·니켈·구리 등), 외환(달러·유로·엔 등), 금리 등이 있습니다.

국내에서는 코스피200선물, 미국 달러선물, 금선물, 돈육선물, 3년·5년·10년 국채선물 등이 거래소에서 거래되고 있습니다.

가을이 되었습니다. 그해 배추작황이 너무 좋아 배추가격은 포기당 100원이 되었습니다. 미리 포기당 2,000원에 판 양철아저씨는 큰돈을 벌었습니다. 반면 이 가격에 산 도로시는 큰 손실을 입으면서 사업이 위태로워졌습니다.

이처럼 선물은 리스크가 너무 크다는 단점이 있습니다. 이를 보완하기 위해서 만들어진 상품이 옵션(option contract)입니다.

옵션은 글자 그대로 '선택권'이죠. 옵션상품도 미래가격을 미리 정하는 상품입니다만 상품이 아닌 선택권을 산다는 것이 선물거래와 다릅니다. 계약금만 걸어놓고 선택권을 얻는 것과 같다고 생각하면 됩니다.

이듬해 도로시는 다시 양철아저씨에게 밭떼기 거래를 제안하는데요, 이번에는 좀 불안합니다. 그래서 계약금 100만 원을 줄 테니 먼저 살 권리만을 달라고 요구했습니다. 즉 올 가을에 포기당 2,000원에 배추를 살 수 있는 권리를 달라는 것이죠. 그때 가서 배추가 포기당 5,000원으로 가면 권리를 행사해 배추를 사들이고, 포기당 100원으로 떨어진다면 배추를 사지 않겠다는 겁니다. 물론 이 경우 미리 걸었던 계약금은 날리게 됩니다. 이와 같이 옵션에서 살 수 있는 권리를 '콜옵션'이라고 부릅니다.

양철아저씨가 도로시에게 밭떼기로 팔겠다고 제안을 할 수도 있겠죠? 그런데 선물거래로 하기에는 양철아저씨도 부담스러우니 옵션으로 팔겠다고 합니다. 미리 계약금을 주되 가을에 포기당 100원이 되면 배추를 팔 권리를 달라는 것입니다. 만약 포기당 5,000원이 되면 팔지 않겠다고 했습니다. 계약금을 포기하더라도 자신이 직접 시장에 나가서 파는 것이 더 이득이 많이 남으니까요. 이처럼 '팔 수 있는 권리'는 '풋옵션'이라고 합니다.

대표적인 국내 옵션상품으로는 코스피200지수옵션, 코스닥150지수옵션, 미국달러옵션 등이 있습니다.

쿼드러플 위칭데이에 네 마녀는 어떻게 요술을 부리나요?

쿼드러플 위칭데이에는 주가와 관련된 선물과 옵션 만기가 무려 4개나 겹칩니다. 선물과 옵션은 만기에 가격이 결정되기 때문에 의도적으로 지수를 조정하고 싶어 하는 욕구가 생길 수 있습니다. 즉 이날 주가가 갑자기 폭등할 수도 있고, 폭락할 수도 있다는 말이죠.

Q —···

선물과 옵션 만기일에는 주식시장과 환율시장이 출렁인다고 하는데요, 왜 그런가요? 쿼드러플 위칭데이 때는 금융시장 변동도 심하던데, 진짜 마녀가 요술을 부리는 것은 아닐 테고요.

A —···

매달 둘째 주 목요일은 선물만기일과 옵션만기일이 겹칩니다. 지수선물, 지수옵션, 개별주식선물, 개별주식옵션 등의 만기가 동시에 겹치기 때문에 '네 마녀의 날(쿼드러플 위칭데이, quadruple witching day)'이라고 부르죠.

선물과 옵션은 일반 주식과 달리 주구장창 들고 있을 수가 없습니다. 만기일에 미래의 가격이 결정이 되는데요, 그러다 보니 주가지수 선물과 옵션에 참가한 사람들은 주가지수를 조종하고 싶은 유혹에 빠지게 됩니다.

예를 들어 한 달 전 주가가 2,100에서 한 달 뒤 2,200이 될 것으로 예상하고 선물계약을 했다고 가정해봅시다. 그런데 지금 주가가 2,180입니다. 2,200이 되면 돈을 벌지만 2,180이 되면 돈을 잃습니다. 이럴 때는 주식을 매수해 주가를 끌어올리려 할 수 있습니다.

물론 무리하게 주식을 사서 추후 주가가 하락해 돈을 잃을 가능성도 있습니다. 하지만 향후 주가 하락에 따른 손실과, 주가가 낮아서 선물에서 잃는 손실을 비교해서 전자가 적다면 얼마든지 주식매수에 들어가는 것이죠.

그 반대의 상황도 생각해볼 수 있습니다. 한 달 전 주가가 2,100에서 한 달 뒤 2,000이 될 것으로 생각하고 선물계약을 했습니다. 그런데 만기를 하루 앞둔 지금 주가는 2,030입니다. 세게 베팅을 해놓은 건이라 주가가 2,000이 되지 않으면 손실이 큽니다. 이럴 경우는 갖고 있던 주식을 모두 내다팔아 주가를 떨어뜨리려 할 수 있습니다.

쿼드러플 위칭데이에는 주가와 관련된 선물과 옵션이 무려 4개나 겹칩니다. 어떤 사람이 어떤 주식과 선물거래를 해놨는지 모르기 때문에 이날 주가가 이전 흐름과 다르게 나타날 수 있습니다. 갑자기 폭등할 수도, 폭락할 수도 있습니다.

주식과 선물은 해외투자은행(IB)들도 많이 하고 있습니다. 때문에 이날 외국인들이 주식을 많이 사들이거나 내다팔 수도 있습니다. 그래서 이날 하루의 움직임을 보고 외국인의 동향을 짐작해서는 위험합니다. 주가가 오른다 싶어 급하게 들어갔다가는 다음날 주가가 폭락해 낭패를 보기도 합니다. 따라서 주식 고수들도 이날은 주식시장의 흐름을 알기 어렵다고 해서 그냥 쉬어가자고 하는 사람도 많습니다.

갑자기 외국인들이 주식을 많이 팔거나 사게 되면 환율도 출렁이게 됩니다. 원화를 사거나 파는 일이 많아지기 때문이죠. 때문에 잔잔하던 원달러 환율이 일시적으로 쿼드러플 위칭데이 때 큰 폭으로 상승하거나 하락하기도 합니다. 금융시장 참가자들이 이날 긴장하며 시장을 주시하는 것은 이 때문입니다.

자사주를 매입하면
왜 주가가 오르나요?

기업이 자신의 주식을 시장에서 사들인 만큼 유통되는 주식 숫자가 줄어들어 주가가 상승할 요인이 생깁니다. 또한 "해당 기업이 향후 기업주가가 오를 것이라고 생각하는구나"라는 신호를 시장에 줄 수 있습니다.

Q——…

2020년 3월 코로나19로 주가가 폭락하니 정의선 현대차그룹 수석부회장이 현대차와 현대모비스의 자사주를 취득한다는 뉴스가 있었습니다. 현대차는 이를 "주가를 부양하고 책임경영을 하기 위해서"라고 했던데요, 왜 그런가요? 미국의 보잉은 오히려 자사주를 너무 많이 매입해 위기에 빠졌다던데요, 투자자로서는 자사주 매입을 많이 하는 종목이 좋은 종목인가요?

A——…

자사주 매입이란 기업이 자기 회사의 주식을 사들이는 것을 말합니다. 시장에 있는 주식을 기업이 되사오는 것이죠. 기업이 주식을 사들인 만큼 시장에서 유통되는 주식 숫자는 줄어들겠죠? 공급이 줄어든 셈이 되니 주가는 상승할 요인이 생깁니다.

자사주 매입은 "해당 기업이 향후 기업주가가 오를 것이라고 생각하니 사는구나"라는 신호를 시장에 줄 수 있습니다. 기업이 생각하는 주가보다 시장에서 거래되는 주가가 낮다는 의미지요. 나중에 주가가 오른 뒤 자사주를 처분한다면 기업은 수익을 얻을 수 있습니다.

자사주 매입을 '책임경영'이라고 말하는 것은 기업이 보유한 지분율이 올라가기 때문입니다. 2020년 3월 정의선 현대차그룹 수석부회장이 800억 원이 넘는 자사주를 매입하면서 정 부회장이 보유한 현대차의 지분은 2.62%로 0.27%포인트가 늘어났고, 하나도 없던 현대모비스의 지분은 0.32%로 늘어났습니다.

이렇게 취득한 자사주는 추후 처분하거나 소각할 수 있습니다. 자사주 소각이란 '자사주를 불태워 없앤다'는 뜻으로 사들인 자사주를 없애는 것을 말합니다. 기업이 자사주를 갖고 있더라도 이 주식들은 언젠가는 시장으로 나올 잠재성이 있습니다. 따라서 시장은 이를 감안해서 반응을 합니다. 하지만 소각은 완전히 없애버린다는 뜻이니까 주식시장에서는 주가 상승을 견인하는 강한 호재가 됩니다.

물론 자사주는 기업의 자금을 이용해 사들이기는 것이기 때문에 과도하게 사들이면 기업의 돈줄을 마르게 할 수 있습니다. 내부에 돈을 좀 쌓아둬야 기술 개발도 하고, 위기 시 쓸 수도 있을 텐데 말입니다.

보잉을 비롯해 미국 항공사들은 지난 10년간 무려 현금 흐름의 96%를 자사주를 사는 데 썼습니다. 이들이 쓴 돈은 740억 달러(약 92조 원)에 달합니다. 그랬다가 코로나19 바이러스로 탑승객이 줄고 매출이 급락하자 탈이 난 겁니다. 급할 때 꺼내 쓸 돈이 없었거든요. 이에 보잉과 항공업계는 110억 달러(130조 원)에 이르는 자금지원을 미국 정부에 요청했습니다. 보잉이 자사주를 매입한 만큼 주가가 올랐고, 주주들은 돈 파티를 했습니다. 그랬다가 위험해지니 국민의 세금을 지원해달라고 손 벌린 꼴이 되었습니다.

자사주 매입이 배당과 같다고요?

주당 기업가치로 보면 배당을 줘서 기업가치를 감소시키는 것이나 자사주를 매입해 주식 수를 줄이는 것이나 똑같을 수 있습니다. 단, 배당은 한 번 주면 줄이기 어려운 반면 자사주 매입은 일시적 이벤트로 활용할 수 있습니다.

Q ——···

자사주 매입이 배당과 함께 주주에게 혜택을 주는 주주 친화적인 조치라는데요, 왜 그런가요? 배당은 주주에게 배당금 혹은 신주를 주어서 주주의 자산이 늘어나지만 자사주 매입은 기업이 보유한 주식이 늘어 기업만 좋은 거 아닌가요?

A ——···

주식시장에서는 자사주 매입은 배당과 함께 기업이 주주들에게 순이익의 일부를 나눠주는 조치 중 하나로 봅니다. 배당처럼 주주들에게 돈이나 주식을 주는 것도 아닌데, 왜 순이익의 일부를 나눠줬다고 하는 것일까요?

이렇게 계산해볼까요? 시장가치가 100억 원인 기업이 100만 주의 주식을 발행했다면 주식가치는 1만 원이 됩니다. 그런데 기업이 50억 원, 즉 주당 5,000원을 현금배당한다고 가정해보겠습니다. 그러면 기업의 가치는 50억 원으로 떨어지고, 100만 주로 나눈 주당가치는 5,000원이 됩니다. 하지만 5,000원의 배당을 받았기 때문에 주주가 가진 주식의 가치는 1만 원입니다.

이번에는 기업이 배당 대신 자사주를 매입한다고 가정해보겠습니다. 50억 원으로 주당 1만 원인 주식을 매입하면 50만 주를 매입하게 됩니다. 기업의 가치는 50억 원으로 줄지만 시장에는 주식이 50만 주만 남게 됩니다. 주당 가치는 1만 원으로 유지가 되는 것이죠. 배당을 하지만 자사주를 매입하나 주주가 얻는 가치는 똑같습니다.

자사주는 발행조건이 엄격합니다. 이사회 결의를 거친 뒤 증권거래소에 신고서를 내야 하고, 3개월 이내에 자사주를 매입해야 합니다. 6개월 이내에는 매입한 주식을 되팔 수도 없습니다.

자사주 매입은 그냥 이사회만 통과하면 되는 배당금 지급에 비해 매우 까다롭죠. 그런데도 왜 기업들은 주주가치를 높이기 위해 배당 대신 자사주 매입을 선택하는 것일까요?

배당은 한 번 주기 시작하면 줄이기가 어렵기 때문입니다. 주주들은 한번 선택한 배당금이 꾸준히 나올 것이라고 기대하지요. 만약 기업의 사정이 어려워져 배당금을 줄이려 하면 주주들이 매우 민감하게 반응합니다. 회사가 그만큼 어렵나 싶어 주식시장에서도 부정적으로 받아들입니다.

반면 자사주 매입은 일시적인 이벤트로 생각합니다. 예상치 못한 순익이 생겼거나 기업의 필요가 있을 때 선택하는 단기적인 경영판단으로 보지요.

또한 자사주는 기업의 '비상금' 노릇을 할 수 있습니다. 급할 때 보유한 주식을 담보로 교환사채(자사주를 1주당 얼마에 교환할 수 있는 권리를 부여한 채권)를 내다 팔아 현금화할 수 있기 때문입니다.

자사주 매입이 때로는 경영권 방어 수단도 됩니다. 자사주 그 자체로는 의결권이 없지만 자사주를 우호적인 세력에 팔면 우호적인 지분을 확보하는 효과가 발생하기 때문입니다. 엔씨소프트는 2015년 넥슨으로부터 경영권 위협을 받자 우호세력인 넷마블게임즈에 주식 맞교환 방식으로 자사주를 넘깁니다. 이런 이유들로 볼 때 경영자로서는 섣불리 배당을 확대하기보다 자사주 매입을 하는 것이 부담이 적을 수 있습니다.

배당 확대와 자사주 매입은 시장에서 꼽는 대표적인 주주친화적인 정책입니다. 어느 쪽이든 공시되면 주가가 오를 때가 많습니다. 다만 이 경우도 시장의 예상을 넘어서야 주가가 탄력을 받게 됩니다.

리츠와 부동산펀드는
뭐가 다르나요?

친구들이 돈을 모아서 부동산을 잘 아는 친구에게 돈을 맡겨 부동산에 투자한다면 부동산펀드이고, 부동산투자기업에 돈을 맡기고 주식을 받는다면 리츠입니다. 리츠는 커피 한 잔 가격으로도 투자를 할 수 있습니다.

Q— ⋯

"리츠에 투자하라"는 뉴스를 많이 봤습니다. 그런데 리츠와 부동산펀드는 어떻게 다른가요? 둘 다 돈을 모아서 부동산에 투자한 뒤 수익을 나눠 갖는 것은 같지 않나요?

A— ⋯

'리츠(REITs)'의 뜻을 아신다면 좀더 쉽게 둘의 차이를 이해하실 수 있을 것 같습니다. 리츠란 Real Estate Investment Trusts, 즉 부동산투자회사를 말합니다. 즉 기업이라는 말이죠. 반면 부동산펀드는 운용하는 돈주머니를 의미합니다.

예컨대 10명의 친구들이 모여 부동산에 투자하기로 한다고 가정해보겠습니다. 10명이 1억 원씩 총 10억 원을 모아서 부동산투자를 가장 잘하는 친구에게 맡겼습니다. 10억 원을 받은 친구는 눈여겨본 건물을 매입합니다. 3년 뒤 그 건물 값이 20억 원으로 뛰면 이를 팔아서 2억 원씩 친구들에게 돌려줬습니다. 바로 이런 게 '부동산펀드'입니다.

10명이 1억 원씩 10억 원을 모았는데 이 중 한 명에게 돈을 맡기기는 좀 그렇습니다. 기왕이면 기업을 만들어 운영하자면서 부동산투자회사를 설립합니다. 회사는 이사회도 구성하고, CEO도 선임합니다. 그런 다음 회사 명의로 눈여겨본 건물을 매입한 뒤 3년 뒤 매각하고 수익을 분배한다면 리츠가 되는 겁니다.

회사를 설립하는 것은 꽤나 귀찮은 일입니다. 그렇다면 손쉬운 부동산펀드를 하지 왜 굳이 회사를 하는 것일까요? 부동산펀드는 장기투자를 해야 하기 때문입니다. 급한 돈이 필요하더라도 매입한 건물이 팔릴 때까지는 돈을 되돌려 받기 어렵지요. 반면 리츠는 투자액만큼 주식을 받는데요, 상장을 했다면 언제든지 시장에서 매각을 해 현금으로 만들 수 있습니다.

또한 리츠는 소액으로도 투자가 가능합니다. 상장된 주식을 산다면 커피 한 잔 가격(5,000원)으로도 투자를 할 수 있습니다. 하지만 부동산펀드는 통상 억대 단위의 투자를 받는 데다가 중간에 투자자가 들어오고 나가기 어렵습니다. 그렇기 때문에 부동산펀드는 큰손과 연기금 등 기관들이 주로 투자합니다.

그럼 리츠가 부동산펀드보다 더 좋을까요? 리츠는 주식회사 형태로 운영되다 보니 과감한 투자를 하기 어렵습니다. 일반적인 리츠는 부동산을 매입한 뒤 임대료 수입을 얻고 이를 매년 배당으로 나눠줍니다. 배당수익률(1주당 주가 대비 배당액의 비율)이 6~7% 정도입니다. 시중은행 금리보다는 높지만 만약 부동산 경기가 좋지 못해 주가가 소폭이라도 떨어진다면 별로 남는 게 없습니다.

반면 부동산펀드는 대형 개발에 참여하는 등 적극적인 투자가 가능합니다. 물론 대형 프로젝트가 실패한다면 투자금의 절반을 날릴 수도 있습니다만 성공하면 2배의 수익이 보장되기도 합니다.

최근 정부는 전략적으로 리츠를 활성화시키려 하고 있습니다. 리츠는 부동산투자에서 발생한 수익을 다수의 개미주주들에게 분배하기 때문에 수익을 소수의 큰손과 기관투자자가 독점하는 부동산펀드보다 사회 기여도가 크다고 보고 있습니다. 또한 시중의 부동자금을 리츠를 통해 증시로 유입시켜서 금융시장을 부양시킬 수 있다는 것도 점도 정부가 리츠를 활성화시키려는 이유입니다.

주가가 오르면
기업은 어떤 점이 좋은가요?

자금이 필요해 기업이 유상증자를 할 때 적은 주식을 발행하고도 많은 돈을 모을 수 있어 경영권을 방어하는 데 부담이 적어집니다. 주가 상승은 기업이 좋다는 뜻이니까 은행에서 저리로 자금을 빌리거나 회사채를 낮은 금리로 발행해 투자자금을 모을 수도 있습니다.

Q —⋯

주가가 오르면 투자자는 당연히 좋은데요, 기업에게는 무슨 도움이 되나요? 기업은 상장 당시 주식공모로 자금을 받은 뒤 그 뒤로는 주가가 오르든 내리든 상관이 없지 않나요? 그런데도 기업들은 주가가 오르는 것을 좋아하더라고요. 그리고 주가가 오른다고 추가적으로 기업 투자가 이뤄지는 것이 아니라면 증시가 좋아도 한국 경제에는 큰 영향이 없는 것 아닌가요?

A —⋯

기업은 투자자에게서 딱 한 번 투자금을 유치합니다. 상장을 할 때죠. 그러고 나서는 그 주식이 주식시장에서 어떻게 팔리든 기업과는 큰 상관이 없습니다. 주가가 오른다고 해서 기업에 추가적으로 이익이 돌아가는 것도 아니고, 내린다고 해서 기업이 손해 보는 것도 아니기 때문이죠.

이것은 주택시장과도 비슷합니다. 건설사는 아파트 분양할 때 돈을 받을 뿐, 그 뒤로는 해당 아파트 가격이 오르든 내리든 상관이 없죠. 예를 들어 삼성래미안 아파트 가격이 아무리 올라도 이를 분양한 삼성물산은 단 한 푼도 이익을 가져갈 수 없습니다.

그렇다면 주가 인상은 주식을 발행한 기업과는 전혀 상관이 없을까요? 아닙니다. 기업이 추가적으로 돈이 필요할 때, 즉 유상증자를 하게 될 때는 주가가 높은 것이 좋습니다.

예를 들어 SK하이닉스가 추가적으로 반도체 공장을 짓는 데 5조 원의 돈이 든다고 치죠. 이 자금을 마련하기 위해 유상증자를 할 수 있습니다. 이때 주가가 높으면 주식을 적게 발행하고도 투자금을 모을 수 있습니다. 대주주로서는 경영권을 생각하면 주식을 적게 발행하는 것이 유리합니다. 만약 주가가 낮다면 대주주의 경영권이 위협받는 수준까지 추가적인 주식을 발행하고도 투자금을 모으지 못할 수 있습니다.

무엇보다 '주가가 강세'라는 말은 기업이 시장에서 가치를 인정받고 있다는 뜻입니다. 따라서 유상증자를 할 때 손쉽게 자금을 모을 수 있습니다. 믿을 수 있는 회사니까요. 또한 저금리로 은행에서 돈을 빌리거나 낮은 금리로 채권을 발행할 수도 있습니다.

국내 주식시장 전체로도 마찬가지입니다. 주가가 오른다고 해서 증시로 유입된 자금이 곧바로 기업으로 들어가지는 않습니다.

오른 주가의 차익은 그 주식을 판 투자자의 주머니에 들어갑니다. 그러나 증시가 활황이 되어야 새로운 기업들이 해당 주식시장에 상장하기가 쉽습니다. 시장 주변에 돈들이 넘쳐나면 발행한 주식이 제값을 받을 수 있고, 그만큼 투자금도 더 많이 유치할 수 있기 때문입니다.

상장을 앞둔 기업들은 주식시장이 나쁘면 상장을 미룰 수도 있습니다. 국내 증시가 계속 좋지 못할 경우 국내 상장을 포기하고 아예 해외 주식시장에서 상장하는 것을 택하기도 합니다.

주가가 오르면 경제 상황이 좋다는 뜻이어서 나라의 거시경제에도 긍정적으로 작용합니다. 외국인 투자가 늘어나 외환시장에서 달러 자금이 풍부해져 환율 안정에 도움이 됩니다. 국가신용도와 기업신용도가 좋아져 국내 기업들이 대외차입을 할때도 낮은 금리로 돈을 조달할 수 있습니다. 배터리, 반도체, 신약개발 등에 조 단위 자금조달이 필요한 기업, 달러 자금이 필요한 금융권으로서도 큰 호재가 됩니다.

결국 주식투자는 국내 금융시장과 기업, 국가경제 발전에 크게 기여한다고 말할 수 있습니다. 주식투자를 하는 당신은 애국자입니다.

경제성장률이 낮은데도
주가가 오를 수 있나요?

지금은 경제성장률이 낮아도 앞으로 경제성장률이 높아질 것이라 기대된다면 주가는 오를 수 있습니다. 주가는 통상 3~6개월 앞의 경기를 반영하기 때문입니다.

Q——···

경제성장률이 시장 예상보다 낮게 나와도 주가가 상승할 수 있나요? 경제가 예상보다 나빴다는 얘기니까, 당연히 주가가 떨어져야 하는 것 아닌가요?

A——···

경제성장률은 분기별로 발표됩니다. 한국의 경우는 매분기말에 속보치가 나오고, 한 달 반 정도 뒤에 확정치가 나옵니다. 즉 1분기 GDP 성장률은 3월말에 속보치가 나오고, 확정치는 4월말에 나옵니다.

시장전망보다 성장률이 낮게 나왔을 경우 상식적으로 보면 주가에 부정적인 영향을 끼치겠죠. 경기가 나빴다는 얘기니까요. 만약 시장 컨센서스(예측치)보다 낮은 성장률이 발표되었다면 주가는 큰 폭으로 떨어질 수 있습니다. 기업의 영업활동이 생각보다 나빴고, 이에 따라 수익성도 악화될 수 있다는 우려가 작용한 데 따른 것입니다. 기업이 이익을 많이 내지 못했다면 내년에 받을 배당금도 줄어들 수 있겠죠?

그런데 예외도 있습니다. 2014년 2분기 일본의 경우 성장률이 시장 전망치보다 낮게 나왔지만 일본 도쿄의 니케이주가는 오히려 상승했습니다. 왜 그랬을까요?

당시 일본 아베 총리는 '아베노믹스'를 통해 강력한 경기부양책을 펴고 있었습니다. 아베노믹스에도 불구하고 경제가 나쁘다는 게 확인되자 '아베 행정부가 더 강력한 경기부양책을 펼 것이라는 기대가 시장에 확산되었습니다. 아베 총리가 자신의 주요 경제정책을 쉽게 포기하지 않을 거라고 투자자들이 믿었던 것이죠. 앞으로 일본 정부가 더 돈을 풀 것이라는 전망은 향후 경기부양에 대한 기대감으로 이어졌고, 주가가 상승하게 되는 결과를 낳았습니다. '성장률 하락 → 경기부양 기대 → 주가 상승 기대'로 이어진 것이죠.

2020년 하반기도 비슷했습니다. 코로나19로 주요국들의 성장률이 두 자릿수(연율기준) 떨어졌지만 다우존스, 코스피의 주가는 사상 최고치를 찍었습니다. 미국 연방준비제도이사회를 비롯해 주요국의 중앙은행들이 많은 돈을 푼 데다 코로나19 백신이 1년 안에 출시될 수 있다는 믿음은 주가 상승을 이끌었습니다. 이 때문에 '성장률이 낮은 반면 주가는 꼭지'라고 판단해 인버스 상품(주가가 하락하면 돈을 버는 파생상품)에 투자한 사람들은 큰 손실을 봤습니다.

이처럼 시장은 자주 지금 현상보다 미래 전망에 더 가치를 둡니다. 특히 주가는 3~6개월 앞의 경기를 선반영하는 경향이 짙습니다. 경제의 이러한 속성을 경제학에서는 '합리적 기대이론'이라고 합니다. 시장 참가자들이 과거, 현재뿐 아니라 미래까지 변수를 두루 반영해 시장을 판단한다는 뜻입니다.

배당을 아예 안 주는
주식도 있나요?

배당은 기업의 의무사항이 아닙니다. 이사회에서 배당을 하지 않기로 결의하면
배당을 주지 않을 수도 있습니다. 기업의 경영성과가 나빠졌거나 투자할 데가 많
은 IT기업 등은 배당을 하지 않기도 합니다.

Q —…

주식을 사면 배당을 받을 수 있다며 고배당주를 추천하네요. 주식을 매

입하면 무조건 배당을 받을 수 있는 건가요?

A —…

배당이란 한 기업이 1년간 영업활동을 해서 번 돈을 주식투자

자들에게 나눠주는 것을 말합니다. 배당은 시점마다 다른데요, 통

상 결산배당, 중간배당, 분기배당이 있습니다.

하지만 배당은 기업의 의무사항이 아닙니다. 이사회에서 배당

을 하지 않기로 결의하면 배당을 주지 않을 수도 있습니다.

유니클로는 2019년 결산에서 1,500억 원의 흑자를 기록했지만

배당은 하지 않았습니다. 노재팬(NO JAPAN) 운동으로 영업이익이 2019년 하반기부터 반토막난 데다 2020년도 전망을 하기가 어려웠기 때문에 수익을 배당으로 분배하지 않고 기업이 그대로 갖고 있기로 한 것입니다. 2020년에 대대적인 홍보를 할 수도 있고요, 만약 적자를 보면 그 돈으로 메꿀 수 있습니다.

IT기업들은 배당을 줘도 매우 적게 줍니다. 배당으로 주주에게 수익을 환원하기보다 기업에 재투자하는 비중이 높기 때문입니다. 배당을 기대하기보다 기업가치에 투자하라는 뜻이겠죠.

카카오의 2020년 배당금은 주당 127원에 불과합니다. 시가배당률은 0.1%에 불과합니다. 국내 상장사들이 통상 주가의 2%선에 배당을 지급한다는 것을 생각하면 거의 없는 것이나 마찬가지입니다. 그럼에도 불구하고 카카오에 투자하는 것은 성장잠재력이 크기 때문입니다. 연간 주가가 20%만 뛰어준다면 2% 배당 정도는 생각하지 않을 수 있겠죠?

최근의 흐름은 고배당입니다. 국민연금, 사모펀드 등은 국내 상장사들에게 꾸준히 배당 확대를 요구하고 있습니다. 2019년 국민연금은 넷마블, 남양유업, SBS미디어홀딩스, 광주신세계 등 9개 기업에 대해 배당금이 적다며 주주총회에서 재무제표 승인을 거부했습니다. 미국계 사모펀드 엘리엇도 현대자동차와 현대모비스의 배당이 적다며 배당 인상을 요구했습니다.

고배당은 미국식 주주자본주의의 흐름이기도 합니다. 배당수익률이 국채수익률을 크게 웃돌면서 한때 미국 배당주 투자가 인기를 끌기도 했습니다.

우선주는 보통주에 비해 왜 뜨거운가요?

우선주는 보통주에 비해 발행량이 현저하게 작습니다. 의결권이 없어 일반적으로는 시장이 관심을 두지 않지만 유통물량이 적기 때문에 어떤 이유로 투기가 이뤄질 경우에는 주가가 큰 폭으로 상승하거나 하락할 수 있습니다.

Q——…

2020년 6월 삼성중공업 우선주 주가가 치솟으며 한 달 만에 2,000%가량 상승했다가 반토막이 났습니다. 현대건설 우선주도 450%가량 치솟았다가 반토막이 났습니다. 이 정도면 가상통화 수준의 변동성이 있는 것 같습니다. 우선주가 뭐길래 이렇게 뜨거울까요?

A——…

주식에는 크게 보통주와 우선주가 있습니다. 보통주는 우리가 일반적으로 생각하는 그 주식입니다. 기업경영에 참여할 수 있는 의결권이 있고, 기업으로부터 배당을 받을 배당권이 있습니다.

우선주는 배당을 받거나 기업해산 때 잔여재산을 처분하면 우선 배분받을 권리가 주어진 주식입니다. 그 대신 의결권은 없습니다. 즉 우선주는 의결권을 주지 않는 조건으로 발행하되 배당을 조금 더 주는 주식입니다.

우선주는 의결권이 없다 보니 보통주에 비해서는 통상주가가 낮습니다. 경영권에 관심이 많이 가는 기업(삼성전자, 현대자동차 등)은 우선주 가격이 특히 낮습니다. 우선주는 주식시장에서 '삼성전자우' '삼성중공우' '현대차우'로 표기됩니다.

우선주는 기존 주주들의 경영권에 영향을 주지 않으면서 자금을 주식시장에서 확보하고 싶을 때 발행합니다. 문제는 우선주가 양껏 발행할 수 있는 게 아니라는 겁니다. 상법상 의결권이 없는 주식은 발행주식 총수의 25%를 초과할 수 없습니다. 보통주에 비해 시중에 유통되는 주식의 수가 현저히 적다는 이야기입니다.

삼성중공업 보통주는 6억 3천만 주가 발행되었지만 삼성중공업 우선주는 11만 4,845주에 불과합니다. 우선주 물량은 보통주 대비 0.02%에 불과하다는 얘깁니다. 현대건설도 보통주는 1억 1,135만 5,765주가 상장되었지만 우선주는 9만 8,856주(보통주 대비 0.09%)에 불과합니다.

우선주는 거래되는 물량이 적다 보니 일반의 관심이 적고, 그래서 주가 변동이 심하지 않습니다. 보통주보다 배당을 많이 주니 고배당을 바라는 사람 정도가 관심을 갖습니다. 하지만 적은 거래물량은 때론 양날의 칼이 되기도 합니다. 어떤 계기로 투기 세력이 붙으면 손쉽게 주가를 올렸다가 내렸다가 할 수 있습니다.

그 대표적인 사례가 2020년 6월의 삼성중공업 우선주(삼성중공우)입니다. 삼성중공우는 5월 14일 4만 9,400원에서 6월 19일에는 96만 원으로 1,900% 가까이 뛰었습니다. 한국거래소는 삼성중공우를 '투자위험 종목'으로 지정했지만 폭등은 계속되었습니다.

삼성중공업에 호재가 있기는 했습니다. 카타르 국영 석유공사가 한국의 3대 조선사들과 LNG(액화천연가스)선 건조용 슬롯을 예약하는 대규모 계약을 체결했다는 소식이 들려왔습니다. 하지만 이것만으로는 2,000% 상승을 납득하기는 힘듭니다. 같은 기간 삼성중공업 보통주는 4,125원에서 6,440원으로 56% 오르는 데 그쳤습니다.

현대건설 우선주(현대건설우)도 2020년 5월 24일 10만 3,000원에서 6월 24일, 45만 8,000원으로 무려 350%가 뛰었습니다. 현대건설이 7조 원 규모의 서울 한남3구역재개발 사업을 거머쥐었다는 호재는 있었지만 보통주가 같은 기간 6.7% 올랐다는 것을 감안하면

현대건설우 주가흐름

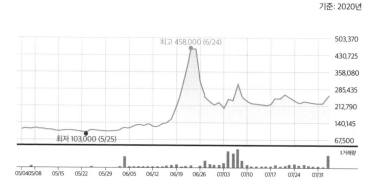

출처: 네이버 금융

역시 과도했습니다.

삼성중공우와 현대건설우가 왜 이렇게 뛰었는지 합리적으로 설명하기는 힘듭니다. 다만 '적은 물량에 개인들의 투기심리가 불붙으면서 가격이 치솟은 것 아닌가'라고 보고 있습니다. 현대건설 우선주의 외국인 비중은 5.9%로 현대건설 보통주(21.9%)보다 현격히 낮습니다. 삼성중공우도 마찬가지입니다. 외국인의 영향력이 제한되었을 것이라는 점에서 국내 투자자들끼리 가격을 올려놓았을 가능성이 큽니다.

하지만 우선주는 가격이 아무리 뛰어도 주식시장에서 돈 벌었다는 사람을 찾기는 쉽지 않습니다. 원체 유통주식 수가 적어 살 수 있는 사람이 한정되기 때문입니다.

우선주는 코스피지수에도 반영되지 않습니다. 따라서 아무리 활황이라도 주가지수에는 영향을 미치지 못합니다.

결국 우선주는 배당수익을 누릴 때 투자해볼 수 있는 종목입니다. 다만 때론 가격 변동이 심한 만큼 투자에 유의해야 합니다.

현금결제를 하면 깎아준다는데 얼마나 이득이 될까요? 마이너스 통
장은 신용대출을 이용하는 것보다 손해일까요? 신혼부부 혜택을 받
고 싶은데 언제까지가 '신혼'인가요? 부부 공동명의를 하면 뭐가 좋
나요? 주식도 재테크의 한 분야입니다. 주식으로 번 돈을 알뜰살뜰 써
야 자산을 모읍니다. 아니, 알뜰살뜰 모아서 자산을 만들어야 주식을
할 수 있습니다. 예·적금, 부동산에 대한 상식은 그래서 필요합니다.

3장

주린이를 위한
자산 만들기
프로젝트

33만 원 카드결제 vs. 30만 원 현금결제?

자영업자는 부가가치세 10%에다 소득세와 4대 보험료를 탈루할 수 있기 때문에 10%를 깎아줘도 남는 게 더 많습니다. 하지만 이렇게 탈루한 세금만큼 다른 세목의 세율을 올리거나 국채를 발행해야 해서 결국은 자신과 사회의 부담으로 시차를 두고 돌아오기 마련입니다.

Q——···

자전거를 사러 갔더니 사장님이 카드로는 30만 원으로, 현금으로는 27만 원으로 해주겠다네요. 현금영수증은 안 해주고요. 불법인 줄 아는데 3만 원씩이나 깎아준다니 마음이 흔들려요. 신용카드 소득공제를 아무리 받아봤자 3만 원 혜택은 보기 힘드니까요. 그런데 10%나 깎아줘도 남는 장사가 되는 건가요?

A——···

현행법상 카드가격과 현금가격을 달리 하면 불법입니다. 따라서 응해서는 안 되죠. 그럼에도 불구하고 이런 거래가 성사될 수 있는 것은 그만큼 양측이 얻는 이득이 크기 때문입니다.

우선 소비자의 입장에서 볼까요? 신용카드로 30만 원을 긁으면 연말에 얼마나 절세효과를 볼까요? 신용카드 소득공제는 공제율이 15%입니다. 30만 원을 카드로 사용했다면 4만 5,000원을 소득공제받게 됩니다. 즉 자신의 소득에서 4만 5,000원만큼 과세표준이 낮아진다는 뜻입니다. 소득공제 받은 액수에서 자신의 세율을 곱하면 실제 세금감면액이 나옵니다.

만약 자신의 소득세율이 6%라면 2,700원 세금감면을 받습니다 (지방세 감면 제외). 만약 최고소득세율을 내는 고소득자라면 소득세율 42%를 적용받아 1만 8,900원의 세금을 절약할 수 있습니다. 그러니까 소득세를 내는 직장인 기준으로 보자면 30만 원 신용카드를 쓴 대가로 얻는 세금감면은 2,700원~1만 8,900원입니다.

그나마 신용카드로 사용한 금액이 연간 급여액의 25%를 초과해야 신용카드 소득공제가 적용됩니다. 결국 30만 원어치를 구매할 때 3만 원을 깎아주는 것이 신용카드를 사용하는 것보다 소비자 입장에서는 큰 이득이 됩니다.

그렇다면 자영업자 입장에서는 어떨까요? 우선 현금거래를 하면 세금을 내지 않기 때문에 부가가치세를 아낄 수 있습니다. 부가가치세는 상품판매의 10%가 일률적으로 붙습니다. 자영업자 입장에서는 국세청에 낼 세금(상품의 10%)를 그냥 소비자에 준 것이어서 손해볼 것이 없습니다. 그 밖의 혜택은 모두 자영업자에게 돌아갑니다. 소득신고를 적게 한 만큼 과표가 낮아져 세금을 적게 냅니다. 또한 국민연금, 국민건강보험 등 4대 보험료도 적게 부과됩니다. 사장님은 10%를 깎아주더라도 남는 장사인 셈이죠.

신용카드 사용액에 따른 절세효과

과세표준	신용카드 사용액	소득 공제율	소득공제액	소득세율	세금감면
1,200만 원 이하	30만 원 ×	15% =	4만 5,000원	× 6%	= 2,700원
1,200만 원 초과~ 400만 원이하				× 15%	= 6,750원
4,600만 원 초과~8,800만 원이하				× 24%	= 1만 800원
5억 원 초과				× 42%	= 1만 8,900원

하지만 사장님이 탈세를 한 만큼 누군가는 세금을 더 내야 하는 일이 벌어집니다. 걷어지는 세금이 적어지면 정부는 세율을 인상하거나 국채를 발행해 자금을 마련해야 합니다. 세율을 인상하거나 채권을 발행하게 되면 결국 그 부담이 자신에게 돌아옵니다. 즉 거래를 할 때는 3만 원을 아꼈다고 생각할 수 있지만 자영업자가 탈세한 만큼 나중에 자신에게 청구서가 날아오게 되므로 돈을 아낀 것이 아닌 셈이죠.

현금영수증을 발급하지 않아 과태료를 부과 받은 사례가 적지 않은데요, 국세청 자료를 보면 2017년 한 해 동안 과태료를 부과 받은 것은 3,777건이고 부과액은 48억 원이 넘습니다. 이 중에는 의사, 변호사 등 전문직과 부동산중개업, 학원업도 많다고 합니다.

아이 명의 통장에
저축을 하면 불법인가요?

상식적인 수준이라면 '선의의 차명거래'로 보고 금융당국이 문제 삼지 않습니다. 그러나 액수가 과도하다면 탈세 혹은 자금세탁의 목적이 있다고 봐서 세금을 추징하고 형사처벌까지도 처할 수 있습니다.

Q——…

아이 명의로 통장을 만들어 세뱃돈이나 친척들에게 받은 돈을 대신 저축하고 있습니다. 아이가 대학교에 들어갈 때 등록금으로 쓰려고 합니다. 제 친구는 월 10만 원 지급되는 아동수당을 아이 이름으로 만든 통장에 저축하고 있더라고요. 역시 미래의 등록금을 위해서 예금을 한다고 했습니다. 그런데 부모가 아이 명의 통장을 개설해 돈을 넣어주면 금융실명제에 위배되나요?

A——…

원칙적으로 금융실명법(금융실명거래 및 비밀보장에 관한 법률)은 차명계좌를 금지합니다. 차명계좌란 실질적인 소유자와 계좌

명의자가 다른 계좌를 말합니다.

부모님이 아이 명의 통장에 돈을 넣어주고 있다면 실명거래가 아닌 차명거래가 맞습니다. 다만 상식적인 수준의 거래라면 금융당국은 '선의의 차명거래'로 보고 문제 삼지 않습니다. 선의의 차명거래란 법 규정이 아니고, 금융당국이 내린 유권해석입니다.

금융당국은 '선의의 차명거래'를 국민정서와 상식적인 선에서 판단합니다. 일상생활에서 본의 아니게 발생할 수 있는 차명거래라는 얘기죠. 부모 명의로 통장을 개설해 자녀의 용돈을 넣고 있거나, 자녀 명의의 통장에 부모가 돈을 넣고 있는 경우입니다.

하지만 이러한 경우라도 금액이 과도해 탈세나 자금세탁 혹은 비자금의 목적이 있는 것으로 본다면 세금 추징과 함께 형사처벌(5년 이하 징역 또는 5천만 원 이하 벌금형)까지 할 수 있습니다.

예를 들어 재벌 총수가 자녀 명의 통장에 1억 원을 넣어줬다면 '선의의 차명거래'로 볼 수 있을까요? 우선 국민정서가 허용하지 않을 것 같습니다.

본의 아니게 금융실명제법을 위반하는 또 다른 사례는 동창회 회비를 관리하는 통장입니다. 보통은 총무나 회장이 통장을 개설해 회비를 관리하게 되는데요, 이 역시 처벌을 하지 않습니다. 계주가 관리하는 곗돈도 차명계좌지만 처벌을 하지는 않습니다.

그렇다면 금융당국이 '선의의 차명계좌'로 보는 기준은 얼마일까요? 상속증여세법이 기준이 되는 경우가 많습니다. 상속증여세법에 따르면 미성년 자녀에 대한 증여는 10년간 2천만 원까지만 허용됩니다. 미성년이 아닌 자녀는 5천만 원까지입니다. 그 이상은 증여로 보고 증여세를 내야 합니다.

금융당국은 이 기준을 넘어서면 자녀 계좌라도 부모님이 실소유주인 차명계좌로 본다는 것이죠. 자녀가 자신의 통장에 들어가 있는 돈의 출처를 소명하지 못하거나, 소명을 했다고 해도 문제가 될 수 있습니다.

"아버지가 준 세뱃돈 1억 원으로 예금한 것"이라고 주장해봤자 금융당국과 조세당국은 어떻게 볼까요? 당국은 이 경우 보육, 양육의 목적이 아닌 자녀 재산 증식을 목적이 있다고 판단할 가능성이 큽니다. 결과적으로 금융실명제법을 위반하고 증여세를 탈루할 의도가 있었다고 보는 것이죠. 이 경우 금융실명제법 위반에 따른 처벌과 함께 증여세 탈루에 따른 가산세까지 물어야 합니다. 다만 워낙 다양한 사례들이 있을 수 있어 금융당국은 개별적으로 사안들을 판단하고 있습니다.

예·적금 만기일이 휴일이면 언제 돈을 찾나요?

만기일이 휴일이면 그 전 영업일이 만기일이 됩니다. 다만 하루 먼저 찾아가는 셈이 되어서 하루치 이자는 뺍니다. 만약 휴일이 지나고 찾아가면 하루치 만기이자를 더 받습니다.

Q——···

여윳돈이 있어서 1년짜리 정기예금을 넣었는데요, 만기가 일요일이네요. 은행이 쉬는 날인데, 그러면 만기 인출은 다음날인 월요일에 할 수 있는 건가요? 또한 정기예금이나 정기적금이 만기가 된 이후에도 그대로 두면 약정했던 이자가 그대로 붙나요?

A——···

만기일이 휴일이면 그 전 영업일이 만기일이 됩니다. 약정한 이율을 다 쳐준다는 말이죠. 다만 하루 먼저 찾아갔으니까 하루치는 뺍니다. 반대로 휴일 다음날에 찾아가면 약정한 이율에서 하루치를 더 줍니다.

예를 들어 1년 만기 정기예금의 만기일이 토요일일 때, 금요일에 해지하면 364일에 대한 이자가 지급되고, 월요일에 찾아가면 367일에 대한 이자가 지급됩니다.

만약 1년 만기 이자율 2%의 1천만 원 정기예금이라면 얼마나 차이가 날까요? 금요일에 찾아가면 19만 9,452원의 이자가 붙고, 월요일에 찾아가면 20만 1,095원의 이자가 붙습니다. 그러니까 주말 사이 1,643원의 이자가 더 붙는 셈이죠. 따라서 바쁜 일이 없다면 굳이 금요일에 정기예금을 찾을 이유는 없겠죠?

그렇다면 만기가 된 정기예금을 그대로 두면 계속 약정한 이자가 붙을까요? 아닙니다. 만기가 지나면 별도의 이율이 붙긴 합니다만 많이 낮습니다. 은행마다, 상품마다 다르지만요.

신한은행의 한 정기예금 상품을 보겠습니다(2020년 3월). 이 상품은 만기 1년에 연 1.5%의 이율을 줍니다. 상품설명서를 보면 만기 후 1개월까지는 '만기지급식 고시이자율의 2분의 1을 준다'고 되어 있습니다. 그러니까 1.5%짜리 정기예금이면 연 0.7%를 준다는 얘깁니다. 그리고 1개월이 초과하면 6개월까지는 만기지급식 고시이자율의 4분의 1을 지급합니다. 연 0.35%의 이자를 준다는 뜻이죠. 그리고 6개월을 초과하면 연 0.2%의 이율만 지급한다고 되어 있네요. 만기가 지난 정기예금 통장에 돈을 넣어둬서는 큰 실익이 없다는 얘깁니다.

만기일을 까먹고 지나가지 않으려면 만기된 정기예금을 자동으로 해지하고 그 원금과 이자를 똑같은 상품에 재예치해주는 서비스를 이용하면 좋습니다. 소비자가 원한다면 이자는 별도의 계좌로 이체하고 원금만 똑같은 정기예금 상품에 다시 넣을 수도 있습니다.

귀찮아서 만기가 된 정기예금 상품을 그대로 두면 어떻게 될까요? 만기 후 5년 이내 해당 계좌를 해지하지 않으면 잠자고 있는 휴면예금으로 간주됩니다. 이렇게 되면 원금과 이자의 관리는 서민금융진흥원으로 넘어갑니다.

아, 그렇다고 해서 정기예금을 받지 못하게 된다는 뜻은 아닙니다. 정기예금 가입자는 휴면예금통합조회서비스에서 자신의 예금을 찾은 뒤 서민금융진흥원으로부터 예금을 받을 수 있습니다.

새마을금고는
예금자보호를 안 해주나요?

새마을금고는 자체 기금을 적립해서 개별 금고 단위로 예금자보호를 해줍니다. 새마을금고 광화문지점에 5천만 원, 해운대지점에 5천만 원을 넣어뒀다면 각각 5천만 원씩, 모두 1억 원을 돌려받을 수 있습니다.

Q——···

은행에 저축한 돈은 5천만 원까지 예금자보호가 된다는데요, 국고로 지원을 해주는 건가요? 은행 외 새마을금고, 단위농협, 우체국도 예금자보호가 되나요? 혹시 5천만 원 이상 보호해주는 금융회사는 없나요?

A——···

시중은행이 파산할 경우 모든 예금자는 은행당 최소 5천만 원은 보호를 받습니다. 만약 7천만 원을 넣어뒀다면 5천만 원을 먼저 돌려받고, 나머지 2천만 원은 파산한 해당은행의 자산을 매각한 뒤 배당을 받을 수 있습니다. 만약 청산한 은행의 자산이 충분하지 않다면 차액 2천만 원을 다 돌려받지 못할 수도 있습니다.

예금자보호가 되는 5천만 원은 원금과 이자를 합친 금액입니다. 만약 4천만 원을 예치해뒀는데 500만 원의 이자가 생겼다면 4,500만 원이 보호되는 금액입니다. 또 예금자당 5천만 원이 보장됩니다. 나와 내 배우자가 하나은행에 각각 5천만 원씩 넣어뒀다면 1억 원까지 예금자보호가 됩니다.

그러면 이렇게 돌려주는 돈은 어디서 나온 것일까요? 국고는 아니고요, 은행들이 미리 적립해놓은 돈입니다. 은행들은 예금보험공사에 예금 잔액의 연간 0.08%를 예금 보험료로 냅니다. 1억 원 예치금이 있다면 8만 원을 예보에 낸다는 얘기입니다.

은행들이 낸 보험료는 예금보험기금에 적립이 됩니다. 그러다 은행이 망하는 경우가 생기면 통장 소유주에게 1인당 5천만 원까지 돌려주게 되는 겁니다. 예를 들어 신한은행, KB국민은행, 우리은행에 각각 5천만 원씩 예금을 했다면 최악의 경우에도 1억 5천만 원까지는 받을 수 있는 겁니다(예금보장만 생각하면 각 은행에 소액을 분산해서 넣어두는 것이 안전합니다. 하지만 은행이 이를 모르지 않겠죠? 은행은 예금을 많이 한 고객에 대해 우대혜택을 주면서 유혹합니다. 어떤 것이 유리한지는 본인이 결정해야 합니다).

한두 개 은행이 파산을 하면 예보기금으로 1인당 5천만 원을 지급합니다만 많은 은행들이 동시에 무너지면 얘기가 달라집니다. 예보기금이 바닥나게 되면 예금보험공사라고 별 뾰족한 수가 없기 때문입니다. 예보는 채권(예보채)을 발행해 자금을 조달하게 되는데요, 공공기관이 발행한 채권은 사실상 정부의 보증을 받기 때문에 결과적으로 세금이 투입되는 꼴이 발생합니다.

예금보험공사에 보험료를 내고 예금보장을 받는 금융기관은 은행, 증권사, 보험사, 종합금융사, 상호저축은행 등입니다. 리스크가 큰 업종일수록 보험료율이 높은데요, 증권사나 보험사, 상호저축은행은 은행보다 보험료를 더 많이 냅니다. 상호저축은행은 보험료율이 0.4%나 됩니다. 은행보다 5배나 보험료를 더 많이 낸다는 얘깁니다.

그런데 모든 금융회사가 예보를 통해 예금자보호를 받는 것은 아닙니다. 농협, 수협, 신협, 새마을금고 등은 관련법에 따라 자체 기금을 적립해서 예금자보호를 해줍니다. 새마을금고의 경우 각 금고는 새마을금고중앙회에 설치된 예금자보호준비금에 예금의 0.13%를 출연합니다.

개별금고에 문제가 생길 경우 중앙회는 이 기금에서 돈을 꺼내 예금자당 5천만 원까지 돌려줍니다. 예를 들어 새마을금고 광화문지점에 5천만 원, 해운대지점에 5천만 원씩 넣어뒀다면 1억 원을 돌려받을 수 있습니다.

농축협도 농협중앙회에서 설치된 '상호금융 예금자보호기금'으로 예금자를 보호해줍니다. 평소 전국 각농축협이 낸 예금보험료가 재원인 기금입니다. 단위농협별로 각각 예금보호가 되는데요, 예를 들어 경산농협에 5천만 원, 청도농협에 4천만 원 예금이 있다면 각각 모두 돌려받을 수 있습니다.

금융회사 중 유일하게 다른 곳이 우체국입니다. 우체국(우정사업본부)이 파산할 경우에는 국고로 지원됩니다. 정부가 법률로 지급보증하고 있기 때문입니다. 한도도 없습니다. 예금자보호로 보면 가장 파워풀합니다. 통상 우체국 예·적금의 금리는 시중은행보다 낮습니다. 하지만 잇단 기준금리 인하로 시중은행과 우체국 예적금 간 금리 차이가 없어지자 예금자보호 기능이 높은 우체국이 돈이 몰리는 상황도 벌어지고 있습니다.

오늘 예금했다가 오늘 빼도 이자가 붙나요?

예금이자는 1박을 묵어야 합니다. 예금이자는 밤 12시에 발생합니다. 대출이자는 발생할 때 바로 발생합니다. 다만 이후로는 밤 12시에 이자가 발생합니다. 2박 3일 대출을 했다면 예금이자도, 대출이자도 2일치만 붙습니다.

Q——…

"하루라도 맡기면 이자가 붙습니다"라는 광고를 볼 때마다 궁금한 게 있는데요, 오늘 오전에 은행에 예금했다가 오후에 찾아도 이자가 붙나요? 아니면 입금 후 24시간은 예치를 해야만 이자가 붙는 것인가요? 반대로 오전에 은행에서 대출을 했다가 오후에 갚으면 이자를 내야 하나요? 혹시 24시간 안에 갚으면 이자가 안 붙는 것 아닌가요?

A——…

재미있는 질문이네요. '예금이자나 대출이자가 언제 붙을까' 고민해보신 분들이 많을 겁니다. 은행이 영업시간이 끝나고 문을 닫으면 1일로 치고 이자가 더 붙는 것인지, 아니면 그날 밤이 기준인 것인지 알쏭달쏭하지요.

결론부터 말씀드릴게요. 예금이자는 당일 넣더라도 하루는 묻어둬야 합니다. 예금이자는 정확히 다음날 0시(밤 12시)에 붙습니다. 그러니까 오늘 오전 10시에 예금했든, 오후 2시에 예금했든, 밤 11시에 예금했든, 다음날로 넘어가는 0시에 이자가 붙습니다. 그러니까 하루는 묻어둬야 한다는 얘기지요.

그러니까 퇴근을 한 뒤라도 예금을 하기로 한 돈이 있다면 "에이, 내일하지"보다는 홈뱅킹으로 그날 상품에 가입해버리는 게 한푼이라도 더 버는 방법입니다. 이론적으로는 밤 11시 59분에 입금하고 2분 뒤인 다음날 새벽 0시 1분에 인출을 해도 예금이자가 붙습니다.

그렇다면 대출 때는 어떨까요? 대출이자는 빌려가는 순간 하루치 이자가 붙습니다. 오전에 빌려서 오후에 갚아도 하루치 이자를 줘야 합니다. 다만 이후에는 예금이자처럼 자정(밤 12시)에 이자가 붙습니다.

그렇다면 1박 2일이라면 어떻게 될까요? 즉 오늘 예금을 넣고 내일 빼거나 오늘 대출하고 내일 갚는다면요?

이자는 원칙적으로 거래가 이뤄진 날 발생하고, 거래가 종료되는 날은 안 붙는다고 생각하시면 이해하기 쉽습니다. 즉 예금이자는 예금한 날 첫날 붙고, 찾아가는 다음날은 안 붙습니다. 1박 2일을 맡겼더라도 하루치만 준다는 것이죠.

'영업시간을 지나서 가면 이자를 더 주는 것 아냐?'라고 생각하시는 분이 있을 수도 있습니다만 그렇지 않다는 얘깁니다. 예금을 인출할 때 은행 영업시간에 찾아가도, 은행영업이 끝난 뒤 찾아가도 자정을 지나지 않는다면 금리가 똑같습니다.

대출이자도 대출을 일으킨 날은 금리가 붙고, 찾아가는 날은 안 붙는 시스템입니다. 그러니까 오늘 대출해서 내일 갚으면 대출금리가 2일치가 아니라 1일치만 붙습니다. 대출이자도 자정(밤 12시)에 이자가 붙습니다. 따라서 영업시간 내에 대출금을 못 갚았다고 해서 1일치 대출이자가 더 발생하는 것은 아닙니다. 자정 전에만 대출금을 갚으면 당일까지 이자만 부과됩니다. 퇴근 후 "에이, 귀찮아. 내일 갚지"보다는 가급적 당일 밤에 홈뱅킹으로 갚는 것이 한푼이라도 아끼는 길이라는 얘기입니다.

예금이자와 대출이자가 붙는 원리는 호텔과 비슷합니다. 1박 2일 머무르면 1일치 요금만 내는 것과 비슷하다는 거지요. 그러니까 30박 31일 예금이나 대출을 했다면 이자들은 각각 30일치만 붙습니다.

청약저축은 예금자보호가
안 된다는데요?

주택청약저축은 주택도시기금으로 운용이 되기 때문에 사실상 정부가 보증을 하고 있다고 보시면 됩니다. 은행은 위탁관리만 합니다. 따라서 은행이 파산하더라도 예금자에게 불이익이 가지 않습니다.

Q——···

주택청약저축은 예금자보호가 되지 않는다는데요, 왜 그런가요? 요즘 금융회사에서 다양한 상품을 팔던데, 예금자보호가 되지 않는 상품은 또 뭐가 있을까요?

A——···

예금보험공사가 예금자보호법에 따라 보호하는 상품은 표와 같습니다. 보호가 되는 금융상품은 기본적으로 저축성 상품들입니다. 즉 금리로 돈을 불리는 상품들만 예금자보호 금융상품에 해당된다는 얘기지요. 반면에 투자상품은 투자자가 큰 수익을 기대하면서 원금손실을 감안하고 가입한 상품이기 때문에 예금자

예금보험공사가 보호하는 금융상품

	예금자보호 적용	예금자보호 미적용
은행	예금, 적금, 외화예금, 주택청약예금, 주택청약부금 원금이 보전되는 금전신탁, 확정기여형(DC)형 연금, 개인형퇴직연금	양도성예금증서(CD), 환매조건부채권(RP), 은행발행채권, 금융투자상품(수익증권 뮤추얼펀드, MMF 등), 실적배당형신탁, 주택청약저축, 주택청약종합저축
증권사	고객계좌에 현금으로 남아 있는 금액(예탁금), 현금잔액 (자기신용대주담보금, 신용거래계좌 설정보증금 등) 원금이 보전되는 신탁	금융투자상품, RP, 증권사발행채권 종합자산관리계좌(CMA), 주가지수연계증권(ELS), 주식워런트증권(ELW), 랩어카운트, 선물옵션예수금
종합금융사	어금관리계좌(CMA), 발행어음, 표지어음 등	금융투자상품(수익증권, MMF 등), RP, CD, CP, 종금사발행채권 등
보험회사	변액보험 계약 최저사망보험금, 최저연금적립금 등 원본이 보전되는 금전 신탁 개인종합자산관리계좌(ISA)에 편입된 금융상품 중 예금보호 대상으로 운용되는 금융상품	보험계약자 및 보험료납부자가 법인인 보험계약 보증보험계약, 재보험계약 변액보험계약 주계약(최저사망보험금, 최저연금적립금 제외) 등
상호금융권	예금, 적금, 상호저축은행중앙회 발행 자기앞 수표	저축은행 발행채권(후순위채권) 등

출처: 예금보험공사 홈페이지에서 '보호대상 금융상품' 검색

보호를 해주지 않습니다.

주택청약저축도 예금자보호에서 제외됩니다. 은행에서 운용하는 저축성 상품은 아니라고 보는 것이지요(주택청약예금은 예금자보호 대상입니다). 하지만 이 예금은 정부가 관리합니다. 주택도시기금으로 운용이 되기 때문에 사실상 정부가 보증을 하고 있다고 보시면 됩니다.

은행은 청약저축의 위탁관리만 합니다. 따라서 은행이 파산하더라도 예금자에게 지급하는 것은 문제가 되지 않는다는 얘깁니다. 주택청약저축이 문제된 사례는 아직까진 없는데요, 정부가 지급하지 못할 정도라면 사실상 국가경제는 끝장이 난 상태라고 봐야 하겠죠.

채권은 유통되는데
예금은 왜 유통이 안 되나요?

채권은 만기 3년, 5년, 10년으로 긴 데다 중간에 팔고 싶어하는 사람이 생깁니다.
또 채권 발행주체의 신용도에 따라, 시중금리 변동에 따라 채권의 가치가 달라져
서 위험을 팔려는 사람과 위험을 사려는 사람이 생기게 됩니다.

Q——···

채권이나 정기예금이나 일정기간 동안 가지고 있다가 만기 때 이자를 받
는 것은 같습니다. 그런데 채권은 정기예금과 달리 왜 유통시장이 생겨
서 따로 거래가 되는 것일까요?

A——···

채권은 통상 만기가 깁니다. 국채의 경우는 3년, 5년, 10년, 심지
어 30년, 50년짜리도 있습니다. 만약 만기 50년짜리 채권을 샀다
면 만기이자를 받을 수 있는 사람이 얼마나 될까요? 때문에 채권
을 보유한 사람들은 만기 전에 이 채권을 다른 사람에 팔기를 원
하는 수요가 있습니다. 길어야 3년인 정기예금에 비해 환금성(돈

으로 바꾸는 성질)이 떨어진다는 얘깁니다.

또한 채권은 가치가 달라질 수 있습니다. 어느 날 삼성전자가 발행한 회사채를 샀는데 삼성전자가 어렵다는 얘기를 듣는다면 '만기까지 기다리지 않고 헐값이라도 팔아야겠다'라고 생각하는 사람이 있겠죠? 만약 망한다면 이자는커녕 원금도 못 받게 되니까요.

반면 어떤 사람은 '삼성전자는 그래도 튼튼한 회사니까 누군가가 삼성전자 회사채를 헐값에 팔면 나는 살 거야'라고 생각할 수 있습니다. 물론 은행도 경영 여건이 달라지기는 하지만 기업만큼 변동성이 강하지 않죠. 거기다 정기예금은 예금자보호까지 받아 안전성이 높습니다.

때문에 채권은 수익을 낮추어도 위험을 팔고 싶어하는 사람과 수익을 더 얻기 위해 위험을 사고 싶어하는 사람이 생기게 됩니다. 두 사람의 이해가 맞아떨어지면 거래가 이뤄지는 것이죠.

시중금리 변동도 채권의 가치를 변동시킵니다. 표면금리 3%짜리 채권을 들고 있는데, 만약 예금금리 5%의 3년짜리 정기예금이 나오면 어떻게 될까요? 상대적으로 금리도 낮은 채권을 10년씩이나 들고 있을 필요가 없겠죠? 중간에 손해보고 팔더라도 정기예금으로 갈아타겠다고 생각할 수 있습니다.

반면 어떤 사람은 시중금리 수준으로 낮게 채권을 판다면 살수 있다고 생각할 수도 있습니다. 그는 향후 금리가 떨어질 것으로 보고 있거든요. 유통금리 5% 수준에서 할인해 채권을 샀는데, 만약 예금금리가 떨어져 채권유통금리도 3%대로 떨어지게 되면

2%포인트 수익을 남길 수 있습니다. 물론 생각과 달리 금리가 더 올라 7%로 간다면 그는 손해를 봐야 합니다.

요약하자면, 채권의 긴 만기와 채권의 가치변동 때문에 채권거래가 이뤄집니다. 주식거래가 이뤄지는 것도 같은 이유 때문입니다. 주식은 기업을 청산하기 전까지 사실상 만기가 없고, 기업과 시장 상황에 따라 주가가 변화무쌍하게 변동합니다. 주식은 채권보다 변동 폭이 큰 만큼 수익률이 높습니다. 반면 자칫 잘못하면 큰돈을 잃을 수도 있습니다. 하이 리턴에는 하이 리스크가 따른다는 것을 잊지 말아야 하겠습니다.

세액공제와 소득공제 중에서 어떤 게 유리한가요?

세액공제는 정액으로, 소득공제는 세율에 비례해 세금이 감면됩니다. 따라서 소득이 적다면 세액공제가 유리하고, 소득이 많다면 소득공제가 유리합니다. 즉 서민에게는 세액공제가 유리하고, 부자에게는 소득공제가 유리합니다.

Q——···

연말정산을 하다 보니 세액공제와 소득공제라는 말이 나오는데요, 둘이 어떻게 다른지 모르겠어요. 세액공제 100만 원과 소득공제 100만 원은 어떻게 다른가요? 그리고 어떤 게 납세자에게 더 유리한가요?

A——···

　연말정산을 할 때 어김없이 등장하는 세액공제와 소득공제. 알 듯 말 듯 하면서도 참 헷갈리는 개념이죠. 여기서 확실히 차이점을 정리해드리겠습니다.

　세액공제는 내야 할 세금(세액)에서 공제를 해주는 겁니다. 즉 세금을 직접 깎아주는 거죠. 내가 내야 하는 세금이 100만 원인데

세액공제가 10만 원이면 90만 원만 세금을 내면 됩니다. 다시 말해 세액공제 10만 원이라는 말은 내야 할 세금에서 10만 원 적게 낸다는 뜻입니다. 이해하기 쉽죠.

세액공제가 10만 원일 때의 세금감면액

세액공제 10만 원			
	산출세액	세액공제	결정세액
	100만 원 -	10만 원 =	90만 원

세액공제에 비해 소득공제는 계산이 조금 복잡합니다. 소득공제는 글자 그대로 소득에서 공제를 해주는 겁니다. 세금은 소득에서 세율을 곱하는 것이죠. 따라서 내가 얻은 소득이 줄어든다면 납부해야 할 세금의 규모도 줄어듭니다.

예를 들어보겠습니다. 내가 1천만 원의 소득이 있는데 소득세율이 10%라고 가정해보겠습니다. 소득공제 100만 원을 받았다고 해볼게요.

소득공제가 없다면 원래는 1천만 원의 10%, 즉 100만 원의 세금을 내야 합니다. 하지만 100만 원 소득공제를 받는다면 내 소득은 900만 원이 됩니다(실제 세금을 부과하는 소득을 과세표준이라고 합니다). 이렇게 계산된 900만 원에 세율 10%를 적용하면 90만 원의 세금을 내게 됩니다.

소득공제 0원일 때와 100만 원일 때의 세금감면액

소득공제 계산식					
소득공제	소득	소득공제	과세표준	세율	결정세액
0원	1,000만 원	- 0원 =	1,000만 원	× 10%	= 100만 원
100만 원	1,000만 원	- 100만 원 =	900만 원	× 10%	= 90만 원
절감효과					10만 원

세액공제는 소득이 적어 세율이 낮은 사람에게 유리합니다. 이른바 서민층이 되겠죠. 서민층은 세율이 낮기 때문에 세액공제로 세금을 직접 빼주는 것이 유리합니다. 반면 소득이 많아 세율이 높은 사람은 소득공제가 더 유리할 수 있습니다.

예를 들어 세율 10%를 적용받는 사람이 소득공제 100만 원을 받으면 10만 원의 세금이 줄어듭니다(100만 원×10%). 하지만 세율 40%를 적용받는 사람이 소득공제 100만 원을 받으면 40만 원을 절감할 수 있습니다(100만 원×40%).

따라서 억대 연봉자라면 세액공제보다 소득공제를 더 환영합니다. 이런 차이는 결국 우리나라 소득세율이 누진세율(6~42%)이기 때문에 발생합니다. 이에 2014년 기획재정부는 소득공제를 다수 없애고 세액공제를 도입했습니다. 이 결과 고소득층의 세금은 증가하고, 중산층 이하는 세금이 감면되기도 했습니다.

신혼부부 혜택을 받고 싶은데
언제까지가 '신혼'이죠?

정부 주요 정책에서 인정하는 신혼부부는 '혼인 7년 이내'를 의미합니다. 하지만
일부 주거정책에서는 '만 6세 이하의 자녀가 있는 경우'도 신혼부부로 봅니다.

Q — …

정부에서 신혼부부를 위한 정책들을 많이 내는 것 같은데요, 신혼부부라
는 개념이 헷갈려요. 결혼 후 1년까지는 사회통념상 신혼부부라 부를 수
있을 것 같은데요, 1년이 넘어서면 신혼부부 혜택이 안 되나요? 신혼을
즐기며 아이를 늦게 낳는 경우가 있는데, 아이가 있는 경우는 어떤가요?
결혼 전에 거주할 집을 마련해야 하는데, 예비부부는 신혼부부로 인정을
못 받나요?

A — …

　사회 통념상으로는 쉬운 개념인데 막상 정책에 적용하려면 알
쏭달쏭한 개념들이 있습니다. '신혼부부'도 그중 하나죠.

국어사전에 보면 신혼부부(新婚夫婦)를 '갓 결혼한 부부'로 정의합니다. 그런데 문제는 '갓'을 어떻게 보느냐 이거죠. 결혼 후 6개월까지로 할 것이냐 1년으로 할 것이냐, 2년으로 할 것이냐 참 애매합니다.

정부는 신혼부부들에 대해 주거지원과 금융지원(신혼부부 전세자금대출)을 해주고 있습니다. 그런데 '신혼부부'로 인정받느냐 받지 않느냐에 따라 혜택이 꽤 차이가 납니다. 정부에서 정한 신혼부부는 '혼인 기간 7년 이내'를 의미합니다. 과거에는 혼인증명서 기준 결혼기간 5년이었습니다만 최근에 그 범위가 확대되었습니다.

또한 정부는 2020년 3월 20일 발표한 〈주거복지로드맵 2.0〉에서 신혼부부의 개념을 추가로 확대 적용하기로 했습니다. 혼인기간 관계없이 만 6세 이하의 자녀가 있는 경우도 신혼부부로 인정하기로 한 겁니다. 점점 아이를 늦게 낳는 추세를 반영한 것이라고 합니다.

다만 만 6세 이하 자녀 기준은 우선적으로 공공임대주택에만 적용됩니다. 신혼희망타운, 신혼특화 임대주택에 전·월세로 입주할 때 만 6세 이하 자녀를 둔 가정도 신혼부부 가정으로 인정된다는군요.

분양을 하는 공공주택(신혼희망타운 포함)은 여전히 '혼인기간 7년 이내'만 적용됩니다. 신혼부부 전세자금대출은 '혼인기간 7년 이내'와 '3개월 이내 결혼 예정자'가 신혼부부로 인정받습니다. 통상 결혼 전에 대출을 받아야 집을 구할 수 있기 때문이죠. 만약 혼인 예정일이 4개월 남았다면 한 달 뒤에 대출을 하든가, 아니면 미리 혼인신고를 해야 합니다.

신혼의 개념은 정부의 부동산·금융 대책에 따라 매번 바뀔 수 있습니다. 따라서 구체적인 기준은 개별 정책을 반드시 직접 들여다봐야 합니다.

또한 신혼부부로 인정을 받더라도 소득수준, 자산수준 등에 따라 지원정도가 달라질 수 있습니다. 신혼부부 생애최초 주택 특별공급의 경우에는 자격이 되는 신혼부부 중에서도 아이가 있느냐 없느냐, 있으면 몇 명이나 있느냐에 따라 청약 우선순위가 달라집니다.

확정일자와 전세권 설정 중
어떤 게 유리한가요?

이사를 한 뒤 주민센터에서 전입신고를 하면서 받는 것이 확정일자입니다. 확정일자는 쉽게 받을 수 있고, 비용도 저렴합니다. 반면에 전세권 설정은 실제 거주를 하지 않아도 설정을 할 수 있습니다. 하지만 등기비용이 많이 들고 집주인의 양해를 구해야 해 번거롭습니다.

Q——…

전셋집을 구했습니다. 전세가 너무 비싸서 대출도 좀 받았습니다. 만에 하나라도 보증금을 떼일 것을 막기 위해 확정일자나 전세권 설정을 해야 한다고 하는데요, 어떤 것이 유리할까요?

A——…

일반적인 경우라면 확정일자나 전세권 설정이나 세입자가 전세보증금을 돌려받는 데는 큰 차이가 없다는 것이 부동산 전문가들의 얘기입니다. 하지만 세상만사 어떤 일이 벌어질지 모르는 경우가 많죠. 더구나 전세보증금은 몇 억씩 걸려 있습니다. 따라서 확정일자와 전세권 설정의 차이점을 잘 비교해보고 판단하는 것도 필요합니다.

통상 이사를 한 뒤 주민센터에서 전입신고를 하면서 받는 것이 확정일자죠. 확정일자는 주민센터나 법원에서 인정하는 주택임대차계약을 한 공식적인 날짜를 의미합니다.

확정일자의 가장 좋은 점은 쉽게 받을 수 있다는 것입니다. 전입신고를 하면서 임대차계약서를 보여주면 됩니다. 집주인의 동의를 받을 필요도 없습니다. 수수료 600원만 내면 됩니다.

확정일자는 전입한 날에 바로 하는 것이 좋습니다. 확정일자를 받는 날부터 세입자의 전세자금은 우선변제권을 받기 때문입니다. 만약 전세로 들어간 집이 경매에 넘어갔을 때도 다른 채권자보다 전세보증금을 먼저 받을 수 있다는 뜻입니다. 어영부영 확정일자 받는 것을 늦추던 중, 만에 하나 전셋집이 경매에 넘어가게 되면 전세금을 돌려받기가 어려워집니다.

다만 확정일자를 받았더라도 그전에 해당 전셋집이 근저당설정이 되어 있다면 전세금을 모두 돌려받지 못할 수도 있습니다 (입주할 때 등기부등본을 잘 확인해야 할 이유입니다). 또한 확정일자를 받으면 대항력도 생기는데요, 만약 집주인이 중간에 바뀌더라도 세입자는 거주 계약한 기간까지 있을 수 있습니다.

확정일자는 전입신고를 하고 입주 조건이 모두 갖춰진 다음날 오전 0시부터 효력이 발생합니다. 확정일자는 임대차계약을 한 당일에도 주민센터에서 바로 받을 수 있습니다만 실제 거주가 이뤄지기 전까지는 효력이 없습니다.

만약 집주인으로부터 전세보증금을 받지 못한다면 보증금반

확정일자와 전세권 설정, 어떤 게 더 유리할까?

	확정일자	전세권 설정
집주인 동의 여부	X	O
비용	600원	등록면허세, 지방교육세, 등록수수료, 법무사 등기수수료 등 수십만 원
실거주 여부	O	X
효력발생 시점	전입신고 및 거주하기 시작한 다음날 오전 0시부터	등기 후 바로
전세금 반환방법	보증금 반환 청구 소송 후 경매신청	소송 없이 경매신청
보증금 보상기준	전셋집의 건물값+토지가격 기준	전셋집 건물값

환청구소송을 먼저 하고, 여기서 승소했을 때 거주하는 전셋집을 경매에 넘길 수 있습니다. 또한 건물과 토지를 합한 금액에서 보증금을 보상해주기 때문에 보증금을 떼일 가능성이 적습니다.

반면에 전세권 설정은 전세보증금을 받지 못했을 때 보증금반환청구소송을 거칠 필요 없이 바로 전셋집을 경매에 넘길 수 있다는 장점이 있습니다. 또한 실제 거주를 하지 않더라도 전세권 설정이 가능합니다. 확정일자의 경우에는 이사를 나가면 효력을 상실합니다. 그러므로 아이 학교 배정이나 출장 등으로 인해 전셋집에 주소를 둘 수 없는 경우라면 전세권 설정을 하는 것이 좋습니다.

또한 전세권 설정을 등기하는 때부터 전세권 설정 효력이 발생하기 때문에 집주인이 전셋집을 담보로 대출을 받을 여지가 없어집니다. 확정일자의 경우 다음날 0시부터 효력이 발생하다 보니 집주인이 세입자의 입주를 지켜본 뒤 집을 담보로 대출을 받을 수 있습니다.

하지만 전세권 설정은 절차가 복잡하고 돈이 많이 든다는 것이 흠입니다. 게다가 집주인이 동의를 해야 하는데 잘 동의해주지 않습니다. 전세권 설정을 하면 등기부등본에 전세를 줬다는 것이 기록되는데, 자신의 재산에 이 같은 기록이 남는 것을 집주인들이 꺼리기 때문이라고 합니다.

세입자 입장에서는 확정일자에 비해 등기비가 많이 드는 것도 부담입니다. 등록면허세, 지방교육세, 등록수수료, 법무사등기수수료 등이 수십만 원 들어갑니다. 나중에 등기를 말소할 때도 또 비용이 듭니다.

전세보증금 보상액은 건물값이 최대한도입니다. 건물값과 토지값을 더한 가격이 최대한도인 확정일자보다 보상규모가 적습니다. 만약 전세보증금이 건물가격보다 크다면 다 돌려받지 못할 수도 있다는 뜻입니다.

부부 공동명의를 하면
뭐가 좋은가요?

고가(9억 원)가 아닌 1가구 1주택자라면 부부 공동명의로 변경하더라도 큰 실익은 없습니다. 다만 고가주택이라면 부부 공동명의 시 종합부동산세와 양도소득세, 임대소득세를 감면받을 수 있습니다.

Q ——···

아내가 우리가 가진 집을 부부 공동명의로 바꾸자고 하네요. 사회적으로도 부부 공동명의를 하는 가정이 많이 늘어나고요, 세금도 절세할 수 있다고 주장합니다. 주택 공동명의를 하면 좋을까요?

A ——···

부동산 정책이 자주 바뀌면서 부부 공동명의의 장점이 줄어들고 있는 추세입니다. 부부 공동명의를 통해 고가주택자와 다주택자들이 세금을 회피하는 것을 막기 위한 조치로 알려져 있습니다.

결론적으로 고가(9억 원)가 아닌 1가구 1주택자라면 부부 공동명의로 변경하더라도 큰 실익은 없습니다. 1가구 1주택자라면 공시가격 9억 원(시세 12억 원 가량)까지는 종합부동산세를 내지 않습니다. 매매가격이 9억 원 이하라면 양도소득세도 없습니다.

재산세는 두 사람이 나눠서 내기 때문에 합산하면 달라질 것이 없습니다. 재산세는 단일세율이기 때문입니다.

오히려 취득세를 새로 내야 합니다. 집 절반을 배우자에게 주는 것이므로 배우자는 취득세를 내야 합니다. 공시가격 4억 원(시가 6억 원)인 집을 배우자가 공동명의 이전한다면 취득세(공시가격의 4.6%)를 냅니다. 184만 원쯤 되며 법무사 비용까지 합치면 200만 원 이상 지출한다고 봐야 합니다. 다만 최초에 집을 살 때 부부 공동명의를 했다면 처음부터 나눠서 취득세를 내기 때문에 이 비용은 따로 들지 않습니다. 부부 공동명의를 할 생각이 있다면 집을 살 당시에 하는 것이 좋습니다.

또한 배우자에게 집 지분 절반을 주는 것이어서 고가주택의 경우는 증여세가 발생합니다. 다만 6억 원 집이라면 배우자에게 3억 원의 지분이 이전되는 것이기 때문에 배우자 공제(10년간 6억 원)를 받아 증여세가 감면됩니다.

부부 공동명의를 하면 향후 은행에서 부동산 대출을 받을 때 두 사람이 함께 가야 하는 일이 발생할 수 있습니다. 또한 전월세를 줄 때도 원칙적으로는 두 사람이 함께 있어야 합니다.

게다가 새로 공동명의를 한 배우자의 재산세, 소득세 등이 일정액을 넘을 경우 국민건강보험 등 4대 보험의 지역가입자가 되어서 추가적으로 사회보험료를 부담할 수 있습니다.

이 같은 여러 불편함에도 불구하고 고가주택(공시가격 9억 원 이상) 보유자거나 다주택자로 많은 임대소득을 받는 사람이라면 부부 공동명의가 세금을 절약하는 방법이 되기도 합니다.

예를 들어 종합소득세는 부부 공동명의일 때는 명의자별로 6억원까지 공제가 되기 때문에 공시가격 12억 원까지는 종부세가 부과되지 않습니다. 또한 전월세 수입이 생겨 임대소득세를 낼 때나 집을 판 뒤 양도소득세를 낼 때는 소득을 나눠 세금을 내기 때문에 낮은 세율을 적용받을 수 있습니다(임대소득세와 양도소득세는 소득이 많을수록 높은 세율을 적용받습니다).

주택보급률이 100%가 넘는데
왜 집값은 오르나요?

상가나 공장 안에 있는 주택이나 고시원, 임시 막사, 비닐하우스 등을 제외하면 실제 주택보급률은 알려진 것보다 낮아집니다. 또한 다주택자들이 집을 보유하면서 10명 중 4명은 아직 자기 집이 없습니다.

Q—…

주택보급률이 100%를 넘는다는 뉴스를 봤습니다. 그런데 내가 살 집은 왜 이리 없는 건가요? 그리고 집값도 계속 오르고 있고요. 혹시 주택보급률 통계가 잘못된 것 아닌가요?

A—…

주택보급률이란 가구 대비 주택이 얼마나 보급되었는가를 보는 지수입니다. 주택수를 일반가구로 나눈 뒤 100을 곱합니다. '주택보급률 100%'라는 얘기는 한 가구당 한 채를 보유할 수 있을 정도로 주택이 공급되어 있다는 뜻입니다.

$$\text{주택보급률} = \frac{\text{주택수}}{\text{일반가구수}} \times 100$$

우리나라가 주택보급률 100%를 넘긴 것은 꽤 오래된 일입니다. 2018년에는 104.2%까지 상승했습니다. 그런데 2010년과 비교하면 2018년 전국 주요 지역의 집값은 2배가량 상승했습니다. 한 가구당 한 집을 가질 수 있는 만큼 주택이 공급되었는데도 왜 이런 일이 벌어질까요?

먼저 통계착시 가능성이 있습니다. '주택'에는 일반적으로 보기 힘든 집까지 포함되어 있습니다. 예를 들어 상가나 공장 안에 있는 주택이나 고시원, 임시 막사, 비닐하우스도 '주택'으로 봅니다. 또한 옥탑방, 반지하, 부엌이나 목욕시설이 없는 주택도 주택수에 포함이 됩니다.

주택보급률 추이

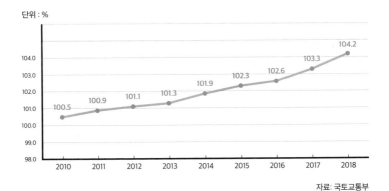

단위 : %

자료: 국토교통부

시골에 버려져 있는 빈집도 '주택'이고요, 준공되었지만 아직 분양이 되지 않아 비어 있는 미분양주택도 '주택'입니다. 그러다 보니 실제 사람들이 살만한 집은 통계보다 부족합니다.

또 하나, 주택을 공급했다는 것과 그렇게 공급된 주택을 실제 보유하는 것은 다른 얘기입니다. 한 사람이 여러 채를 갖고 있을 경우 다른 사람은 집을 보유할 수 없기 때문입니다.

2016년 국토교통부 자료를 보면 2채 이상 집을 가진 사람이 전체 집 소유자의 14.9%(200만 명)이나 됩니다. 5채 이상 집을 가진 사람도 11만 명입니다. 이들이 보유한 주택만큼 시장에 공급된 주택이 사라졌다고 봐야 합니다.

실제로 자기 집을 가지고 있는 사람이 몇이나 되는지를 알아보려면 아래의 '자가보유율'을 참고하면 됩니다. 자가보유율은 자신의 집을 가진 가구(자가보유 가구)를 총가구수로 나눈 뒤 100을 곱한 수치입니다. 국토교통부 자료를 보면 2018년 자가보유율은 61.1%에 불과합니다.

10가구 중 6가구만이 '내 집'을 갖고 있다는 얘기입니다. 바꿔 말하면 4가구는 앞으로 집이 필요합니다. 수도권의 자가보유율은

자가보유율 추이

	2006	2008	2010	2012	2014	2016	2017	2018
자가 보유율 (%)	61.0	60.9	60.3	58.4	58.0	59.9	61.1	**61.1**

자료: 국토교통부, 2018년 주거실태조사 결과

54.2%에 불과합니다. 수도권에 거주하는 두 가구 중 한 가구는 아직 집이 없다는 얘기지요. 그러니 집값이 오르지 않고 배기겠습니까?

주택보급률이 매년 상승하는 것과 달리 자가보유율은 10년 전에 비해 거의 변화가 없습니다. 주택이 보급되는 족족 다주택자들이 걷어갔다는 말도 되지 않을까요?

부동산 관련 인터넷용어

역세권	기차, 지하철 등 역 근처여서 교통이 편리한 곳
초역세권	기차, 지하철 등 역에서 아주 가깝다는 뜻
학세권	유치원, 초중고교, 학원 근처여서 교육환경이 좋은 곳
숲세권	숲, 산 등이 있어 환경이 쾌적한 곳
슬세권	슬리퍼를 신고도 주요 편의시설을 이용할 수 있을 정도로 편의시설이 많다는 뜻
백세권	백화점에 가까운 곳
몰세권	영화관, 쇼핑센터, 운동시설 등을 갖춘 대형쇼핑몰 근처
편세권	편의점 근처
스세권	스타벅스 근처
맥세권	맥도날드 근처
베라권	베스킨라빈스 근처

인터넷에서 부동산 관련 글을 읽다 보면 낯선 신조어들이 눈에 띈다. 특히 편의시설이 부동산 가격에 영향을 많이 미치다 보니 이와 관련된 신조어도 많다. 알아두면 유용하다.

시행사와 시공사의 개념, 여전히 헷갈려요

시행사는 자금을 조달해 토지를 매입하고 각종 인허가를 받아 아파트를 분양하는 곳입니다. 반면에 시공사는 시행사로부터 발주를 받아 아파트를 짓는 건설사를 말합니다. 즉 시행사는 건물주를 말하고, 시공사는 건물공사를 하는 업체를 말합니다.

Q——···

아파트 분양광고를 보니 시행사, 시공사, 신탁사, 분양대행사 등 다양한 회사들이 나옵니다. 결국 자이는 GS건설이 짓고, 힐스테이트는 현대건설이 짓는 것 아닌가요?

A——···

GS건설, 현대건설, 롯데건설 등은 시공사입니다. 즉 건물을 짓는 회사로, 건축 이외에는 아무런 책임이 없습니다.

아파트 분양을 받을 때 '어느 건설사가 지은 어떤 아파트냐'는 중요한 선택요건입니다. 이때 어느 건설사가 아파트를 지을 것인지를 결정하는 곳이 바로 시행사입니다.

시행사는 자금을 조달해 토지를 매입하고 각종 인허가를 받아 아파트를 건설해 분양하는 사업 전체의 책임을 지는 곳입니다. 반면에 시공사는 시행사로부터 아파트건설 사업을 발주받아서 아파트를 짓는 건설사를 말합니다.

시공사는 발주받은 공사를 마무리하고 돈을 받는 것이 전부입니다. 하지만 시공사의 시공능력과 브랜드 파워가 좋아야 건설물량을 따올 수 있겠지요? 아파트 가치가 나가지 않는 시공사를 시행사가 선택할 리는 없을 거니까요. 그래서 자이나 롯데캐슬, 아이파크와 같은 건설사 브랜드가 중요해집니다. 다시 정리하자면 시행사는 건축주로, 시공사는 건축공사업체로 보면 됩니다.

통상 시행사를 눈여겨보지 않는데요, 아파트 분양을 받을 때는 건축주, 즉 시행사가 믿을 만한 곳인지를 잘 살펴봐야 합니다. 제대로 자금을 조달해 사업을 끝낼 능력이 있는지를 봐야 하기 때문입니다. 만약 선분양을 한 상태에서 자금조달 문제로 공사가 중단되면 입주 예정자들이 큰 낭패를 당하게 됩니다.

시행사는 민간사업자들과 공공사업자가 있습니다. 최근에는 대기업의 지분투자를 받은 부동산개발회사가 많이 나오고 있습니다. 대표적인 공공사업자로는 LH공사와 SH가 있습니다. 지자체 산하 공기업(도시개발공사)도 주요 시행사입니다.

지자체가 아예 시행사가 되는 경우도 있습니다. 개천복원사업, 도로정비사업 등은 서울시, 부산시가 직접 발주하기도 합니다. 재개발재건축 아파트라면 조합이 시행사가 되는 경우가 많습니다.

시행사와 시공사는 개별 기업입니다만 두 회사는 공통의 목적을 추구합니다. 그 목적은 다름아닌 아파트를 잘 파는 것이죠. 분양이 잘 안 되면 공사대금을 받을 수 없기 때문에 시공사는 "나는 아파트만 지을래"라고 말하며 팔짱만 끼고 있기는 힘듭니다. 그래서 어떤 경우는 시행사가 작을 경우 시공사인 대형 건설사가 보증을 서기도 합니다. 은행에서 돈을 빌려야 하는데 시행사의 신용이 부족해 돈을 못 빌리면 안 되니까요. 이 경우에는 아무래도 시공사의 입김이 강해지겠죠.

분양광고에 보면 '신탁사'라는 용어도 등장합니다. 글자 그대로 재산을 맡겨놓는 회사인데요. 과거에는 시행사에서 자금을 직접 관리하면서 공사를 진행했습니다. 그런데 시행사에 횡령배임 등의 사고가 나서 시공사에 공사대금을 지급하지 못해 공사가 중단되는 사례도 적지 않았습니다. 이를 막기 위해 공사가 끝날 때까지 자금관리를 맡겨놓은 곳이 신탁사입니다. 분양 계약금을 비롯한 자금이 시행사로 들어가지 않고 신탁사가 관리하기 때문에 금융사고가 날 가능성이 적어집니다. 혹시 문제가 생겨도 신탁사가 책임을 집니다.

한국토지신탁, 한국자산신탁, 대한토지신탁, 코람코신탁 등이 주요 신탁사입니다. 하나자산신탁(하나금융지주), KB부동산신탁(KB), 아시아신탁(신한금융지주) 등 금융지주와 한투부동산신탁(한투증권), 대신자산신탁(대신증권) 등 증권사 계열의 신탁사들도 있습니다.

시행사들이 분양은 분양대행사에 맡기는 경우가 많습니다. 분양대행사는 아파트를 판매하는 마케팅회사입니다. 분양광고를 하고, 모델하우스를 운영합니다.

시행사, 시공사, 신탁사, 분양대행사 등으로 분업체계가 이뤄진 것은 외환위기 이후부터입니다. 과거에는 건설사가 시행사와 시공사의 역할을 모두 다했습니다. 하지만 아파트를 지으려면 많은 돈을 끌어와야 하는데, 그러면서 부채비율이 높아지는 문제가 발생했습니다. 또한 아파트 건설에 따른 부담도 너무 커졌죠. 그래서 2000년대 이후 분업체계가 굳어졌는데요, 건설시장을 투명화하고 전문화한다는 측면에서는 긍정적인 점이 더 많은 것 같습니다.

카드결제를 안 받으면
불법인 거 맞죠?

카드가맹점이 아닌 곳에서는 카드결제를 거부할 수 있습니다. 하지만 현금을 받으면서 현금영수증 발급을 거부하면 불법이 됩니다.

Q——…

식당에서 밥을 먹은 뒤 돈을 지불하려 하니 "저희 집은 현금밖에 안 된다"고 합니다. 주점 중에서도 현금결제만을 요구하는 곳이 있습니다. 카드 대신 현금으로 내라고 하면 불법 아닌가요?

A——…

혹시 신용카드가맹점이 아니던가요? 만약 아니라면 불법이 아닙니다. 신용카드가맹점으로 가입하지 않았다면 사업자는 카드결제를 거부할 수 있습니다. 소득세법 제162조 2를 보면 '국세청장은 사업자에게 신용카드가맹점으로 가입하도록 지도할 수 있다'고 되어 있습니다. 장려는 하지만 강제가 아니라는 것이죠. 특히 직전 과세기간 수입금액이 2,400만 원 이하는 신용카드가맹점 가입 대상도 아닙니다. 이런 곳이라면 카드를 받고 안 받고는 사업자의 마음입니다.

카드를 받으면 카드수수료를 카드사에 내야 하는데, 이것도 꽤 부담스러워 하는 사업자들이 많습니다. 때문에 동네 조그마한 식당이나 주점이라면 아예 카드가맹점에 가입하지 않았을 수도 있습니다.

하지만 카드가맹점인데도 불구하고 카드결제를 거절한다면 불법이 됩니다. 카드가맹점 가입이 강제는 아니라지만 카드가맹점 가입 대상임에도 불구하고 가입하지 않으면 세무조사 등 세무 상 불이익을 당합니다. 따라서 대부분의 소비자 대상 사업자들은 카드를 받습니다.

만약 현금을 받으면서 현금영수증을 발급하지 않는다면 이것도 불법입니다. 소비자가 요구할 경우에는 단 1원이라도 현금을 받았다면 현금영수증을 발급해야 합니다. 만약 구매금액 10만 원 이상이라면 소비자가 현금영수증 발급을 요구하지 않았더라도 의무적으로 발행해줘야 합니다.

이를 거부할 경우 소비자가 신고를 할 수 있는데요, 신고를 당한 사업자는 과태료로 물고 가산세도 내게 됩니다. 반면 신고한 소비자에게는 포상금이 지급됩니다. 소득세법에 그렇게 규정되어 있습니다. 현금영수증을 발급하지 않겠다는 얘기는 탈세하겠다는 말과 같은 것이거든요.

현금거래는 신용카드거래와 달리 추적할 수가 없기 때문에 매출이 얼마나 발생했고 소득이 얼마나 발생했는지를 국세청이 알 길이 없습니다. 그래서 현금영수증을 발급하지 않은 사업자에 대해서는 벌칙조항을 두고, 이를 신고한 소비자에게는 포상금을 지급하는 것입니다.

또 하나, 현금을 쓰면 카드로 계산할 때보다 할인해주겠다고 소비자에게 제의한다면 이것도 불법입니다. 여신전문금융법 제19조 1항은 '신용카드가맹점은 신용카드로 거래한다는 이유로 신용카드결제를 거절하거나 신용카드회원을 불리하게 대우하지 못한다'고 명시되어 있습니다. 현금과 카드를 차별해 현금결제를 의도적으로 유도하지 말라는 뜻입니다.

결론적으로, 카드가맹점이 아닌 곳의 사업자가 소비자에게 현금결제만 요구하는 것은 문제가 안 됩니다. 하지만 카드가맹점이라면 카드결제를 거부할 수 없습니다. 또한 현금을 받으면서 현금영수증 발급을 거부하거나 신용카드 가격과 다른 현금가를 제시하면 불법이 됩니다.

주택연금 가입자가 사망하면
담보 아파트는 어떻게 되나요?

상속인이 부모가 지금까지 받은 주택연금 수령액을 상환하면 자녀가 담보주택을 상속받을 수 있습니다. 만약 담보주택을 상속받는 것을 원하지 않는다면 담보주택은 법원 경매나 일반 매매로 처분된 뒤 주택연금 수령액을 제외한 차액을 상속인에게 돌려줍니다.

Q——···

아파트를 담보로 주택연금을 받으시던 아버지가 최근 사망하셨습니다. 어머니는 몇 해 전에 먼저 돌아가셔서 아버님이 그동안 홀로 사셨습니다. 그럼 이제 이 아파트는 경매에 넘어가나요? 우리 가족의 추억이 담겨 있는 아파트라서 자녀들이 아파트를 매입하고 싶은데, 방법이 없을까요?

A——···

배우자가 없는 주택연금 가입자가 사망할 경우, 상속인이 부모가 지금까지 받은 주택연금 수령액을 상환하면 담보주택을 상속받을 수 있습니다. 즉 홀아버지셨다면 상속인은 자녀들이 될 텐데요, 자녀들이 아버지가 수령한 주택연금액을 납부하면 담보 아파트를 그대로 상속받을 수 있습니다.

만약 상속인이 담보주택을 상속받는 것을 원하지 않는다면 담보주택은 법원 경매나 일반 매매로 처분됩니다. 그리고 처분액이 대출 잔액보다 많을 경우엔 차액을 상속인에게 돌려줍니다. 만약 대출 잔액이 처분액보다 많다면 상속인에게 별도의 청구를 하지는 않습니다.

담보주택과 연금수령액(대출잔액) 차이에 따른 처분

금액 비교	처리 방법
주택 처분 금액 > 대출 잔액	남는 부분은 상속인에게 지급
주택 처분 금액 < 대출 잔액	부족분을 상속인에게 별도 청구하지 않음

만약 배우자가 생존해 있다면 주택연금은 배우자에게 기존에 지급되던 것과 같은 금액이 지급됩니다. 다만 상속을 받는 배우자는 주택연금을 받던 배우자 사망 이후 6개월 내 채무 인수 및 소유권 등기 이전을 완료해야 합니다. 소유권 등기 이전이 되지 않으면 주택연금 지급이 안 됩니다.

주택연금은 시가 9억 원 이하인 일반주택이거나 지방자치단체에 신고된 시가 9억 원 이하인 노인복지주택일 때 가입이 가능합니다. 담보주택이 되려면 신청인 또는 배우자가 해당 주택에 거주하고 있어야 하며, 보증금이 있는 세입자가 없어야 합니다. 주택이 아닌 업무시설(오피스텔), 상가, 숙박시설, 시장 등은 담보주택이 될 수 없습니다.

시세는 한국감정원, 국민연금 등의 인터넷 시세 또는 공시가격을 적용해 산출합니다. 다만 한국감정원·국민연금 등의 인터넷 시세가 없거나 공시가격이 없을 때, 그리고 연금가입자가 원할 경우에는 외부 감정 평가 기관에 의뢰할 수 있습니다.

정부는 왜 보유세를
올리려고 하나요?

집값이 오르는 이유가 보유세가 너무 낮아 투자가치가 높아졌기 때문이라고 정부는 보고 있습니다. 집값이 비싼 곳은 교통, 학군 등 생활인프라가 잘 갖춰진 곳이 많은 만큼 보유세를 '좋은 인프라를 사용하는 비용'으로 보고 과세를 합니다.

Q—…

정부가 주택 보유세를 대폭 올린다고 합니다. 저희 집은 지난해보다 무려 20%나 오르는 것 같아요. 집값이 올라봤자 당장 현금화할 수 있는 것도 아닌데, 미실현자산에 대해 세금을 높이 매기는 것은 좀 과도한 게 아닌가요? 그런데도 정부는 왜 이렇게 보유세를 올리려 하나요?

A—…

정부는 한국의 집값이 빠르게 상승하는 원인 중의 하나로 '보유세(재산세+종부세)가 낮기 때문'이라고 생각하고 있습니다. 집을 보유하는 부담이 적으니 여러 채에 투자할 수 있다고 보는 것이죠.

우리나라의 보유세는 OECD 수준의 국가 기준으로 볼 때 낮은 것은 사실입니다. 보유세 부담을 국제적으로 비교할 때 실효세율을 많이 씁니다. 실효세율이란 시가(실제 거래되는 주택 가격) 기준으로 실제 납부되는 세금의 비율입니다. 만약 시가 5억 원 주택에 연간 500만 원의 세금이 부과되면 실효세율은 1%가 됩니다.

우리나라의 재산세율은 0.1~0.4%입니다. 하지만 실효세율은 OECD의 2017년 기준 0.15%로 알려져 있습니다. 세율에 비해 실효세율이 낮은 것은 세율이 시가가 아닌 과세표준을 기준으로 부과되기 때문입니다.

보유세 과세표준은 공시가격(시가의 50~70%)과 공정시장 가액비율(60%)을 곱해 구합니다. 그러니까 시가의 50~70%에 다시 0.6을 곱하니 과세표준이 뚝 떨어집니다. 시가 5억 원 주택의 공시가격이 3억 원(시가의 60% 가정)이라면, 공정시장 가액비율(60%)을 곱한 과세 표준은 1억 8천만 원이 됩니다. 그러니까 실제 사는 집의 가격은 5억 원입니다만 1억 8천만 원에 대해서만 세금이 부과됩니다.

2017년 OECD 17개국 평균 실효세율은 0.31%로 한국의 2배쯤 됩니다. 즉 한국은 시가 5억 원의 집을 갖고 있으면 75만 원의 세금을 내지만 OECD 국가들은 평균 155만 원을 낸다는 얘기입니다.

미국하고 비교해볼까요? 미국은 50개 주가 천차만별이라 주별 기준으로 알아보겠습니다. 데이터 분석업체인 월레트허브 자료를 보면 2018년 기준, 미국 50개 주 중 보유세 실효세율이 가장 낮은 곳은 하와이로 0.27%입니다. 이는 한국의 1.8배입니다. 실효세율이 가장 높은 뉴저지는 2.47%입니다. 무려 한국의 16배이지요.

쉽게 말해 미국에서는 5억 원 집을 갖고 있으면 하와이는 135만 원을, 뉴저지는 1,235만 원을 낸다는 얘기입니다. 여기에다 미국의 주택 소유자는 화재보험을 들어야 하기 때문에 실제 부담은 훨씬 더 커집니다. 그래서 미국에서는 목돈이 있어도 집을 유지할 돈이 없으면 함부로 집을 사기가 힘듭니다.

다만 미국은 취득세를 내지 않습니다. 한국의 경우는 집을 구매할 때 실거래가의 1.1%를 세금으로 냅니다. 하지만 취득세는 집을 구입할 때 한 번 내고 마는 것이라는 점에서 미국인들의 부담이 더 크다는 것은 달라지지 않습니다.

한국의 보유세 비중이 낮았던 것은 '내 집 마련'에 대한 국민들의 기대치가 높아 함부로 세금을 올리지 못했기 때문이라는 얘기가 있습니다. "집 한 채밖에 없는데 무슨 세금이냐"라는 국민 정서를 넘어서기 힘들었다는 것이죠. 그 결과 실효세율이 다른 나라에 비해 과도하게 낮은 수준이 되어버렸습니다.

집에 보유세를 부과하는 이유는 '인프라를 사용하는 비용'으로 보기 때문입니다. 집값이 비싼 곳은 교통·학군 등 생활 인프라가 잘 갖춰진 곳으로, 정부 재정도 그만큼 많이 투입되었을 겁니다. 그런 만큼 거기에 맞는 세금을 내는 게 옳다는 것이지요.

물론 보유세 부담 능력은 국가별 소득수준, 생활수준에 따라 다를 수 있어서 일률적으로 국제 비교를 하는 것은 합당하지 않을 수 있습니다. 또한 최근 보유세가 현실화되면서 집주인들이 체감하는 부담이 가파르게 커지는 것은 또 다른 문제입니다.

건폐율과 용적률은
어떻게 다른가요?

건폐율은 전체 대지면적에서 차지하는 건축물 바닥면적을 의미합니다. 반면에 용적률은 전체 대지면적 대비 건축물의 바닥면적 합계(연면적)을 의미합니다.

Q——…

아파트 재개발을 원하는데요, 그래서 이것저것 찾아보다보니 용적률, 건폐율 등의 어려운 단어들이 나옵니다. 숫자가 클수록 아파트를 더 많이 지을 수 있을 것이라는 생각이 들기는 하는데 건폐율, 용적률의 정확한 의미가 뭔가요?

A——…

건폐율과 용적률은 '단위 면적당 건물을 얼마나 더 지을 수 있느냐'를 뜻하는 단어가 맞습니다.

먼저 건폐율을 알아볼까요? 건폐율(建蔽率, Building Coverage Ratio)을 영어로 해석하면 건물이 차지하는 비율입니다. 즉 전체 대지면적에서 차지하는 건축물 바닥면적을 의미하는 것이죠.
1층 건축 바닥면적을 대지면적으로 나눈 수치입니다. 예를 들어
1,000m² 대지에 500m² 건물을 지었다면 건폐율은 50%입니다.

건폐율

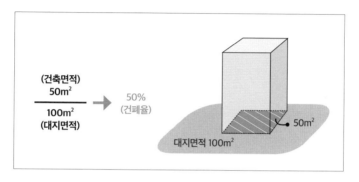

하나의 대지에 2개 이상의 건축물이 있으면 이들 건축 바닥면
적을 모두 합친 게 건축물 바닥면적이 됩니다.

건폐율이 높을수록 더 넓게 공사를 할 수 있기 때문에 건물주
는 유리합니다. 공사비도 적게 듭니다. 하지만 건폐율이 너무 높
으면 고밀도 개발이 이루어져 녹지나 빈터 등 여유 공간이 줄어
듭니다. 이 경우 일조, 채광, 통풍을 확보하기 힘들고 화재나 주차,
비상시 등에도 효율적으로 대처하기 힘듭니다.

도시지역의 법적 건폐율을 보면 상업지역은 90% 이하이지만
주거지역은 70% 이하입니다. 주거지역의 건폐율이 낮은 것은 삶
의 질을 고려한 조치겠지요.

다음으로 용적률(容積率, Floor Area Ratio)은 영어로 보면 바닥

면적 비율입니다. 즉 전체 대지면적 대비 건축물의 바닥면적 합계(연면적)을 의미합니다. 예를 들어 대지면적이 100m²에 들어선 3층 건물이 있다고 가정해보죠. 3층 건물이 각 층마다 50m²라면 전체 바닥면적은 150m²가 됩니다. 이에 따라 용적률은 150%가 됩니다.

용적률

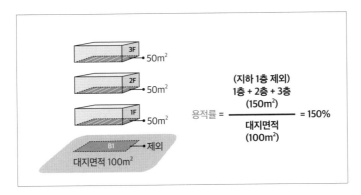

용적률을 계산할 때 지하층은 제외가 됩니다. 오직 땅 위에서 사용하는 건축물의 면적만을 따집니다. 지상 건축물이라고 하더라도 주차용, 주민 공동 시설, 피난 안전 구역의 면적은 제외합니다.

앞서 말한 3층 건물에서 1층을 모두 주차장으로 사용한다고 하면 용적률은 100%가 됩니다. 2층과 3층만을 건축 면적으로 인정하기 때문입니다(100+100+0/100).

따라서 용적률이 높을수록 건축물을 높게 지을 수 있습니다.

재개발이나 재건축 사업에서는 용적률이 클수록 분양 물량이 증가해 투자 수익이 증가합니다. 단순히 계산해보면 용적률 250%인 500가구 아파트에 용적률 500%가 적용되면 1,000가구로 늘어날 수 있습니다.

재건축·재개발 단지가 용적률 상향조정을 요청하는 것은 바로 이 때문입니다. 용적률을 높이면 더 많은 집을 공급할 수 있기 때문에 정부는 주택공급 정책으로 이를 이용하기도 합니다.

용적률이 높다는 말은 그만큼 건물을 높게 지을 수 있다는 뜻이어서 토지매매시장에서 용적률이 높은 토지가 비싸게 거래됩니다. 용적률이 높을수록 높은 건물이 많아져 도시는 초고밀화됩니다. 특히 일조권 논란이 심해질 수 있습니다.

은행과 증권사에서도
금을 판다고요?

은행에서는 골드뱅킹 상품을 팝니다. 은행 홈뱅킹 앱에서 상품에 가입해 금을 매입합니다. 매매차익이 생기면 배당소득세를 내야 합니다. 증권사에는 HTS나 MTS에서 금거래 계좌를 턴 뒤 금을 매입하면 됩니다. 매매차익은 비과세됩니다.

Q————···

"국제 금값이 치솟는다"는 뉴스를 방송에서 봤습니다. 금을 사고 싶은데요, 어떻게 투자할 수 있나요? 은행이나 증권사를 통해서도 금 투자를 할 수 있다는데, 어떻게 다른가요? 그리고 어떤 쪽이 투자에 더 유리할까요?

A————···

금은 달러와 함께 양대 안전자산으로 손꼽힙니다. 달러가 강할 때면 금값이 약해지지만 달러가 약해지면 금값이 세집니다. 금은 전 세계에서 화폐로 통용되는 거의 유일한 금속이기 때문이죠. 사실 금은 달러보다 화폐로 통용된 역사가 깁니다.

금을 투자하는 방법은 여러 가지가 있습니다. 만약 소액을 가진 투자자라면 금융사를 통해 금을 매입하는 것이 좋습니다.

증권사를 통하는 방법으로는 KRX금시장이 있습니다. 한국거래소에서 개설한 금거래 시장인데, 거래방법이 주식과 똑같다고 보시면 됩니다.

먼저 주식거래처럼 금거래 계좌를 터야 합니다. 시중 증권사를 직접 찾아가서 KRX금시장 계좌를 만들어달라고 요청해야 합니다. 시중 증권사는 개인정보를 확인한 뒤 계좌를 생성해줍니다. 그러면 증권사의 HTS나 모바일 앱에서 금거래를 할 수 있습니다. 예컨대 삼성증권의 경우는 '트레이딩 → 국내주식 → 금 현물 주문'에서 할 수 있습니다.

거래도 주식과 똑같습니다. 주식이 1주 단위로 거래하는 것처럼 금은 1g 단위로 거래합니다. HTS에 들어가면 g(그램)당 현재 시세가 나옵니다. 주식처럼 시세는 계속 변동합니다. 원하는 g수만큼 기재한 뒤 원하는 가격에 매수주문을 넣으면 됩니다. 주문이 완료되면 잔고 화면에 내가 보유한 금의 양과 평가손익, 수익률 등이 나옵니다. 매도도 역시 1g 단위로 합니다. 원하는 g과 원하는 매도가격을 넣으면 체결이 됩니다.

KRX금시장은 수수료와 세금이 매우 싸다는 것이 장점입니다. 매매차익이 비과세되고, 수수료(0.3%내외)도 매우 쌉니다.

다만 금을 인출한다면 부가가치세 10%가 부과됩니다. 인출한 금은 증권사 지점에서 받을 수 있는데 약 2일이 소요됩니다. 하지만 금을 둘 안전한 곳이 없다면 굳이 인출할 이유가 없겠죠.

은행을 이용한 금 투자는 골드뱅킹이 있습니다. 골드뱅킹은

KRX금시장처럼 은행에 방문해 계좌를 틀 필요가 없습니다. 온라인뱅킹의 상품란에서 바로 선택하면 됩니다.

골드뱅킹은 외환상품과 매우 유사합니다. g으로도, 원화 단위로도 투자할 수 있습니다. 즉 1g 매입요청을 하면 필요 금액이 화면에 뜹니다. 100만 원을 쓰면 매입할 수 있는 금의 양이 뜹니다. 기본 단위는 0.01g으로 아주 소액부터 투자할 수 있습니다. 수수료는 1%로 KRX금시장(0.3%)보다 높습니다. 또한 매매차익에 대한 배당소득세(15.4%)도 내야 합니다.

골드뱅킹도 역시 금을 인출할 수 있습니다. 이 경우 거래가격의 10%가 부가가치세로 붙습니다. 은행 영업점에서 금을 받을 수 있는데 약 1주일이 소요됩니다.

요약하면, KRX금시장은 세금과 수수료 면에서 유리합니다. 수

금투자 상품 비교

		KRX금시장	은행 골드뱅킹
거래단위		1g 단위	0.01g
가격		공정가격 - 시장에서 형성되는 실시간가격	고시가격 - 원화로 환산된 국제가격을 고려한 은행고시가격
장내거래	수수료	증권사 온라인수수료 (0.3% 내외)	통장거래시 : 매매기준율 X 1% 실물거래시 : 매매기준율 X 5%
	세금	양도소득세 면제 부가가치세(10%)면제	매매차익에 대한 배당소득세(15.4%)
실물인출	인출비용	1개당 20,000원 내외	실물거래만 인출 가능 (실물거래수수료 5% 포함)
	VAT	거래가격의 10%	거래가격의 10%
금인출		증권사 지점에서 인출(수령) 가능 (약 2일 소요)	은행 영업점에서 인출(수령) 가능 (약 1주 소요)

자료: 한국거래소

수료와 배당소득세를 감안하면 골드뱅킹에 비해 수익의 16%포인트는 먹고 시작한다고 볼 수 있습니다. 다만 골드뱅킹은 편의성이 KRX금시장보다 뛰어납니다.

마이너스 통장을 쓰면
이자가 빨리 붙는다는데요?

마이너스 통장은 '역복리'로 이자가 붙습니다. 역복리란 '대출에 붙는 복리이자'라는 뜻입니다. 때문에 상환이 늦을 경우에는 실제 고시된 이자보다 더 많은 이자가 나가게 됩니다.

Q——…

인터넷 전문은행에서 마이너스 통장을 개설했습니다. 쓴 만큼만 이자가 나온다고 설명하니까 여간 매력적이지 않더라고요. 그런데 마이너스 통장을 쓰다 보면 실제 쓴 것보다 이자가 더 나온다고 하는데, 왜 그런가요?

A——…

마이너스 통장은 쓴 만큼 금리가 나갑니다. 500만 원 한도로 마이너스 대출을 했더라도 100만 원만 쓰면 100만 원에 대해서 대출이자가 붙습니다. 또한 대체적으로 중도상환수수료도 없습니다. 필요한 때 원하는 만큼 은행을 가거나 앱에 접속할 필요 없이 신속하게 대출을 받을 수 있으니까 아주 편합니다.

하지만 마이너스 통장은 역복리가 붙는다는 것을 기억해야 합니다. 역복리란 예금에 붙는 복리이자가 아닌 대출에 붙는 복리이자라는 뜻입니다. 역복리가 생기는 것은 마이너스 통장은 월별로 이자가 나가기 때문입니다. 매달 이자가 잔액 기준으로 나가다 보니 복리 대출이자가 되는 겁니다.

마이너스 통장으로 300만 원을 빌렸을 때

연 이자율 10% 기준

구분	원리금 합계	이자 증가분	실부담 이자율
최초 대출금	3,000,000	-	-
1개월	3,025,000	25,000	10.00%
2개월	3,050,208	25,208	10.08%
3개월	3,075,627	25,418	10.17%
4개월	3,101,257	25,630	10.25%
5개월	3,127,101	25,844	10.34%
6개월	3,153,160	26,059	10.42%
7개월	3,179,436	26,276	10.51%
8개월	3,205,932	26,495	10.60%
9개월	3,232,648	26,716	10.69%
10개월	3,259,586	26,939	10.78%
11개월	3,286,750	27,163	10.87%
12개월	3,314,139	27,390	10.96%

예를 들어보겠습니다. 대출금리가 연 10%인 마이너스 통장에서 300만 원을 빌린다면 1년 뒤 갚아야 할 이자는 얼마일까요? 아마도 연간 300만 원의 연 10%인 30만 원이라고 답할 것입니다. 결론적으로 말씀드리면 31만 4,139원을 냅니다. 실제보다 1만 4,139원을 더 내는 것이지요. 실제 부담하는 이율도 10%가 아니라 10.96%가 됩니다. 대출이자가 거의 1%포인트나 높습니다.

계산해볼까요? 연 10%의 월 이자는 8.33%입니다. 앞페이지의 표에서 보듯 300만 원에 대한 첫달 이자(300만 원×8.33%=2만 5,000원)이 붙습니다. 다음달에는 302만 5,000원에 대한 월금리(8.33%)가 붙게 됩니다. 그러면 둘째달 이자는 2만 5,208원이 됩니다. 이런 식으로 불어나면 마지막달에는 2만 7,390원의 이자가 붙습니다. 자신은 연 10%짜리 마이너스 대출금리를 썼다고 생각하지만 실제로는 10.96%짜리 대출상품을 쓴 꼴이 됩니다.

만약 3년간 마이너스 통장을 썼다면 통장 소유자는 사실상 연 13.40%의 금리를 부담해야 합니다. 실제보다 무려 3.40%포인트나 높은 대출이자죠. 원금 300만 원에 이자 104만 4,546원을 포함해 원리금으로 모두 404만 4,546원을 내야 합니다.

마이너스 통장은 통상 개설한 뒤 오래두고 쓰기 때문에 이런 식으로 자신도 모르는 사이에 많은 돈들이 주머니에서 술술 새어 나갑니다. 처음에는 소액을 빌릴 거라며 얕봤다가 금새 빚이 불어나 허덕이게 되는 것도 이 때문입니다. 마이너스 통장의 유혹은 달콤하지만 독을 품고 있다는 것을 잊어서는 안 되겠습니다.

마이너스 통장을 쓰면 신용대출보다 손해일까요?

평균적으로는 마이너스 통장이 신용대출보다 대출금리가 높습니다. 하지만 담보를 설정했거나, 대출자 직장의 안정성이 높거나, 정부보증 등 정책상품일 경우에는 마이너스 통장 금리가 더 낮을 수도 있습니다.

Q —…

요즘 주변에서 보면 마이너스 통장을 많이 쓰는 것 같아요. 아무래도 필요할 때 대출을 받을 수 있다 보니 많이 쓰게 되는데, 그런 만큼 신용대출보다 금리는 안 좋다고 들었습니다. 급하지 않다면 신용대출을 쓰는 게 마이너스 통장보다는 유리하겠지요?

A —…

일반적으로는 신용대출보다는 마이너스 통장이, 저신용자보다는 고신용자가 대출금리가 높습니다. 하지만 반드시 그런 것은 아닙니다. 마이너스 통장도 다양합니다. 담보가 있다면 신용대출보다 마이너스 통장의 대출금리가 낮을 수 있습니다.

다음은 2020년 8월 6일 현재, 신한은행의 신용대출과 마이너스 통장의 신용등급별 대출금리입니다.

신용등급별 대출금리 비교

	1~2 등급	3~4 등급	5~6 등급	7~8 등급	9~10 등급	평균
신용대출	2.38%	2.22%	2.59%	4.31%	10.96%	2.38%
마이너스 대출	2.48%	2.32%	2.56%	3.52%	2.20%	2.46%

출처: 신한은행

평균적으로는 마이너스 통장(2.46%)이 신용대출(2.38%)보다 대출금리가 0.08%포인트 높습니다. 하지만 등급별로 보면 다릅니다. 5~6등급부터는 되레 신용대출 금리가 더 높습니다. 5~6등급은 별다른 금융정보가 없는 사회초년생도 포함됩니다.

마이너스 대출 금리가 신용대출 금리보다 낮은 이유는 무엇 때문일까요? 혹시 신한은행이 저신용자를 특별히 더 우대해주기 때문일까요?

제가 신한은행 측에 직접 물어봤더니 "저신용자 마이너스 대출 금리가 낮은 것은 담보가 있었기 때문"이라고 설명합니다. 마이너스 통장 중에는 청약저축이나 정기예금 등을 담보로 발행되는 경우가 있습니다. 담보가 있기 때문에 신용도와 관계없이 마이너스 통장이 발행됩니다.

현실적으로는 7등급 이상 되는 저신용자는 마이너스 통장 발행이 쉽지 않다고 합니다. 7등급 이하이면서 마이너스 통장을 쓴다면 담보가 있거나, 직업 안정성이 뛰어난 경우라고 합니다. 혹은 소상공인 대출처럼 정부가 보증을 해주거나, 경찰·소방관 전용대출처럼 은행이 특정 직업군에 대해 정책적으로 해주는 대출일 가능성이 높습니다.

그런 연유로 신한은행은 9~10등급 신용자에게도 2.20%의 금리로 마이너스 통장을 개설해 줄 수 있는 겁니다.

우리은행은 어떨까요? 아래는 2020년 8월 6일 현재의 대출금리입니다.

신용등급별 대출금리 비교

	1~2 등급	3~4 등급	5~6 등급	7~8 등급	9~10 등급	평균
신용대출	2.22%	2.80%	3.75%	6.07%	10.49%	2.49%
마이너스 대출	2.68%	3.08%	3.89%	5.33%	10.71%	2.80%

출처: 우리은행

대출금리 평균으로 보면 마이너스 대출금리(2.80%)가 신용대출 금리(2.49%)보다 0.31%포인트 높습니다. 신용등급 구간별로도 대체적으로 마이너스 대출금리가 높습니다. 하지만 7~8등급에서는 신용대출의 금리가 마이너스 대출금리보다 높은 역전현상이 벌어집니다. 우리은행 역시 7~8등급에서 은행 혹은 정부의 정책대출이 이뤄졌을 가능성이 큽니다.

시중은행의 대출금리는 금융감독원의 '금융상품한눈에(finlife.
fss.or.kr)'에서 비교해볼 수 있습니다.

결론적으로 "마이너스 통장이 금리 측면에서 무조건 나쁘다"
는 것은 아니라는 얘깁니다. 예금담보가 있거나, 직업 안정성이
높은 경우에는 마이너스 통장을 쓰는 것이 신용대출을 쓰는 것보
다 유리할 수 있습니다. 자신에게 유리한 통장이 무엇인지는 은
행 창구에 가서 요모조모 따져보는 것이 가장 좋습니다.

향후 주가는 어떻게 움직일까요? 개별종목은 경제흐름의 영향을 받습니다. 내년도 성장률이 높을지 낮을지, 국가경제의 펀더멘털은 튼튼한지 어떤지 등을 바로 읽어야 시장을 예측할 수 있습니다. 다른 나라와 맺는 통화스와프의 의미, CDS프리미엄에 목을 매는 이유를 알면 환율과 금리의 움직임을 예측할 수 있습니다. 산업계의 변화를 파악하는 것도 중요합니다. 삼성그룹은 왜 지주회사로 전환하지 않는지, 스타트업과 벤처는 뭐가 다른지, 공기업을 왜 주식시장에 상장을 시키는지는 산업구조의 흐름을 이해하는 데 도움이 됩니다.

4장

주식투자로
성공하려면
경제의 흐름부터
챙기자

경제성장률 전망은
왜 자꾸 틀리나요?

경제성장률 전망 때 쓰는 변수는 많게는 100여 개에 이릅니다. 이들 변수의 가정
치가 얼마나 맞을지 아는 사람은 없습니다. 심지어 일부 가정치는 다른 기관이 전
망한 수치를 가져다 씁니다. 정치외교적 변수 또한 포함되어 있지 않습니다.

Q——…

매년 주요 기관에서 경제성장률을 전망하던데요, 매번 수정하더라고요.
경제성장률 전망은 어떻게 구하는 것이길래 틀리는 경우가 많은가요? 경
제성장률 전망치는 정부기관보다는 아무래도 민간연구소가 잘 맞겠죠?

A——…

　기본적으로 미래를 예측한다는 것은 어렵죠. 당장 내일이 어떻
게 될지도 모르는 게 인간사 아니겠습니까.
　경제성장률은 GDP 성장률을 의미합니다. GDP는 소비와 투
자, 정부지출, 순수출(수출-수입)을 모두 더해서 구합니다. 내년도
성장률을 예측하기 위해서는 이들에 영향을 주는 요소들, 즉 환

율, 유가, 금리, 세계경제성장률 등의 가정치를 넣어서 계산합니다. 이런 변수가 많게는 100여 개에 이릅니다.

문제는 이런 가정치가 맞을지 안 맞을지 모른다는 겁니다. 공신력 있는 기관들이 전망한 내년도 환율과 유가, 금리를 가정치로 넣지만 그들 역시 다른 기관들의 전망을 기초로 해 전망치를 잡습니다.

하지만 내년 사우디아라비아와 러시아가 유가증산 경쟁을 벌일지, 미국과 중국이 무역전쟁을 벌일지, 코로나19 바이러스가 전 세계를 강타할지, 지진과 쓰나미가 일본을 덮칠지 예측할 수 있는 사람은 없습니다. 이 중 한 가지라도 현실이 되면 환율과 유가는 춤을 추게 되고, 글로벌 생산과 소비도 영향을 받습니다. 당장 우리는 수출과 수입이 출렁입니다.

숫자가 나온다고 바로 발표하는 것은 아닙니다. 전망치가 맞는지에 대해 전문가들이 모여 '브레인스토밍'을 합니다. 전망치가 제대로 적용되었는지를 검토하고 다른 국내외 기관들은 어떻게 발표했는지를 비교해보는 것이죠. 나 혼자만 불쑥 다른 의견을 내기에는 부담스럽기 때문입니다.

여기에 정부와 공공기관은 '정책적 목표'도 슬쩍 끼워넣습니다. 수치는 성장률 2.9%지만 슬쩍 올려서 3.0%를 만드는 식이죠. 2%대와 3%대는 경제 주체의 소비심리에 주는 영향도 다를 뿐더러 언론의 보도 형태도 달라지게 만듭니다. 그래서 요즘은 기획재정부의 내년도 성장률 전망치는 '3.0% 내외'라고 애매하게 말합니다. 2.9%도 3.0% 내외는 맞으니까요.

하지만 아무리 많은 사람이 머리를 맞대고, 정책적 고려를 감안한다고 해도 내년도 정치·경제·사회·환경이 그대로 따라가지는 않겠죠? 지난 30년간 정부가 발표한 경제성장률과 실제 경제성장률을 비교해보니 2004년에 딱 한 번 맞았다고 합니다.[*]

이와 관련한 우스갯소리가 있습니다. 영국의 저명한 경제주간지 〈이코노미스트〉가 1984년 전직 재무부장관들, 대기업회장, 경제학전공 대학생, 환경미화원을 한데 불러놓고 10년 후 미래 경제 상황 맞추기 게임을 해 1994년 그 결과를 공개했는데, 환경미화원이 가장 근사하게 맞췄다고 합니다. 놀랍게도 재무부장관이 꼴찌를 했다고 하네요. 월드컵 경기 승패 예측을 문어가 더 잘한다는 것과 비슷합니다.[**]

경제전망을 하는 곳은 IMF·OECD·세계은행 등 국제기구와 기획재정부·한국은행·산업연구원 등 정부부처 및 공공기관, 골드만삭스·모건스탠리·무디스·S&P 등 글로벌 투자은행과 신용평가기관·LG경제연구원·현대경제연구원 등 국내 민간경제연구소가 있습니다.

그렇다면 이 중에 어느 기관이 가장 잘 맞았을까요? 정책적 고려가 있는 정부기관보다는 아무래도 글로벌 IB나 민간기관이 아닐까요?

매일경제신문이 기획재정부, 한국은행, 3개 경제연구소 등 5개

---

[*] 「경제성장률 전망, 얼마나 정확했나요?」 〈매일경제신문〉, 2020년 1월 15일
[**] 「수많은 예측치 기반으로 전망…하나만 틀려도 '삐끗'」 〈한겨레신문〉, 2012년 10월 21일

기관의 지난 10년간 성장률 전망치와 실제 성장률 간 오차를 구해봤더니 한국은행과 기획재정부가 가장 정확했다고 합니다.*

'민간연구소가 가장 객관적으로 판단할 거야'라고 생각했던 통념을 깨는 것이었는데요, 왜 그럴까요?

그 이유로 전문가들은 정부의 힘을 얘기합니다. 정부는 정책을 통해 성장률을 끌어올릴 수 있습니다. 시중 경기가 좋지 못하다고 생각하면 정부는 재정정책과 통화정책을 통해 경기부양에 나섭니다. 갑자기 부동산정책을 완화할 수도 있고, 추가 경정예산을 편성할 수도 있습니다. 이 같은 정책적 판단과 집행을 민간연구소나 해외 IB들은 예측하기가 힘들겠죠.

* 「경제성장률 전망, 얼마나 정확했나요?」 <매일경제신문>, 2020년 1월 15일

잠재성장률은
왜 안 맞나요?

잠재성장률은 부작용 없이 한 나라가 성장할 수 있는 성장률의 최대치로, 가상의 숫자에 가깝습니다. 게다가 50년 후의 성장률을 10년 단위로 구합니다. 잠재성장률은 미래를 예상하고 대비하는 데 유용하지만 그 자체에 매몰되어서는 안 됩니다.

Q ——···

우리나라 잠재성장률이 갈수록 떨어진다는 기사를 신문에서 종종 봅니다. 그런데 잠재성장률은 성장률(GDP)과 어떻게 다른가요? 잠재성장률은 잘 안 맞는다는데, 그렇다면 맞지도 않은 것을 굳이 왜 발표하나요?

A ——···

　잠재성장률(Potential Growth Rate)은 한 나라의 경제가 갖고 있는 모든 능력을 최대한 써서 부작용 없이 얻을 수 있는 성장률의 최대치를 말합니다. 잠재성장률이 3%라고 하면 우리가 물가 상승이나 경기 과열 없이 정상적인 경제를 유지하면서 성장할 수 있는 최대치가 3%라는 뜻입니다. 결국 잠재성장률이란 먼 미래에 예측되는 성장률(GDP)이라고 보시면 됩니다.

잠재성장률은 '한 나라 경제가 갖고 있는 모든 능력을 최대한 써서 구한다'고 말씀드렸는데요, 여기서 능력이란 자본자원, 노동력, 법제도, 시민의식, 정치안정 등을 의미합니다. GDP에서는 자본, 노동, 총요소생산성 등으로 표현되는 것들이죠. 자본은 경제활동에 투입되는 정부와 민간의 지출을, 노동은 노동시간과 취업자 수 등을, 총요소생산성은 노동·자본 투입으로 설명되지 않는 나머지 부분(예를 들어 혁신, 정치사회적 안정 등)을 의미합니다.

예를 들어 한국축구가 월드컵 본선에서 좋은 경기를 치루기 위해 대표선수들을 소집했습니다. 한 달간 집중훈련을 통해 선수들 간 손발을 맞추고 전술을 쌓고 상대를 분석한 뒤 월드컵에 나갔습니다. 이때 우리가 거둘 수 있는 최고의 성적을 추정해보니 그게 8강이라면, 8강이 우리의 잠재성장률이 되는 것입니다.

한국대표팀이 투입한 것을 GDP의 언어로 설명해보겠습니다. 전지훈련과 상대팀 분석에 쓴 돈은 '자본', 대표팀의 연습시간과 투입된 코치진·트레이너는 '노동', 그리고 8강에 가려는 대표팀의 의지와 팀의 좋은 분위기, 붉은악마의 응원은 '총요소생산성'이 됩니다.

정부와 한국은행은 통상 50년 후까지 10년 단위로 잠재성장률을 추정해 산출합니다. 한국은행과 주요기관이 발표하는 성장률 전망치는 대개 내년도 성장률입니다. 그에 비해 전망기간이 매우 길지요.

그런 만큼 잠재성장률 전망치는 실제 성장률과 꼭 들어맞기란 어렵습니다. 잠재성장률 계산에는 취업자 수, 경제활동참가율, 연간 근로시간, 자연실업률 등 여러 변수들이 들어가는데요, 예측을 하는 해가 더 멀어질수록 변수값도 신뢰성이 떨어질 수밖에 없습니다.

2060년 취업자 수를 예측한다는 것은 말처럼 쉬운 일이 아니죠. 50년 내에 글로벌 전염병이 돌지, 전쟁이 날지, 과학혁명이 일어날지, 노동법이 어떻게 바뀔지 누가 예측할 수 있을까요? 2011년 KDI는 2021~2030년 한국의 잠재성장률을 2.7%로 예측했지만 지금은 2%대 초반을 유지하기도 버겁습니다.

그렇다면 잘 맞지도 않는 잠재성장률을 굳이 왜 구하는 것일까요? 긴 안목에서 국가경제를 들여다보면 미래를 대비하기 쉬워지기 때문입니다. 잠재성장률을 기준으로 미래 재정지출을 예상할 수 있고, 국민연금·건강보험 등 재정고갈 여부도 예측할 수 있습니다.

무엇보다 잠재성장률은 '예상된 미래'로 가지 않기 위해 필요합니다. 향후 성장률이 1%에 불과할 것으로 전망된다면 그 이유는 무엇이고, 이를 끌어올리기 위해서 우리는 무엇을 해야 하느냐는 질문을 던져볼 수 있습니다. 만약 취약점을 찾아서 개선한다면 미래의 실제 성장률은 잠재성장률보다 높아지겠죠?

결국 잠재성장률은 추정치가 미래에 들어맞았다고 마냥 좋은게 아닙니다. 예측했던 것보다 성장률이 더 좋게 나올 때 잠재성장률을 추정한 데 의미가 있습니다.

잠재성장률이 계속 떨어지면 망하는 건가요?

나라의 경제규모가 커질수록 잠재성장률은 점차 떨어지는 경향이 있습니다. 고령화도 성장률 하락을 부추깁니다. 하지만 생산성을 높인다면 잠재성장률이 반등할 수 있습니다.

Q——…

한국의 잠재성장률은 계속 떨어진다는데 이유가 뭔가요? 이러다가 우리나라 경제가 망하는 것 아닌가 걱정스럽습니다. 혹시 잠재성장률을 끌어올릴 방법은 없나요?

A——…

우리나라의 잠재성장률은 2000년대 초반만 해도 5%에 달했습니다. 하지만 지금은 2%대 중반까지 떨어졌습니다. 2020년대에는 2% 초반까지 떨어지고, 2030년대에는 1%대로 내려갈 가능성이 큽니다.

그런데 우리나라 잠재성장률은 왜 자꾸 내려만 갈까요? '이렇

게 자꾸만 내려가다 보면 나라가 망하는 게 아닐까?'라고 생각할
수 있습니다.

　결론부터 말씀드리면, 산업이 성숙한 나라로 갈수록 잠재성장
률이 하락하는 것은 불가피합니다. 거기에는 몇 가지 이유가 있
습니다.

　첫째, 산업이 성숙한 사회에서는 추가수요가 적습니다. 개발도
상국에서는 스마트폰을 갖고 있는 사람이 적지만 선진국에서는
거의 모든 사람들이 스마트폰을 갖고 있어서 스마트폰 수요가 폭
발적으로 늘기 어렵습니다. 도로, 철도 등 SOC 투자도 개도국과
달리 선진국은 추가수요가 적습니다. 기껏해야 정비수요 정도가
있습니다.

　둘째, 과거와 같은 규모로 성장을 하더라도 성장률은 떨어집니
다. GDP가 지난 1년간 1만 원 늘어났다고 가정하겠습니다. GDP
가 10만 원일 때는 성장률이 10%가 됩니다. 하지만 GDP가 1천만
원이라면 성장률은 0.1%에 불과합니다.

　셋째, 인구구조 때문입니다. 선진국 사회로 갈수록 저출산·고
령화 경향을 보입니다. 생산가능 인구(15~64세)가 줄어들면 생
산과 소비가 감소합니다. 생산과 소비가 줄어드니 투자도 줄어
듭니다. 인구감소로 인해 경제가 위축되는 현상을 '인구오너스
(Demographic Onus)'라고 부릅니다.

　그렇다면 우리나라의 잠재성장률은 하락하는 것이 '정해진 미
래'일까요? 그렇지 않습니다.

　잠재성장률은 '자본+노동+총요소생산성'으로 구성됩니다. 자

본, 노동은 줄어들 수밖에 없는 운명이지만 총요소생산성은 우리가 어떻게 하느냐에 따라 끌어올릴 수 있습니다. 이른바 '혁신'을 통해 부가가치를 높인다면 잠재성장률 하락을 막을 수 있습니다.

미국이 좋은 사례입니다. 2000년대 중반 이후 FAANG(페이스북, 아마존, 애플, 넷플릭스, 구글)으로 표현되는 혁신기업들이 떠오르면서 미국은 저성장에서 탈출합니다. 2018년 미국의 경제성장률은 2.9%로 한국의 경제성장률(2.7%)을 앞섰습니다. 미국의 GDP가 한국보다 12배나 큰데도 말입니다. 이것이 바로 우리에게 혁신이 필요한 이유입니다.

국가부채 240%인데도
일본은 왜 안 망하나요?

일본의 국가부채는 대부분 국민과 일본중앙은행이 갖고 있습니다. 일본은 대외자산이 많아 담보가 넉넉합니다. 국가의 경제력과 상환능력, 빚의 성격과 기간, 다른 나라의 상황 등에 따라 국가가 감내할 수 있는 빚의 규모는 다릅니다.

Q——…

우리나라 국가부채가 40%가 넘어선다며 우려가 많은데요, 일본은 국가부채가 240%나 되는데 왜 망하지 않나요? 심지어 일본 엔화는 안전자산인데 이해가 안 됩니다.

A——…

연간 5천만 원을 버는 기택이네는 빚이 2천만 원이 있습니다. 모두 은행대출이고, 다른 자산은 없습니다.

기정이네도 연봉 5천만 원을 버는데 빚이 1억 원 있습니다. 그런데 이 빚 중 8천만 원은 부모님이 "언제든지 여유가 있을 때 갚으면 된다"며 빌려준 돈입니다. 기정이네는 서울에 1억 원짜리 집도 있습니다. 1억 원 부채가 있는 기정이네가 2천만 원 부채가 있는 기택이네보다 빚 위험이 크다고 말할 수 있을까요?

일본의 GDP 대비 부채비율은 240%입니다. 전 세계 최고 수준이죠. 재정파탄 상태라는 그리스(177%)보다 높습니다. 그런데도 망하지 않는 이유는 '기정이네'와 상황이 비슷하기 때문입니다.

2015년 현재 일본이 지고 있는 빚은 1,167조 엔(원화 1경 2,800조 원)에 달합니다. 일본은 매년 국채이자와 국채 만기연장을 위해 연간 예산의 24%인 23조 엔(240조 원)을 쓰고 있습니다. 원금을 갚기 위해서가 아니라 단순히 이자와 만기 연장을 위해 예산의 4분의 1을 쓰고 있다는 얘깁니다. 그러고도 국가재정이 돌아간다니 신기할 수밖에요.

하지만 일본의 국가부채는 외국인이 아닌 일본인이 보유하고 있다는 것을 주목해야 합니다. '와타나베 부인'으로 불리는 일본의 개인 투자자들입니다. 이들이 일본 국채의 상당량을 갖고 있는 것으로 알려져 있습니다. 일본중앙은행(BOJ)도 일본 국채의 40%를 보유하고 있습니다. 일본의 개인 투자자와 일본은행이 일본 정부에 국채상환을 요구하지 않는 한, 아무리 빚이 늘어도 일본 정부가 쫓길 일은 없습니다. 국채 이자는 엔을 찍어서 주면 그만이니까요.

또한 일본 정부는 많은 대외자산을 갖고 있습니다. 일본 정부, 기업·개인이 갖고 있는 대외순자산은 2017년 기준 1천조 엔(1경 1천조 원)을 넘어섰습니다.*

* 「일본 대외자산… 사상 첫 1천조 엔 돌파」 <서울경제신문>, 2018년 5월 26일

혹시 외국인 투자자들이 빚을 상환하라고 한다면 이들 자산을 팔아서 갚으면 됩니다.

그렇다면 일본이 실질적으로 대외에 지고 있는 빚은 얼마나 될까요? 먼저 일본 정부가 진 빚에서 보유한 자산을 빼보면 순부채 비율은 152%까지 떨어집니다. 여기에서 일본중앙은행(BOJ)이 보유한 일본 국채를 제외하면 일본의 GDP 대비 국가부채는 60% 수준까지 낮아진다고 합니다. 와타나베 부인이 쥐고 있는 일본 국채까지 빼면 일본 정부가 외국인들에게 갚아야 할 빚이 됩니다.

즉 순수 외국인들이 갖고 있는 일본의 부채는 그리 크지 않다는 얘깁니다. 아마도 우리나라의 국가부채(GDP 대비 40%)와 큰 차이가 없는 수준까지 떨어질 수도 있을 것 같습니다. 결론적으로 일본은 GDP 대비 240%가 넘는 국가부채가 있지만 일본 정부를 위협할 만한 빚은 40%보다 훨씬 아래일 수 있다는 얘깁니다.

물론 일본이 계속해서 이런 빚을 지고도 아무 문제없이 갈 수 있을지는 미지수입니다. 일본 재정은 1993년 이후에는 단 한 번도 흑자를 기록해본 적이 없을 정도로 적자가 누적되고 있습니다. 성장의 힘은 떨어져 성장률 0%를 유지하기도 버거워 보입니다.

일본이 중국에 밀려 GDP 기준 세계 2위 경제국에서 내려온 지도 벌써 10년이 다 되어갑니다. 격차는 계속 벌어져 GDP 규모는 중국의 3분 1 수준에 그칩니다. 일본 기업들의 경쟁력이 약화되면서 무역수지는 이미 적자로 돌아섰습니다.

게다가 와타나베 부인 역할을 해줬던 단카이세대(1970년대와 1980년대 일본의 고도성장을 이끌어낸 세대)가 은퇴하고 있습니다.

더는 과거처럼 일본 국채를 사줄 수 없습니다. 오히려 노후자금을 확보하기 위해 환매가 늘어날 수 있습니다.

이래서는 제아무리 일본이라도 지속가능하기 힘듭니다. 지금까지는 벌어놓은 돈으로 어떻게든 버텨왔지만 종자돈을 까먹는 것은 시간문제라는 것이죠. 많은 전문가들이 일본의 미래를 밝게 보지 않는 이유는 이 때문입니다.

그렇다면 한국은 어떨까요? 한국의 GDP 대비 국가채무는 2021년 40%대 중반으로 올라갑니다. 코로나19로 인해 막대한 재정을 퍼부으면서 채무 상황이 악화되었습니다. 하지만 경제협력개발기구(OECD) 기준으로 보자면 재정상태가 나쁘다고 보기는 어렵습니다. 다른 나라는 한국보다 더 많은 돈을 썼기 때문입니다. 2021년 OECD의 GDP 대비 부채비중은 평균 130%가 넘어설 것으로 보입니다.

국제통화기금(IMF)은 한국 경제는 2010년 기준 국가채무가 GDP의 203% 가량에 이르러도 문제가 없다고 밝혔습니다. 국제 신용평가사인 무디스도 2014년 기준 한국의 재정여력(재정을 더 쓸 수 있는 정도)이 국가채무 GDP의 241%는 된다고 봤습니다.

사실 감내할 수 있는 빚의 규모는 측정하기 힘듭니다. 일본은 GDP 대비 국가부채가 240%를 넘어도 문제가 없는 반면, 스페인은 80%가 넘어서면서 국가부도 위기까지 몰렸습니다. 국가의 경제력과 상환능력, 빚의 성격과 기간, 다른 나라의 상황 등에 따라 채권자들의 반응은 이렇게 다릅니다.

왜 엔화가
안전자산인 건가요?

일본은 빌려준 돈보다 받을 돈이 더 많은 순대외채권국인 데다 일본의 정치경제적
위상도 여전히 높습니다. 하지만 성장률이 날로 떨어지고 재정적자가 이어져서는
엔도 영원한 안전자산이 될 수 없습니다.

Q——…

글로벌 경제가 나쁠 때마다 엔화 가치는 오히려 상승하는 것 같더라고
요. 달러는 이해가 되는데, 엔화는 조금 고개가 갸우뚱해집니다. 일본보
다 GDP가 3배나 큰 위안화도 안전자산이 아닌데, 일본 엔화는 왜 안전
자산인가요?

A——…

아베 신조 일본 총리는 고민이 있습니다. 아베노믹스를 통해
엔의 가치를 떨어뜨리려고 무진장 노력하지만 좀처럼 엔의 가치
가 떨어지지 않고 있기 때문입니다. 엔고는 일본의 기업의 가격
경쟁력을 떨어뜨리고, 관광산업에 부정적으로 작용합니다.

엔고가 계속되는 이유는 글로벌 시장에서 엔화가 안전자산으로 평가받고 있기 때문입니다. 일본은 2008년을 기점으로 세계 2위의 경제국 자리에서 내려왔습니다만 10년이 더 지난 지금도 엔화의 위상은 여전히 높습니다. 왜 그럴까요?

거기에는 여러 가지 이유가 복합적으로 있습니다. 먼저 일본이 대외채권국이라는 데 있습니다.

대외채권국이란 빌려준 돈이 받아야 할 돈보다 많은 나라를 뜻하지요. 일본 기업과 개인, 정부가 해외에 보유한 순자산은 2017년 기준 1천조 엔을 넘어섰고요, 부채를 뺀 순자산도 350조 엔이나 됩니다. 일본의 해외자산은 1990년대 엔고 때 대폭 증가했고, 주춤하다가 아베정권이 시작된 2012년 이후 대폭 증가했습니다. 일본의 저금리·저성장이 지속되다 보니 해외 금융상품이나 해외 부동산에 눈을 돌린 것이 원인입니다.

또 하나는 일본이라는 국가에 대한 믿음입니다. 아무리 위험해도 아시아에서는 일본만 한 나라가 없다는 생각인데요, 이는 '국가부채가 240%인 일본이 망하지 않는 이유'와도 같습니다. 일본이 부채가 많다고는 하나 대부분이 일본은행과 일본인들이 보유하고 있어서 실질적으로는 대외 리스크가 크지 않다고 보는 것이죠. 국제사회가 덩치는 크나 경제운용이 불투명하고 실제 부채가 얼마나 있는지 알 수 없는 중국보다는 일본을 더 신뢰하고 있습니다.

국제사회에서 일본의 정치경제적 위상도 빼놓을 수 없습니다. 구미국가를 제외하고 일본은 유일하게 앵글로색슨족이 구축한

'그들만의 리그'에 들어가 있는 아시아 국가입니다. 미국, 영국, 프랑스, 독일, 캐나다 등과 함께 사실상 기축통화국 대접을 받고 있습니다. 엄청난 국가부채에도 불구하고 아베 신조 일본 총리가 끊임없이 부양정책과 무제한 양적완화 정책을 펼 수 있는 뒷배가 든든하기 때문입니다.

일본중앙은행(BOJ)은 미국 연방준비제도(Fed), 유럽중앙은행(ECB), 영란은행(BOE)과 맞먹는 위상을 갖고 있습니다. 이들 나라들은 무제한 통화스와프 등으로 서로 얽혀 있기 때문에 어지간해서는 경제위기가 오지 않습니다. 한 거인의 붕괴가 세계경제에 연쇄적으로 미칠 파장을 잘 알고 있기 때문입니다.

하지만 이러저러한 분석보다 "엔화는 안전자산이라는 생각을 쉽게 바꾸기 어렵기 때문"이라고 말하는 전문가도 있습니다. 실질적인 경제력은 미국에 뒤졌으나 제2차 세계대전 직전까지도 기축통화의 자리에서 물러나지 않았던 영국의 파운드화 같은 겁니다.

이를 '허드이펙트(Herd Effect)'라고 부르기도 하는데요, 무리(herd)가 떼지어 가는 것처럼 많은 사람들이 '엔은 안전자산이야'라고 믿기 때문에 안전자산으로 대접받는다는 겁니다.* 그래서 정부 관계자도 "일본의 경제적 위상을 보면 엔을 안전자산이라고 더는 보기 힘들지만 국제적 관습은 쉽게 바뀌는 게 아니다"라고 말합니다.

---

* 「위기 상황에도 엔화급등 안전자산 신화는 계속?」 <주간조선> 2599호

하지만 일본경제가 좋지 않아서는 엔화도 영원히 안전자산일수는 없습니다. 엔달러환율은 100엔 수준에서 머뭅니다만 최근들어서는 변동 폭이 커지고 있습니다. 코로나19 바이러스 확산과도쿄올림픽 취소 등의 악재 때문입니다만 엔이 이렇게 흔들리는게 예사롭지 않다는 주장도 많습니다. 안전자산은 달러에 대한환율이 안정적이라는 특징이 있습니다.

최근 들어서는 엔캐리트레이드가 감소하면서 대외투자가 줄어들고 있어 엔의 수요를 떨어뜨리고 있다는 분석이 나옵니다. 저금리인 일본에서 돈을 빌려 금리가 높은 미국에 투자하던 와타나베 부인들이 엔화가치가 떨어지면서 일본으로 돌아오고 있는 데다 독일, 스위스 등 유럽도 마이너스 금리로 빠지면서 유로화를빌려 투자하는 사례도 많이 늘었다는 겁니다.

여기다 계속된 일본 재정 악화는 일본 재정당국과 통화당국에대한 불신으로 이어질 가능성이 큽니다. 세계 최고 경제권이라는미국도 부채 관리를 하는 마당에 일본이라고 룰루랄라 할 수 없겠지요.

외환보유액은
어떻게 쌓는 건가요?

정부는 외환시장에서 수출업자들이 풀어놓은 달러를 매입합니다. 수출입 흑자규모가 클수록 국내에 유입되는 달러가 많아지고, 정부는 환율 안정 등을 위해 많은 달러를 사들입니다.

Q ——···

외환보유액은 어떻게 쌓는 것인가요? 경상수지 흑자를 기록하면 외환보유액이 증가한다고 하는데, 수출 기업이 수출을 많이 해서 벌어들인 돈은 기업 돈이지 국가 돈은 아니지 않나요?

A ——···

외환보유액을 이야기할 때 가장 헷갈리는 대목이죠. 외환보유액이란 정부가 당장 가져다 쓸 수 있는 외환(달러)을 말합니다. 즉 정부가 보유한 달러 총액입니다. 당장 가져다 써야 하기 때문에 해외 부동산 등에 투자된 돈은 외환보유액이 아닙니다. 곧바로 현금화할 수 있는 국채·예치금·금 등이 외환보유액입니다.

물론 현대자동차가 쏘나타를 해외에 판매하고 벌어들인 돈은 외환보유액이 아닙니다. 그냥 현대자동차의 돈이죠.

그럼 정부는 어떻게 달러를 보유하는 걸까요? 수출업자들이 해외에서 달러를 벌어들이면 이 돈을 외환시장에서 바꿔야 합니다. 수출업자들이 외환시장에 달러를 풀면, 정부는 원화를 주고 달러를 사들입니다. 이렇게 되면 정부가 달러를 보유하게 되는 것이죠. 앞서 정부는 원화자금을 마련하기 위해 국채를 발행합니다. 이를 외환시장안정용 국채라고 부릅니다.

정부는 보유한 달러를 그냥 갖고만 있지 않습니다. 외환보유액을 늘리기 위해 돈을 굴립니다. 정부는 주로 미국국채·정부기관채·회사채·자산유동화채 등 안정성이 높으면서 언제든 현금화할 수 있는 금융상품에 투자합니다.

한국은행에 따르면 2018년말 한국은행은 외화자산을 정부채권 42.9%, 정부기관채권 18.0%, 회사채 13.7%, 자산유동화채 12.8%, 주식 7.6% 및 예치금 5.0% 등에 분산투자하고 있습니다. 그러다 위기가 닥쳐와 시장에서 달러가 부족하면 보유자산(채권 등)을 현금으로 바꿔 외환시장에 투입합니다.

정부는 한국투자공사(KIC)에 위탁해 외환보유액의 일부를 해외 부동산 등에도 투자를 합니다만 이때는 외환보유액에서 제외합니다. 해외 부동산은 당장 현금이 될 수 없기 때문이죠. 그러나 해외 부동산은 수익률이 높은 경우가 많아 결과적으로 외환보유액을 늘리는 데 도움이 될 수 있습니다(물론 상황이 나쁘면 손실을 입을 수도 있지요).

이론적으로 정부는 원화를 마음대로 찍어낼 수 있기 때문에(발권력) 시중에 아무리 많은 달러가 있어도 모두 사들일 수 있습니다. 경상수지 흑자가 클수록 외환보유액이 늘어나는 것은 이 때문입니다.

물건을 팔아 얻은 달러가 물건을 수입하면서 지출한 달러보다 많으면 시중에는 달러가 넘쳐납니다. 정부는 이를 사들이게 되고, 그러면 외환보유액이 늘어나게 됩니다.

외환보유액을 늘리는 데
돈이 든다고요?

정부가 달러를 사들이기 위해서는 국채를 발행해 원화를 먼저 구해야 합니다. 국채를 발행한 만큼 이자를 줘야 합니다. 외환보유고를 두 배 확대시키면 연간 부담해야 하는 비용도 두 배 커지게 됩니다.

Q——…

우리 외환보유액이 4천억 달러라는데요, 위기 상황을 대비해 2배 정도로 확대시켜 버리면 안 될까요? 그러면 아무리 큰 위기가 와도 거뜬히 이겨낼 수 있을 것 같아요.

A——…

　1997년의 외환위기는 우리나라가 보유한 외환보유액이 적어서 발생했습니다. 그래서 우리는 외환보유액에 대한 트라우마가 있고 '외환보유액을 많으면 많을수록 좋은 거 아니냐'라고 생각합니다.

　하지만 외환보유액을 보유하는 데는 돈이 듭니다. 이게 문제입니다. 먼저 달러를 사 모으려면 원화를 마련해야 하는데 원화를 마련하기 위해서는 국채(외환시장 안정용)를 발행해야 합니다. 국채를 발행하면 이자가 발생하지요.

또 다른 비용도 발생합니다. 정부가 달러를 매입하면 시중에 원화가 넘치게 되는데요, 이렇게 되면 인플레이션이 생길 수 있습니다. 정부는 이를 막기 위해 채권을 발행해 시중 자금을 회수합니다. 이 채권을 통화안정채권(통안채)이라고 합니다.

문제는 국채와 통안채는 공짜가 아니라는 것이죠. 채권을 산 사람에게 이자를 줘야 하는데, 이 이자가 막대합니다.

한국은행은 보유한 달러로 투자도 합니다. 주로 투자하는 것이 미국국채지요. 가장 안전한 자산에 투자를 해야 하기 때문인데요, 그러다 보니 이자가 낮습니다. 투자수익은 낮고 조달비용은 크니 외환보유액이 증가하면 증가할수록 이에 따른 적자도 커집니다. 2014년 기준 외환보유액으로 인한 연간 손실액이 1조 원에 달한다는 추정도 나와 있습니다.*

때문에 IMF(국제통화기금)는 외환보유를 과도하게 하는 것을 권고하지 않습니다. 대신 적정한 외환보유액을 유지할 것을 권고하는데, '적정'이 어느 수준인지를 모르겠다는 것이 문제입니다. 국가마다 국가신용도, 대외경쟁력, 외환 수급 상황, 대외경제규모 등이 달라서 딱히 '적정치'를 말할 수가 없다는 것이죠.

IMF는 1959년 국가의 적정외환보유액을 3개월치 경상지급액

* 「외환보유액 운용 손실 연 1조 원」 <매일경제>, 2014년 9월 14일

으로 권고했습니다. 한국의 1개월 경상지급액은 약 500억 달러로 3개월이면 1,500억 달러가 됩니다. 우리가 가진 외환보유고(4천억 달러)라면 충분하다는 뜻입니다.

하지만 아르헨티나는 IMF의 권고대로 3개월치 경상지급액인 652억 달러를 갖고 있었지만 국가부도 사태를 맞았습니다. 1959년에 발표되었던 IMF 기준은 너무 약했던 것일까요?

IMF는 2013년 새로운 기준을 내놓습니다. 유동채권, 외국인주식자금, 상품수출 등을 쌓으라는 것입니다. 그러면 6,810억 달러가 됩니다. 이 기준에 따르면 우리의 외환보유액은 2,800억 달러가 부족합니다.[*]

외환보유고를 두 배로 확대시키면 그만큼 안전해지지만 연간 부담해야 하는 비용도 두 배로 커지게 되겠죠. 다른 데 쓰면 요긴하게 쓸 돈을 외환보유고를 떠안기 위해 쓰는 것도 아깝기는 합니다.

외환보유고는 마치 국방비와 비슷한 구석이 있는 것 같습니다. 너무 많이 쓰면 국가경제에 부담이 되고, 너무 적게 쓰면 위기 시에 위험하니까요. 한국은행은 홈페이지를 통해 "외환보유액 확충은 위기예방 등을 통해 국민 경제에 큰 이익을 가져오는 점과, 기회비용이 적지 않은 점 등을 종합적으로 감안할 필요가 있다"라고 밝혔습니다.

[*] 「적정외환보유고 증액, 한미 통화스와프 체결 필요」 〈한국대학신문〉, 2020년 3월 18일

물가 상승률 0%라는데
왜 1만 원으로 살 게 없지요?

소비자물가지수는 460개 품목물가의 평균치입니다. 생활물가는 달리 움직일 수 있습니다. 또 물가 상승률은 주로 전년 동기 대비를 씁니다. 소비자들이 체감하는 물가 인상은 전달 대비한 수치인데 말이죠.

Q——…

소비자물가 상승률이 0%라는데 전혀 체감이 안 돼요. 작년에 비해서도 물건값이 많이 오른 것 같아요. 1만 원을 들고 가면 살 게 없거든요. 소비자물가와 체감물가가 왜 이리 차이가 나나요?

A——…

여러 가지 이유가 있습니다. 먼저 소비자물가지수는 '평균치'라는 겁니다. 통계청이 산출하는 소비자물가는 460개의 상품과 서비스가격의 변동치를 측정해서 평균을 냅니다.

반면 체감물가는 내가 사는 품목을 중심으로 보기 때문에 괴리가 생길 수 있습니다. 예를 들어 차를 많이 타지 않는 가정의 경우에는 휘발유 가격이 내렸더라도 과외비가 오르면 물가 인상을 더 체감합니다.

물론 각 품목마다 많이 쓰는 품목은 가중치를 더 줘서 보정을 합니다. 하지만 여전히 한계가 있습니다. 예를 들어 소주와 남자 상의는 가중치가 1.5로 같습니다. 같은 상승률로 가격이 올랐다 하더라도 1년에 한 번 정도 사는 남자 상의보다 소주 가격 인상이 체감하기엔 더 클 수 있습니다.

가전제품의 경우 기술개발을 반영하지 않는 경우도 있습니다. 5년 전 LTE 스마트폰을 90만 원에 주고 샀는데 올해 5G 폴더블 폰을 200만 원을 주고 산다면 "스마트폰 가격이 너무 올랐어"라고 말할 수 있습니다.

시민들에게 깊은 영향을 미치는 품목이지만 소비자물가에서는 빠지는 품목도 있습니다. 대표적으로 아파트 매매 가격입니다. 5억 원 하던 집이 2년 만에 8억 원으로 오르면 시민들의 인플레이션 심리에 영향을 줄 수 있습니다. 아파트 매매가격을 소비자물가지수 산정에서 빼는 것은 아파트 매매는 소비가 아닌 투자로 보기 때문이라고 합니다.

소득에 따라서도 물가 인상 체감도가 다릅니다. 고소득층의 경우는 배추, 무, 사과 가격이 오르는 것보다 골프장 사용료가 오르는 것에 더 민감할 수 있습니다.

시점의 차이도 있습니다. "소비자물가가 10% 올랐다"라고 하면 1년 전과 비교해서 그렇다는 겁니다. 사람들은 물가 인상을 전 달에 대비해서 많이 생각합니다. 지난번 장을 보러 갔더니

1,000원 하던 배추가 2,000원이 되었다, 이런 식이죠. 1년 전 배추가격은 기억하는 사람이 없습니다. 1년 전에 가격이 폭등해 4,000원 하던 배추가 지난달에는 1,000원이 되었고, 이달에는 2,000원이 되었다고 가정하겠습니다. 소비자물가로는 50% 하락 (1년 전 4,000원→2,000원)했다고 하겠지만 사람들은 100% 인상(지난달 1,000원→2,000원)했다고 느낄 겁니다.

그렇다면 소비자물가를 전달 대비로 바꾸면 될까요? 그것도 적절치 않습니다. 품목의 상당수는 계절성을 띄기 때문입니다. 돼지고기의 경우 피크닉이 많은 5월은 수요가 많아 가격이 높습니다. 만약 4월 1,000원, 5월 2,000원, 6월 1,000원이 되었다면 5월 물가 상승률은 전달 대비 100%, 6월 물가상승률은 −100%가 됩니다. 통계청은 이런 괴리를 줄이기 위해 전년 동월 대비 상승률을 공식 발표하면서 동시에 전달 대비 상승률도 발표합니다. 이 2개를 같이 봐야 합니다.

아울러 한국은행이 발표하는 소비자들의 물가인식도 참고할 만합니다. 물가인식은 한국은행이 전국 도시 2,500가구를 대상으로 1년 전에 비해 물가가 얼마나 올랐느냐를 설문조사해 발표하는 수치입니다. 소비자들이 주관적으로 인식하는 물가 상승률이어서 물가와 경기에 대한 심리를 엿볼 수 있습니다.

재정수지는 헷갈리게
왜 2가지를 쓰나요?

한국은 국민연금 수입이 지출보다 40조 원이나 많아 통합재정수지를 쓸 경우 재
정수지가 왜곡되어 보일 수 있습니다. 관리재정수지는 재정수지를 보수적으로 보
기 위해 도입한 '한국형' 개념입니다.

Q——···

요즘 국가재정에 대한 기사를 읽다 보면 관리재정수지와 통합재정수지
에 대한 얘기가 나와요. "관리재정수지는 적자인데 통합재정수지는 흑
자다", 이렇게 말하던데 둘은 뭐가 다른가요? 왜 복잡하게 2가지를 쓰나
요? 외국은 주로 어떤 것을 쓰나요?

A——···

　재정수지라는 것은 정부의 수입에서 지출을 뺀 것을 말합니다.
재정수지 흑자는 수입이 더 많다는 얘기고요, 적자는 지출이 더
많다는 얘기겠죠. 그런데 재정수지에는 2가지가 있습니다. 하나
는 '관리재정수지', 또 하나는 '통합재정수지'입니다.

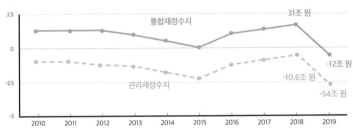

통합재정수지와 관리재정수지 추이

단위 : GDP대비 %

출처 :기획재정부

위 그래프를 보면 통합재정수지가 관리재정수지보다 수치가 좋게 나옵니다. 2019년 통합재정수지와 관리재정수지는 나란히 적자를 기록했습니다. 통합재정수지는 12조 원 적자고, 관리재정수지는 54조 원 적자입니다. 2018년에 통합재정수지는 31조 원 흑자를 기록했지만 관리재정수지는 10.6조 원 적자였습니다. 눈썰미 있게 보셨다면 두 수지는 40조 원 가량 차이가 난다는 것을 아실 수 있을 겁니다. 이 차이가 바로 두 수지의 특성을 나타냅니다.

통합재정수지는 글자 그대로 정부의 모든 수입에 지출을 뺀 것을 말합니다. 그런데 정부 수입 중에는 사회보장성 기금보험료가 있습니다. 국민연금, 사학연금, 고용보험, 산재보험, 공무원연금, 군인연금 등을 말합니다(이 중에서 국민연금수입이 압도적입니다).

우리나라는 아직 보험금을 받는 사람보다는 보험금을 내는 사람이 많습니다. 이 보험료는 당장 국가재정으로 쓸 수는 없지만 통합재정수지로 보면 국가수입으로 잡힙니다. 이게 연간 40조 원

정도 되는데요, 이걸 포함시켜서는 국가재정 상태를 정확히 알기 어렵습니다. 내가 받는 월급이 400만 원인데 이 중 50만 원은 20년 뒤 쓰기 위해 저축하는 돈이라고 생각한다면 생활비는 350만 원으로 봐야 하겠죠?

이처럼 통합재정수지에서 사회보장기금 보험료를 제외한 것이 바로 관리재정수지입니다.

> **통합재정수지 = 관리재정수지 + 사회보장성기금(국민연금, 사학연금 등)**

국제비교를 할 때는 어떤 것을 쓸까요? 국제비교 때는 통합재정수지를 씁니다. 20년 뒤에 쓸 돈이라도 그 집의 수입은 수입이니까요. 월급 400만 원 중 50만 원이 20년 뒤에 쓸 수 있는 돈이라고 해서 "내 월급은 350만 원이야"라고 말하지는 않지요. 결국 총수입 개념이 통합재정수지이고, 생활비 개념이 관리재정수지라고 보면 비유가 비슷할 것 같습니다.

특히 선진국의 경우는 통합재정수지와 관리재정수지 간의 차이가 별로 없습니다. 연금을 받는 사람들이 많아 보험료를 받는 족족 보험금으로 지출되기 때문입니다.

하지만 우리나라는 상황이 다릅니다. 아직은 보험료를 내는 사람이 절대적으로 많아서 이를 고려하지 않으면 나라 살림을 운영하는 데 왜곡이 생길 수 있습니다. 그래서 우리나라는 관리재정수지를 더 주목합니다.

IMF 등 국제기구는 한국에 대해 "돈을 좀 쓰라"고 매번 권유합니다. 통합재정수지가 흑자인 나라는 전 세계에 거의 없거든요. 반면 우리 정부는 관리재정수지 적자를 근거로 "돈을 쓸 여력이 없다"고 주저합니다.

　다만 우리도 통합재정수지가 2019년부터 적자로 돌아섰고, 글로벌 경기침체와 코로나19 바이러스 사태 등이 겹치면서 2020년대에는 통합재정수지가 만성 적자로 갈 가능성도 있습니다. 또한 베이비붐 세대들이 은퇴하면서 보험금 지급도 재빠르게 늘어나 두 지수 간의 격차가 줄어듭니다. 멀지 않는 미래에는 우리도 통합재정수지만을 쓸 수 있다는 얘기입니다.

한미통화스와프는 어떻게 환율을 떨어뜨리나요?

미국과 통화스와프를 체결하면 필요할 때 달러가 한국 외환시장에 공급될 수 있다는 뜻입니다. 무엇보다 "기축통화국인 미국이 한국 금융시장을 보호해주고 있다"는 시그널이 되어서 환율 안정에 도움이 됩니다.

Q——⋯

코로나19로 급등하던 환율이 한미통화스와프 체결 소식에 진정이 되더군요. 통화스와프가 뭐길래 환율에 영향을 미치나요?

A——⋯

통화스와프란 A국가와 B국가의 통화를 서로 맞바꾸는 것을 말합니다. 두 나라는 필요할 때 자국의 통화를 상대방 중앙은행에 맡기고 그에 상응하는 외화를 빌려올 수 있습니다. 그런 뒤 일정 기간이 지나면 원금을 재교환하지요. 필요할 때 빌려올 수 있는 돈이라는 뜻으로 '외환 마이너스 통장'이라고도 부릅니다.

1억 달러를 1,200억 원으로 교환했다고 하면, 나중에 1,200억 원을 받고 1억 달러를 돌려주는 형태입니다. 다만 1,200억 원을 받은 미국 중앙은행은 한국은행에 원화 대출금리를 지급하고, 1억 달러를 받은 한국은행은 미국 중앙은행에 1억 달러에 대한 대출금리를 지급합니다. 하지만 이 금리 차이는 위기 시에 우리가 조달해야 하는 비용에 비하면 그야말로 '새 발의 피'지요.

코로나19로 인해 한미 양측이 맺은 통화스와프는 600억 달러(한화 75조 원) 규모입니다. 한국이 필요할 때 언제든지 이만큼의 달러를 빌려 올 수 있습니다. 우리나라의 외환보유액이 4천억 달러니까 결코 작은 액수가 아닙니다.

한미통화스와프 체결이 알려진 직후 역외환율시장은 어떻게 움직였을까요? 아래의 그래프처럼 원화 가치가 급등했습니다.

한미통화스와프 체결 직후 역외환율시장 환율 추이

단위: 원

출처 : investing.com

한미통화스와프는 규모보다도 상징적인 의미가 더 큽니다. 기축통화국인 미국이 한국 원화 뒤를 받쳐주고 있다는 신호가 되기 때문입니다. 투기세력들에게는 달러를 마구 사들여도 미국이 그만큼 달러를 공급하겠다는 뜻이 됩니다. 그러니 원화 가치를 의도적으로 폭락시킬 생각은 꿈도 꾸지 말라는 경고가 되는 셈이죠. 2008년 금융위기 당시에도 한국은 한미통화스와프를 통해 환율을 안정시켰습니다.

한국은 4천억 달러가 넘는 외환보유액을 갖고 있어 필요 시 환율을 방어할 실탄이 비교적 넉넉한 편입니다. 하지만 글로벌 투기세력이 작정하고 공격하면 홀로 막아내기가 쉽지 않습니다. 때문에 한미통화스와프는 미국이 거들어준다는 뜻이어서 매우 든든한 뒷배가 되는 것이죠.

통화스와프는 맺고 싶다고 모두 맺어지는 게 아닙니다. 정치경제적으로 돈독한 관계가 아니라면 어렵죠.

보증을 생각하면 쉽겠네요. 관계가 여간 끈끈하지 않는 한 상대에 대한 보증은 잘 서주지 않지요. 2020년 코로나19로 미국이 통화스와프를 맺기로 한 나라는 한국을 비롯해 오스트레일리아, 멕시코, 싱가포르, 스웨덴, 브라질, 덴마크, 노르웨이, 뉴질랜드 등 9개국에 불과한 것도 그런 이유 때문입니다.

일본과는 왜 통화스와프를
안 맺는 건가요?

일본은 한일관계 악화를 핑계 삼아 한국과의 통화스와프계약 체결을 사실상 거부하고 있습니다. 하지만 이 경우 엔화의 위상이 약해져 향후 위안화의 경쟁에서 불리해질 수 있습니다. 한국은 일본 외 주요 국가와 통화스와프를 맺으면서 대안을 찾고 있습니다.

Q ———···

2020년 10월 기준으로 한국과 중국 간에는 통화스와프가 맺어져 있는데 한국과 일본 간에는 왜 안 맺어져 있나요? 한일통화스와프를 맺지 않으면 결국 우리나라 손해가 아닌가요?

A ———···

통화스와프는 두 나라 간 정치경제적 이해관계가 맞아떨어져야 맺어집니다. 통화가 좀더 강한 나라가 약한 나라를 '보증' 서주는 것이기 때문에 사이가 좋지 않다면 맺어지기가 힘들죠.

2008년 금융위기 당시에는 한중통화스와프와 한일통화스와프가 동시에 맺어졌습니다. 여기에는 사연이 있습니다. 금융위기로 어려웠던 당시 한국은 일본에 SOS를 칩니다. 한일통화스와프를 맺어달라는 것이었죠.

당시만 하더라도 일본의 경제력은 중국을 압도했습니다. 그러나 일본은 차일피일 미룹니다. 이때 중국이 손을 내밀었습니다. 2008년 베이징올림픽을 계기로 경제력이 크게 커지던 중국은 위안화의 국제화를 위해 한국이 파트너로 필요했습니다. 한중통화스와프는 우리가 위기 시에 위안화를 빌려와서 쓰겠다는 뜻이니까, 위안화의 권위를 인정한 셈이 됩니다. 엔화를 넘어설 꿈이 있던 중국으로서는 나쁘지 않은 딜이었죠.

하지만 한중이 통화스와프를 한다는 소식이 알려지자 일본 측에서 급하게 연락이 왔습니다. 한일통화스와프를 맺자는 것이었죠. 결국 한중통화스와프와 한일통화스와프는 거의 동시에 발표됩니다.

한일통화스와프는 무리 없이 연장이 되었지만 2012년 이명박 대통령의 독도 방문으로 양국 간 사이가 급랭되면서 분위기가 바뀝니다. 일본은 통화스와프 규모를 서서히 줄이더니 2015년에 최종적으로 종료했습니다.

한국은 1년 뒤인 2016년 일본 측에 한일통화스와프 협상재개를 요청했습니다. 하지만 일본은 부산 영사관 앞에 설치한 소녀상을 문제 삼으며 협상을 일방적으로 중단시켰습니다. 당시 스가 요시히데(菅義偉) 일본 관방장관은 "한국에서 요청하면 만기 연장을 검토할 것"이라고 말해 우리를 자극시켰습니다. 외교무대에서 '요청'은 상하관계의 의미가 있어 잘 쓰지 않는 용어이고, 통상

'제안'이라는 단어를 쓰지요.

우리 입장에서 통화스와프는 '다다익선'입니다만 일본이 저렇게 나온다면 굳이 매달릴 필요가 없다는 분위기가 있었습니다. 국제무대에서 '엔'의 힘이 예전 같지 않기 때문이죠. 대신 한국은 한중통화스와프를 연장시킨 데 이어 스위스, 캐나다 등 주요 선진국들과 잇달아 통화스와프를 맺으며 대안을 찾고 있습니다.

한일통화스와프를 맺지 않으면 일본도 이로울 게 없습니다. 엔화의 위상을 유지하는 데 도움이 안 되기 때문이죠. 엔화 사용이 줄어들면 줄어들수록 통화의 힘도 줄어듭니다. 향후 역내 기축통화 자리를 두고 엔화는 위안화의 도전을 거세게 받을 것으로 보입니다.

'홀딩스'가 붙는 회사는 어떤 회사들인가요?

홀딩스란 지주회사를 말합니다. 지주회사는 그룹 계열사를 관리하고 경영하기 위해 만들어진 회사로, 계열사에 대한 막대한 지분을 보유하고 있습니다. 계열사 간에는 출자가 금지되어 위기 시에 타 계열사로 리스크가 전이되지 않습니다.

Q —⋯

'홀딩스'가 붙은 회사들이 있던데요, 홀딩스는 어떤 종류의 회사인가요? 그리고 홀딩스를 왜 만들죠?

A —⋯

홀딩스는 지주회사를 말합니다. 주식을 갖고 있는 회사(Holding Company. 持株)라는 뜻이죠. 여기서 말하는 주식은 계열사의 주식입니다. 즉 계열사 지분의 다수를 가지고 지배하면서 그룹을 관리하고 경영하기 위해 만들어진 회사입니다. 모회사라고도 부릅니다.

지주회사의 사명은 정해진 것이 없습니다. 일단 '○○지주,

○○지주회사, ○○홀딩스'가 붙어 있다면 지주회사로 보면 됩니다. 롯데지주, 우리금융지주, 현대중공업지주, 휠라홀딩스, 웅진홀딩스, 네오위즈홀딩스 등이죠.

우리가 알고 있는 유명 그룹의 이름을 그대로 쓰기도 합니다. ㈜LG, SK㈜, CJ㈜ 등입니다. 사명을 바꾸는 경우도 있습니다. GS그룹의 경우 2004년 지주회사로 GS홀딩스를 출범시켰습니다. 2009년엔 ㈜GS로 개명했습니다.

지주나 홀딩스의 이름을 쓰지 않는 지주회사도 있습니다. 한진칼은 한진그룹의 지주회사로 대한항공을 지배하고 있습니다.

그 밖에 사명으로는 도통 알 수 없는 경우도 있습니다. 알파벳은 어떤 회사일까요? 구글이 만든 지주회사입니다.

이런 지주회사는 왜 만드는 것일까요? 과거 우리나라 재벌들은 순환출자를 많이 했습니다. 순환출자란 원 형태로 출자(자본금을 내는 지분을 획득하는 것)했다는 뜻입니다. 구체적으로 그룹 내에서 계열사끼리 서로 출자해서 '○○전자 → ○○반도체 → ○○

순환출자 개념도

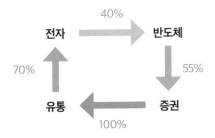

증권 → ○○유통 → ○○전자'로 지배하는 것을 말합니다. 이렇게 되면 ○○전자만 지배하면 나머지 계열사를 지배할 수 있는 데다, ○○전자의 자본도 늘어나는 효과가 발생합니다(실제로는 자본이 늘어나지 않아도 장부 상으로 늘어나게 됩니다).

순환출자는 한 기업이 부실해지면 나머지 기업들도 연쇄적으로 부실해진다는 치명적인 약점이 있습니다. 외환위기 당시 국내 주요 그룹들이 줄줄이 위기에 빠진 것은 이 때문입니다. 또한 최소한의 지분으로 모든 계열사를 지배할 수 있기 때문에 지배구조에도 왜곡을 가져옵니다. 총수들이 아주 적은 지분을 갖고도 그룹을 지배하는 원인이 되죠. 심지어 계열사가 많을 경우는 어디가 어떻게 얽혀 있는지도 모를 정도입니다.

이에 따라 떠오른 대안이 홀딩스, 즉 지주회사입니다. 지주회사는 자회사의 지분을 일정 부분 소유해 직접 지배합니다. 자회사 간에는 출자를 할 수가 없습니다.

이렇게 되면 대주주가 누구인지 파악하기 쉽고, 지배구조가 단순해져 기업경영을 투명하게 할 수 있다는 장점이 있습니다. 계열사 간 지분이 없기 때문에 한 계열사가 위험해진다고 해서 그 위험이 전이되지도 않고, 급할 때는 부실해진 계열사도 매각하기 쉽습니다.

하지만 지주회사제도도 문제는 있습니다. 한 회사가 많은 자회사를 둘 수 있어서 경제력 집중이 생길 수 있습니다. 외환위기 이전에는 지주회사제도가 금지되었던 이유죠.

지주회사는 어떻게 돈을 벌까요? 지분을 가진 대주주로서 관

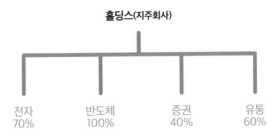

지주회사 개념도

홀딩스(지주회사)

| 전자 | 반도체 | 증권 | 유통 |
| 70% | 100% | 40% | 60% |

예를 들어 'A기업→B기업→C기업→A기업'으로 출자를 한다고 치자. 자본금 100억 원을 가진 A 사가 B사에 50억 원을 출자하고 B사는 다시 C사에 30억 원을 출자한다. C사는 A사에 10억 원을 출자한다. 그러면 A사의 자본금은 110억 원(100억 원+10억 원)이 된다. 실제 자본금은 여전히 100억 원이지만 장부 상 10억 원이 더 늘어난 것처럼 보이게 된다.

리감독만 해서 돈을 벌기도 하고, 별도 사업을 해서 돈을 벌기도 합니다. 별도 사업 없이 자회사에 대한 경영전략을 세우고 자회사를 지휘하는 회사를 '순수 지주회사'라 부르는데요, 이들은 로열티, 자문료, 배당금, 상표료, 지분법평가이익(자회사의 수익 중 지주회사가 가진 지분만큼을 지주회사의 수익으로 인정) 등으로 돈을 법니다. ㈜LG, 롯데지주, GS가 대표적입니다. 롯데쇼핑은 '롯데'라는 상호를 쓰는 비용을 롯데지주에 내야 합니다.

별도의 사업까지 하는 회사는 '사업지주회사(혹은 혼합지주회사)'라고 부릅니다. 로열티, 자문료, 배당금 등을 받으면서도 자기 사업을 해서 수익을 내는 곳이죠. SK㈜는 베트남 최대 기업인 빈 그룹에 투자하는 등 바이오와 신사업 투자를 늘리고 있습니다.

삼성그룹은 왜 지주사로
전환하지 않나요?

삼성그룹의 핵심이 삼성전자인데 삼성전자를 자회사로 두기에는 몸값이 너무 비싸서 그렇습니다. 지분 구조상으로는 삼성물산이 삼성전자를 지배해야 하지만 삼성전자를 경영하기 위해서는 60조 원 이상의 주식을 사들여야 합니다.

Q——···

많은 대기업들이 지주회사로 전환하는데, 삼성은 지주회사제가 아니더라고요. 주식시장 전체 시가총액의 30%를 차지하는 삼성이 지주회사를 하지 않는 이유는 뭔가요?

A——···

재벌 대기업 중에서 가장 빨리 지주회사체제로 전환한 곳은 LG그룹입니다. 이것이 2003년의 일입니다. 이후 SK, CJ, 롯데 등 많은 그룹들이 지주사 체제로 전환했습니다.

그런데 유독 삼성그룹은 2020년 현재 지주회사 체제로 전환하지 않고 있습니다. 시가총액이 주식시장 전체 시가총액의 30%를 차지한다는 대한민국 대표기업인데 말이죠.

결론부터 말씀드리면 삼성그룹의 핵심은 삼성전자인데, 삼성전자를 자회사로 두기에 몸값이 너무 비싸서 그렇습니다(여러 가지 이유가 있지만 표면적으로는 이게 가장 큰 걸림돌입니다).

삼성그룹에서는 지분 구조상 삼성물산이 지주회사가 될 수 있습니다. 그런데 지주회사는 상장 자회사(거래소에 상장된 자회사)의 지분을 20% 이상 갖고 있어야 합니다. 삼성전자의 시가총액은 300조 원 정도 되는데요, 지분 20%를 가지려면 어림잡아도 60조 원어치를 사야 합니다.

삼성물산이 이만한 돈을 갖고 있지도 않겠거니와, 어디서 빌리기도 불가능합니다. 여기다 삼성그룹의 자회사가 삼성전자만 있는 게 아니죠. 다른 자회사도 모두 편입하려면 그야말로 천문학적인 돈이 필요합니다.

물론 삼성물산이 지분을 보유한 자회사를 일부 매각하거나 지분을 낮추는 방법으로도 돈을 마련할 수 있습니다. 그래도 여전히 자금은 매우 부족합니다. 은행에서 돈을 빌릴 수도 있습니다만 지주회사는 부채비율이 200%로 묶여 있습니다.

부채비율은 자기자본 대비 부채의 비율로, 1억 원 자기자본이 있다면 2억 원까지만 빌릴 수 있습니다. 지주회사의 부채비율에 제한을 둔 이유는 마구잡이로 돈을 빌려서 자회사를 보유하는 것을 막기 위해서입니다. 만약 최소지분율이나 부채비율 기준을 지키지 못할 경우에는 공정거래위원회가 조사를 거쳐 시정명령과 과징금을 부과합니다.

재계에서는 지주회사를 촉진시키려면 지주회사의 자회사 지분 비율을 좀 낮춰달라는 요구가 많습니다. 하지만 공정위는 오히려 지주회사의 상장 지분율을 30%로 올리는 방안을 추진하고 있습니다. 20% 지분율은 여전히 낮아서 총수의 책임경영을 묻기 부족하다는 판단에서입니다.

미국은 100% 지분을 가진 완전자회사가 많습니다. 지주회사인 GE는 2017년 기준 미국 내 71개의 자회사를 가지고 있습니다. 그런데 이 중 64개사는 GE가 보유지분 100%를 가지고 있습니다. 자회사 10개 중 9개는 지분 전체를 지주회사가 보유하고 있다는 얘깁니다. 일본 지주회사인 반다이 남코 홀딩스도 2018년 기준 일본 내 자회사 38개 중 32개가 지분율 100%였습니다.*

삼성그룹의 지주회사 전환은 삼성생명, 삼성증권, 삼성화재보험 등 금융사들의 처리방안도 같이 엮여 있어 더 복잡합니다. 지주회사는 금융사와 비금융사(제조, 유통 등)를 동시에 보유할 수 없습니다. 그래서 금융사들은 금융지주로 묶어야 하는데, 이때 금융사들이 보유한 삼성전자 등의 계열사 주식을 어떻게 처분하느냐가 문제로 남습니다. 이재용 삼성그룹 부회장의 그룹 승계 문제와 깊이 연관되기 때문입니다. 삼성그룹의 지주사 전환이 생각보다 쉽게 풀기 힘든 고차방정식인 이유이죠.

---

* 「미·독·일 지주회사는 대부분 자회사 지분 100%」 <한겨레신문>, 2019년 1월 23일

스타트업과 벤처는
뭐가 다른 건가요?

국내에서 통용되는 의미로 볼 때 스타트업과 벤처기업의 명확한 구분을 하기가 힘
듭니다. 2010년대 이후 '스타트업'이라는 용어가 국내에 활발하게 소개되면서 '벤
처'라는 용어가 밀려났습니다.

Q——…

요즘 창업과 관련해 '스타트업'이라는 용어가 많이 쓰입니다. 예전에는

'벤처(혹은 벤처기업)'라고 불렀던 것 같은데요, 스타트업과 벤처의 차이는

뭔가요?

A——…

국내에서 통용되는 의미로 볼 때 스타트업(Start-Up)과 벤처기
업(Venture company)의 차이를 명확히 구분하기는 힘듭니다. 네이
버 지식 백과사전의 한경 경제용어사전에는 '스타트업이란 설립
한 지 오래되지 않은 신생 벤처기업을 뜻한다'고 설명되어 있습
니다. 그냥 보면 알쏭달쏭하죠?

스타트업이나 벤처나 '위험성은 크지만 성공하면 큰 수익을 얻을 수 있는 새로운 아이디어를 가지고 사업을 갓 시작하는 소기업'이라는 점에서는 똑같습니다. 지금의 스타트업은 2000년대 초반의 한국사회가 불렀던 벤처를 의미한다고 해도 크게 다르지는 않을 것 같습니다.

하지만 스타트업이라는 용어가 사용된 것은 생각보다 오래되었는데요, 1990년 닷컴버블로 창업 붐이 일 때 실리콘밸리에서 쓰였습니다. 당시에는 초기단계의 닷컴 기업들을 칭했습니다. 그런데 지금은 의미가 확장되어 바이오, 제조유통, 화학 분야도 스타트업으로 불립니다. 2010년대 실리콘밸리 성공이야기들이 국내에 알려지면서 '스타트업'이라는 용어가 서서히 '벤처'를 밀어내기 시작했습니다.

사실 벤처는 미국과 유럽에서는 잘 쓰지 않는 단어입니다. 벤처라고 하면 벤처캐피탈(Venture Capital Financing, VC)을 의미하는 경우가 더 많습니다. 즉 성장 가능성이 높은 회사를 찾아 투자하는 전문투자자라는 의미로 쓰이죠. 벤처기업이라는 용어의 기원은 여러 설이 있습니다만 2000년대 초반 일본에서 벤처(venture)와 기업(企業)을 섞어 만든 합성어라는 설이 유력합니다.

만약 누군가가 '이 기업은 벤처기업 인증을 받았어'라고 하면 벤처기업의 의미가 좀 달라집니다. 우리나라는 벤처기업을 지원하기 위해 '벤처기업 육성에 관한 특별조치법'을 만들었는데 여기서 정의하는 벤처기업은 다음과 같습니다.

- 벤처캐피탈이 기업 자본금의 10% 이상 투자하고, 투자금액이 5천만 원 이상인 기업(벤처투자기업)
- 기업부설연구소를 보유한 기업으로서 연구개발비가 총매출액에서 차지하는 비율이 중소기업청장이 정하여 고시하는 비율(5~10%) 이상이고, 5천만 원 이상인 경우(연구개발기업)
- 기술보증기금 또는 중소기업진흥공단이 기업의 기술 평가를 실시한 후 담보 없이 총자산의 10% 이상, 최소 8천만 원 이상을 보증하는 경우(기술평가보증기업)

사실상 중소기업들이죠. 이를 벤처기업확인제도라고 하는데요, 1997년에 도입되고 2005년에 현재의 틀이 완성됐습니다. 2019년 12월 10일 현재 이렇게 인증 받은 벤처기업 수는 3만 6,804개입니다.

벤처기업 인증을 받으면 법인세, 소득세, 취득세, 재산세를 감면받고, 방송광고비도 할인을 받습니다. 또한 정부기관의 보증, 대출, 융자 때도 혜택을 받습니다.

공기업을 왜 주식시장에 상장시키나요?

공기업 상장은 민영화의 산물입니다. 2000년대 초반 정부는 공공기관 민영화를 강하게 추진했습니다. 하지만 민영화의 단점들이 잇달아 부각되면서 증권시장 상장도 사실상 중단되었습니다.

Q——…

한국전력의 주가가 좀처럼 오르지 않는 이유가 정부가 전기요금 인상을 거부해서 손실이 커졌기 때문이라는데요, 공기업을 주식시장에 상장한 이유가 궁금합니다. 공적으로 운용하려면 굳이 상장을 안 해도 될 텐데요. 한국전력 이외에도 증권시장에 상장된 공기업들이 또 있나요?

A——…

2020년 10월 기준 주식시장에 상장된 공기업은 모두 8개입니다. 가장 먼저 상장된 곳이 한국전력(1989년)입니다. 이어 한국가스공사(1999년), 강원랜드(2003년), 기업은행(2003년), 한전KPS(2007년), 그랜드코리아레저(2009년), 한국전력기술(2009년) 등이 상장되었습니다. 가장 마지막에 상장된 기업이 지역난방공사(2010년)입니다. 그 뒤로는 추가 상장된 공기업이 없습니다.

공기업 상장은 민영화의 산물입니다. 우리나라는 정부 주도로 성장해온 나라라서 1980년대 주요기업은 정부 소유였습니다. 경제규모가 커지면서 민간영역을 키우고 공기업의 비효율을 줄이기 위해 민영화시켜야 한다는 요구가 점차 커졌습니다. 또한 이들 기업을 주식시장에 상장시켜야 우리나라 자본시장도 커지고, 우량기업들이 민간주주들에게 배당을 하면 공기업의 성장 과실을 국민들에게 돌려준다는 의미도 있습니다.

공기업들을 재벌 특혜가 아닌 시장에 투명하게 팔기 위해서도 상장이 필요했습니다. 시장가치에 따라 공기업을 매각하면 뒷말이 아무래도 적겠죠. 정부는 최소한 지분 51%를 확보한 채 나머지 주식들은 시장에 매각했습니다. 이런 움직임은 외환위기 직후였던 2000년대 초반에 가장 강하게 불었습니다.

그런데 좋을 것이라고만 생각했던 민영화의 문제점이 하나둘씩 드러나면서 2010년대에 들어서 민영화가 중단되었습니다. 이미 상장된 기업들은 이러지도 저러지도 못한 상태에서 '상장공기업'으로 남아버렸습니다. 재무제표와 경영성과를 공개해 민간주주들에게 평가를 받는 기업이 정부로부터도 여전히 공공기관평가를 받는 형태가 되었다는 얘기입니다.

한국전력, 한국가스공사, 기업은행, 지역난방공사는 정부가 직접 지분을 갖고 있습니다. 나머지 기업들은 지자체나 다른 공공기관들이 지분을 보유하며 상장공기업을 지배하고 있습니다.

상장된 한국전력, 한국가스공사, 지역난방공사가 전기, 가스, 열요금 인상을 제한받는 것은 공공요금을 규제하는 법률의 적용을 받기 때문입니다. 또한 정부가 50%를 초과하는 지분을 보유한 대주주여서 이사진을 장악하고 경영진을 결정할 수 있다는 것도 이들 기업을 통제할 수 있는 이유입니다.

그러다 보니 민간 및 외국인 주주들은 상장 공기업에 대해 불만이 커질 수밖에 없습니다. 정부가 주요 수익원의 가격을 통제하다 보니 기업의 수익성이 증가하지 않는다는 것이죠.

여름철 한시 전기요금 인하는 한국전력의 수익성을 악화시키는 결과로 이어집니다. 한국전력은 미국 뉴욕증시에 상장된 기업으로 외국인 지분율도 25%에 달합니다. 국민들에게 전기요금 인하는 반가운 소식이지만 일반 투자자들로서는 투자를 꺼리게 되는 요인이 됩니다. 상장 공기업은 '수익성이냐, 공익성이냐'를 놓고 끊임없이 줄타기를 할 수밖에 없는 운명인 것이지요.

외국의 경우는 어떨까요? OECD 국가에서도 정부가 지배하는 상장 공기업이 있습니다만 숫자가 많지는 않습니다. 2014년 기준 미국, 일본, 스페인, 스위스, 덴마크 등은 1개 기업이 있으며 핀란드, 프랑스, 노르웨이 등 북유럽 국가들은 3개씩 있다고 합니다.[*]

* 「상장공공기관 관리 및 운영체계에 대한 연구」 한국조세재정연구원, 박한준, 허경선, 2014년 12월, p.28.

유튜버는 어떻게
돈을 버나요?

유튜브의 영상 제작자인 유튜버는 광고, 조회수, 슈퍼챗(기부금)으로 수익을 냅니다. 통상 조회수 1회에 0.5~1원 정도 버는 것으로 알려져 있습니다. 조회수가 10만 회를 찍으면 5만~10만 원 정도 벌 수 있다는 뜻입니다.

Q——···

유튜브에서 동영상을 보다 보면 '구독'과 '좋아요'를 눌러달라고 합니다. '구독자' 수와 '좋아요' 수가 많으면 유튜브 사(社)가 영상 제작자에게 더 많은 돈을 주는 건가요? 제 주변에도 유튜브에 동영상을 올렸다는 사람들이 많은데, 이들도 다 돈을 버나요?

A——···

유튜브 사(社)가 게재된 동영상에 직접 돈을 주는 것은 아닙니다. 유튜브에 올린 동영상에 광고가 붙으면 광고주로부터 돈을 받게 되는 것이죠. 이 중 유튜브가 일정액을 떼어가고 남은 돈을 유튜버들에게 줍니다. 유튜브가 떼어가는 수수료는 45%로 알려져 있습니다. 크리에이터는 55%만 가져갑니다. 유튜브가 상당히 많이 떼어가는 거죠.

유튜브에서 돈을 벌려면 광고가 붙어야 합니다. 그런데 아무 동영상이나 광고를 붙여주지는 않죠. 일정 기준이 있어야 합니다. 2020년 기준으로는 구독자 2,000명 이상, 연간 시청시간 4,000시간 (24만 분) 이상이 되어야 광고가 붙을 자격이 주어집니다. 과거에는 조회수가 1만 회 이상이면 광고를 붙여줬는데, 그보다 기준이 훨씬 엄격해진 것이죠. 이 때문에 유튜버들은 구독을 해달라고 요청하는 겁니다.

'좋아요'가 많으면 인기 콘텐츠로 선정되어 먼저 노출이 될 수 있습니다. 그러니까 '구독자 수'와 '좋아요'는 그 자체로 직접적인 수익이 생기는 것은 아니지만 광고가 붙고, 많은 사람이 볼 수 있도록 도와준다는 뜻입니다.

그렇다고 크리에이터가 직접 동영상 광고를 따오라는 얘기는 아닙니다. 동영상이 광고를 붙일 자격이 되면 광고를 게재할 수 있다는 안내 이메일이 날아옵니다. 유튜브의 광고는 애드센스라는 유튜브 자회사가 담당하는데요, 이들이 경매를 통해 따온 광고를 동영상에 자동 삽입시켜줍니다. 애드센스는 크리에이터의 수익금이 100달러를 넘어서면 사전에 크리에이터가 지정해놓은 통장으로 '달러'를 보내줍니다.

재밌는 것은 광고 단가가 나라별로 다르다는 점입니다. 미국이나 일본에서 보는 사람이 많으면 한국보다 광고 단가가 높습니다. 광고주 입장에서는 선진국 시장이 아무래도 구매력이 높다고 판단하겠죠? 최근에 국내 유튜버들이 외국어 자막에 공을 들이는 것도 이 때문입니다.

　그렇다면 유튜브 동영상으로 돈을 얼마나 벌 수 있을까요? 크리에이터마다 천차만별일 텐데요, 연간 시청시간 4,000시간을 넘으려면 일주일에 영상 2개씩, 6개월에서 1년은 해야 된다고 합니다. 영상 하나를 만들려면 구상, 촬영, 편집 등으로 손이 많이 가는데 8분짜리 영상 하나 만들려면 6~8시간 정도 걸린다고 합니다. 그러니까 유튜브 동영상으로 돈을 벌려면 거의 전업 비슷하게 해야 하지만 생각보다 일반인들이 수익을 내기가 쉽지 않다는 게 크리에이터들의 전언입니다.

　광고료 수익은 조회수, 평균 시청 지속시간 등에 영향을 많이 받습니다. 통상 조회수 1회에 0.5~1원 정도 된다고 합니다. 조회수가 10만 회를 찍으면 5만~10만 원 정도 벌 수 있다는 뜻입니다. 물론 인기 유튜버가 되면 PPL 광고가 붙고 강연, 방송출연, 출판 등이 이뤄지면서 큰돈을 벌 수도 있습니다만 그 길이 결코 쉽지는 않습니다.

숫자를 표기할 때는
왜 세 자리마다 쉼표를 찍나요?

세 자리수 끊어 읽기는 서양식 표기입니다. 동양에서는 네 자리수 끊어 읽기를 했습니다. 우리나라도 구한말까지도 아라비아 숫자를 표기할 때 네 자리마다 쉼표를 찍었지만 이후 서구문명이 본격적으로 들어오면서 세 자리마다 쉼표를 찍는 방식으로 바뀌었습니다.

Q——…

은행이나 ATM에서 돈을 찾을 때마다 쉼표 때문에 여전히 헷갈립니다. 무조건 세 자리마다 쉼표를 찍다 보니 특히 만 단위와 억 단위가 헷갈립니다. 네 자리마다 쉼표를 찍으면 이해하기 편할 텐데, 왜 세 자리마다 쉼표를 찍을까요? 예를 들어 1만 원은 10,000인데 1,0000원이 더 편하지 않을까요? 1천만 원도 10,000,000원보다 1000,0000원이 더 이해하기 쉽지 않을까요?

A——…

다음 숫자를 한번 읽어보시겠어요? '1,234,567,890'.
이건 어떻습니까? '12,3456,7890'.

2가지 숫자 중에서 앞의 숫자는 어디서 끊어 읽을지 헷갈립니다. 하지만 뒤의 숫자는 좀 편합니다. '12억 3,456만 7,890'으로 읽으면 되거든요.

하지만 영어로 읽는다면 앞의 숫자가 훨씬 편합니다. 'One trillion two hundred thirty four million five hundred sixty seven eight hundred ninety'로 깔끔하게 읽힙니다.

한국인이라면 영어로 숫자를 말할 때 대부분 어려움을 겪습니다. 한국의 숫자 단위와 영어의 숫자 단위가 달라서이죠.

한자 문화권인 한국은 중국과 같은 단위를 씁니다. 반면 서양에서는 1000단위로 끊어 씁니다. Thousand(1,000), Million(1,000,000), Billion(1,000,000,000), Trillion(1,000,000,000,000) 단위에서 읽기가 바뀝니다.

동양의 숫자 단위

서양의 숫자 단위

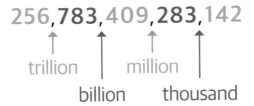

서양에서 세 자리로 끊어 읽기가 시작된 것은 14세기 이후로 알려져 있습니다. 일반적으로 정착이 된 것은 17세기 후반이라고 합니다. 그러니까 세 자리 쉼표가 대중화된 것은 그리 오래전의 일이 아닙니다.

동양에서 쓰는 네 자리 숫자 끊어 쓰기는 18세기 청나라에서 정착이 된 것으로 알려져 있습니다. 네 자리 단위로 끊어 읽기는 2세기부터 시작했고, 우리나라도 삼국시대부터 사용했지만 억 이상 단위는 명확히 정의되지 않았다고 합니다. 그렇게 큰 단위를 쓸 일이 없었기 때문입니다.

구한말에는 아라비아 숫자를 표기할 때 네 자리마다 쉼표를 찍었다고 합니다. 그러다 서구 문명이 들어오면서 지금처럼 세 자리마다 쉼표를 찍는 방식으로 바뀌었습니다.

그렇다면 오늘날에는 모든 나라가 세 자리마다 쉼표를 찍는 것일까요? 인도는 자기나라 읽기에 맞춰서 숫자에 쉼표를 찍는다고 합니다. 10만 루피의 경우 1,00,000로, 1천만의 경우는 1,00,00,000으로 찍습니다. 하지만 이는 매우 예외적입니다. 대부분의 국가는 세 자리마다 쉼표를 찍습니다.

따라서 우리나라만 네 자리마다 쉼표를 찍을 경우 무역을 하거나 금융거래를 할 때 불편이 커지게 됩니다. 여기서 오는 혼란은 거래비용이 되어서 사회적 비용으로 남게 됩니다. 읽는 데 불편해도 국제 기준을 쓰는 것은 이 때문입니다.

CDS 프리미엄에
왜 그렇게 신경을 쓰나요?

CDS 프리미엄이 높으면 부도위험이 크다는 뜻이어서 시장에서 달러 자금을 조달하기가 어렵습니다. 설사 달러 자금을 조달하더라도 고금리를 이용해야 해서 부담이 커집니다. 신용등급에도 부정적인 영향을 끼칩니다.

Q —⋯

경제가 나쁘면 한국의 CDS 프리미엄이 뛴다는 보도가 나옵니다. CDS 프리미엄이 뭐길래 그렇게 신경을 쓰는 건가요?

A —⋯

CDS란 신용부도스와프(Credit Default Swap)라고 하는 파생상품입니다. 글자를 풀면 '신용(Credit)과 부도(Default)를 맞바꾼다(Swap)'는 뜻입니다.

A라는 사람은 걸리버국이 부도가 날 것 같다면서 우려하는데, B라는 사람은 걸리버국이 믿을 만하다고 생각할 경우 두 사람이 내기를 하는 것이지요. A는 걸리버국이 부도나면 자신이 매입한

걸리버국의 채권 100만 원을 B가 대신 갚아달라고 하는 겁니다. 대신 수수료를 주는 것이죠.

B는 걸리버국이 부도날 가능성은 없으니 알겠다며 약속을 하되 수수료를 받는 것입니다. 이제 A는 걸리버국에 채권을 떼일 가능성이 없으니 마음 편히 자겠죠. B는 걸리버국이 망할 이유가 없으니 수수료 수입을 벌었다고 생각합니다.

즉 CDS는 보증보험과 매우 유사합니다. CDS 프리미엄은 CDS 상품에 들 때 내는 보험료(프리미엄)를 말합니다. CDS 프리미엄은 부도 위험이 높을수록 높겠죠? 자동차 사고가 많이 날 경우 보험료가 올라가는 것과 같은 이치입니다. 그래서 경제위기가 오면 CDS 프리미엄이 올라갑니다.

CDS 프리미엄만 보면 해당 국가 혹은 기업의 상태를 시장이 어떻게 생각하는지를 알 수 있지요. 2020년 3월 13일 기준 한국의 CDS 프리미엄은 46bp(100bp=1%)로 1월(20bp)보다 2배나 높아졌습니다. 코로나19 확진자가 급증하면서 경제에 대한 우려가 커진 탓입니다. 하지만 이는 일본과 같고, 중국(77bp), 인도네시아(183bp), 이탈리아(264bp)보다 훨씬 낮습니다. 상대적으로 한국은 다른 나라보다 믿을 만하다는 얘기지요.

CDS 프리미엄이 높으면 채권의 실제 수익률이 떨어질 수 있습니다. 예를 들어 인도네시아 국채 수익률이 3%인데 CDS 프리미엄이 200bp(2%)라고 가정하면 실제 수익률은 1%에 그칩니다. 반면 한국 국채수익률이 1.5%인데 CDS 프리미엄이 30bp(0.3%)라면 실제 수익률은 1.2%로 인도네시아보다 높아집니다.

경제가 어려운 나라일수록 고금리 채권을 발행합니다. 하지만 투자자들이 선뜻 투자하지 않는 것은 부도확률을 빼고 나면 크게 남는 게 없기 때문이기도 합니다. 물론 CDS 상품에 가입하지 않는다면 고금리를 모두 챙길 수 있습니다만 자칫 해당 국가가 부도가 날 경우에는 채권 값 모두를 잃게 될 수도 있습니다.

CDS는 금융시장의 리스크를 줄이는 상품이라 원래는 시장 안정에 도움이 됩니다. 그런데 CDS 판매를 당사자가 아닌 제3자에게도 허용하면서 성격이 달라졌습니다. 리스크가 매우 큰 상품이 되어버린 거죠.

A가 1만 원의 보험료를 내고 자신이 가진 자동차가 사고가 날 경우 100만 원을 보장해달라는 내용으로 보험사와 계약을 맺었습니다. 이를 지켜보던 친구 B가 A가 내는 똑같은 보험료를 낼 테니 A의 차가 사고가 날 경우 자신에게도 100만 원을 달라고 한 겁니다. 100배의 수익률에 베팅을 하는 것이죠. 보험사 입장에서는 A가 사고가 나지 않으면 1만 원의 수익이 생깁니다. A의 사고확률이 낮다고 판단한 보험사는 B에게도 똑같은 보험을 팔았습니다.

이러다가 큰 탈이 난 것이 바로 2008년 글로벌 금융위기입니다. 채권(CDO, 자산담보부채권)에 대한 CDS를 마구 팔았다가 부도가 나버린 것이죠. 여러 개의 채권을 섞은 CDO는 설사 부동산채권이 부도가 나더라도 전체가 부도가 나지 않는다는 말을 너무 믿은 탓입니다.

다행히 부동산 버블붕괴를 예측하고 CDS를 산 제3자들은 보험사로부터 막대한 돈을 받게 되었습니다. 반면에 CDS를 마구 팔았던 보험사들은 보험금 지불을 감당하지 못해 결국 문을 닫습니다.

이 같은 내용을 소재로 만든 영화가 〈빅쇼트〉입니다. 이 영화를 본다면 CDS를 이해하는 데 도움이 될 수 있습니다.

미국 성장률이 한국 성장률보다 10배나 나쁜 게 맞나요?

미국은 1년치 성장률인 연율을, 한국은 전분기대비 분기 성장률을 발표합니다. 따라서 두 나라의 성장률을 비교하려면 연율로 맞추든지, 아니면 분기 성장률로 맞추어야 합니다.

Q———···

코로나19로 전 세계 성장률이 추락하면서 미국은 2020년 2분기 성장률이 –32.9%라고 발표했습니다. 한국은 –3.3%고요. 그렇다면 미국의 성장률이 한국보다 10배나 나쁘다는 얘기인가요?

A———···

분기별 GDP의 경우 각 나라마다 성장률을 발표하는 기준이 다릅니다. 연도별 GDP는 어차피 전년 대비라 기준이 같습니다만 분기별은 각 나라의 사정에 따라 달리 씁니다.

먼저 우리나라는 계절조정을 한 전분기비를 씁니다. '2분기 GDP 성장률 1.0%'라는 얘기는 1분기 대비해서 1.0% GDP가 증가했다는 얘기입니다. 그런데 유럽, OECD 등 글로벌 기준에서는 전분기비를 많이 씁니다. 전분기비는 경기 흐름을 비교적 빨리 파악할 수 있다는 장점이 있습니다.

미국, 일본, 이스라엘 등은 연율을 씁니다. 연율이란 전분기 대비 성장률을 연간 기준으로 환산한 것을 말합니다. 1분기 성장률이 1.0%라면 이 같은 성장률이 1년간 계속된다고 보고 계산하는 것이죠. 분기 성장률에 4제곱을 하면 연율이 됩니다. 전기 대비 성장률이 1%라면 '전기 대비 증가 비율'은 1.01이 됩니다. 이를 4제곱하면 연율은 4.1%가 됩니다. 복리이자를 계산할 때 원금에 이자가 계속 덧붙여져 계산되는 원리와 같다고 보면 됩니다.

계산식은 다음과 같습니다. X는 분기 성장률입니다.

$$(1 + X)^4 - 1 = 연율$$

전기 대비 성장률 1.0%의 연율을 계산해볼까요? X는 0.01이 됩니다. 1에다 0.01을 더한 뒤 4제곱합니다. 그런뒤 1을 빼면 0.0406이 나옵니다. 이를 백분율로 환산하면 4.1%가 됩니다. 즉 1분기 성장률 1.0%를 연율로 환산하면 4.1%입니다.

연율은 분기 성장률을 연간 성장률과 맞추어서 비교할 수 있다는 장점이 있습니다. 즉 큰 그림을 보면서 경제를 운영할 수 있다는 뜻입니다.

특히 선진국의 경우 성장의 분기별 진폭이 완만해 남은 분기를 예측하기 쉽습니다. 또한 분기 성장률이 0%대로 떨어져 있어 분기 단위로 끊어봤다가는 경제의 변화를 제대로 인식하기 힘든 경우가 생깁니다.

반면 개도국에서는 연율을 쓰기 어렵습니다. 경제 규모가 작아 분기별 진폭이 커 다음 분기 성장률을 예측하기가 쉽지 않습니다. 게다가 분기성장률도 커서 연율로 쓰면 성장률이 과장되어 보일 우려가 있습니다.

사실 성장률을 이렇게 달리 보는 것에 대해 누가 맞고, 누가 틀리다고 말할 수 없습니다. 예를 들어 자동차가 10분간 10km를 달렸다면 이를 1km/분으로 볼 수도 있고, 60km/시간으로 볼 수도 있습니다.

다만 각 나라의 분기별 성장률을 서로 비교할 때는 연율이면 연율로, 전기대비면 전기대비로 맞춰야 제대로 된 비교를 할 수 있습니다. -32.9%로 발표된 미국의 2분기 연율 성장률을 한국식인 전분기대비 성장률로 환산하면 -9.5%가 됩니다. 반면 한국의 전분기 대비 성장률 -3.3%를 미국식 연율로 바꾸면 -12.6%가 됩니다.

한국과 미국의 성장률 비교

	전분기 대비(%)	연율(%)
한국	-3.3	-12.6
미국	-9.5	-32.9

그러니까 한국 성장률은 미국보다 10배 좋았다고 말하긴 어려워도 3배가량 좋았다고는 말할 수 있습니다. 물론 마이너스 성장이니까 '좋았다'고 말하긴 그렇고 '선방했다'라고 표현하는 것이 더 맞을 것 같습니다.

마이너스 유가인데
왜 기름값을 안 내리나요?

휘발유 가격이 즉각 인하되지 않는 것은 높은 세금비율과 국내 공급까지의 시차,
환율 때문입니다. 하지만 정유사들의 수익성이 높게 유지된다는 점에서 정유사에
의혹의 눈길을 보내기도 합니다.

Q—···

국제유가가 사상 처음으로 마이너스를 기록했다는데도 우리 동네 주유
소의 휘발유 가격은 여전히 리터당 1,200원이 넘어요. 유가가 오를 때는
즉시 오르는 것 같던데 왜 내릴 때는 늦게 내리죠? 게다가 찔끔 내리는
건가요?

A—···

　소비자들의 불만이 가장 많은 게 기름값인 것 같습니다. 국제
유가가 반토막이 나도 기름값이 100~200원 정도밖에 안 떨어지
니 이게 무슨 조화일까요?
　일단 생각해볼 수 있는 것이 세금입니다. 기름에 붙는 세금이

국내 휘발유가격을 '언박싱'해보면

국내 휘발유 가격	1ℓ=1,300원일 때	
정제/유통/판매 마진	424.11원	
부가세 (판매가격의 10%)	130원	130원
주행세 137.54원 (교통세의 26%)	137.54원	
교육세 79.35원 (교통세의 15%)	79.35원	745.89원
교통세 529원	529원	

전체 가격의 60%쯤 됩니다. 유류세는 가격에 비례한 세금(종가제)이 아니라 양에 비례한 세금(종량제)입니다. 휘발유는 교통세 1529원, 교육세 79.35원(교통세의 15%), 주행세 137.54원(교통세의 26%)이 붙습니다. 그러니까 기본적으로 745.89원은 휘발유를 살 때 무조건 붙습니다. 여기에 판매가격의 10%인 부가세가 붙습니다. 1리터당 1,300원에 판매되는 휘발유라면 세금만 900원 가까이 붙는다는 얘깁니다.

이 가격에서 정제마진과 유통마진, 주유소마진이 붙습니다. 그러다 보니 아무리 원유가격이 낮아도 '1리터당 1,000원' 이하로 내려가기는 매우 어려운 구조가 됩니다.

국제유가가 인하했는데도 휘발유 가격이 즉각 인하되지 않는 것은 시차 때문입니다. 원유를 구매해서 국내까지 운송하는 데 2~3주, 그리고 이를 정제해 주유소에 보급하기까지는 2개월가량 걸립니다. 그러니까 소비가가 가격이 인하된 휘발유를 주유하는

데까지는 최고 2개월 정도 걸린다는 얘기지요.

국제유가 인하 때 같이 봐야 할 지표가 또 하나 있습니다. 바로 환율입니다. 유가가 인하하더라도 원화 가치가 약세(환율 상승)라면 인하효과가 상쇄됩니다. 만약 유가가 1배럴당 50달러에서 45달러로 10%로 내렸더라도 환율이 1달러 1,000원에서 1달러 1,100원으로 10% 상승하면 국내 판매가격은 달라질 것이 없습니다.

이런 설명에도 불구하고 소비자들은 의심의 눈초리를 거두지 않고 있습니다. 국내 정유사들의 재무제표를 보면 수익성이 여전히 높기 때문입니다. 그래서 시민단체들은 "정유사와 주유소가 국제유가 하락에 맞춰 가격을 더 내릴 여지가 있다"고 압박하고 있습니다.

경제기사가 어려운 이유는 경제용어 때문입니다. 1월 효과, 주말효과,
베어마켓 등은 증시용어입니다. 피그말리온 효과, 플라시보 효과, 밴
드왜건 효과 등은 경제심리를 설명합니다. 근본적인 귀인오류, 사후
확신편향, 인지부조화는 투자심리에서 빼놓을 수 없는 용어들입니다.
그린슈트, ESG채권, 그린필드형투자 등은 금융상품을 이해하는 데 도
움이 됩니다. 위대한 개츠비 곡선, 붉은 여왕 효과, 케렌시아 등 때론
문학작품에서도 경제용어들이 생산됩니다. 헤리티지마케팅, 엔젤산
업 등은 산업생태계를 이해하는 데 필요합니다. 너무 복잡한가요? 이
해하기 좋게 주제별로 경제용어를 묶었습니다.

5장

주제어로
재미있게
이해하는
경제용어

동물과 관련된 흥미로운 경제용어들

포크배럴·캐시카우·불마켓·베어마켓·회색 코뿔소·하얀 코끼리

흔히 경제를 '살아 있는 생물'과 같다고 합니다. 그래서인지 경제 현상 중에도 동물과 관련된 용어가 많습니다. 제각기 다른 경제 현상들은 때로 특정 동물의 습성이나 이미지와 매우 닮았습니다.

• 포크배럴 Pork barrel

'포크배럴'은 돼지에게 먹이를 주기 위해 돼지 먹이를 담는 구유통입니다. 포크배럴은 정치인들이 지역 주민의 인기를 얻기 위해 지역구 선심사업 예산을 최대한 많이 따내려 경쟁하는 것을 말합니다. 미국 의회정치의 구태를 비난하는 부정적 의미로 쓰입니다. 정책보조금을 얻으려고 모여드는 의원들이 마치 농장에서

농장주가 구유통에 한 조각의 고기를 던져줄 때 모여드는 노예와 같다는 뜻에서 유래되었습니다.

대표적인 포크배럴 사례로 '보스턴 고속도로 지하화 프로젝트'가 거론됩니다. 이 프로젝트는 계획을 짤 때는 28억 달러가 들 것으로 예상했으나 실제 완공될 때까지 146억 달러의 예산이 투입되었습니다.

2011년 박재완 기획재정부 장관이 "포크배럴에 맞서 재정 건전성을 복원하겠다"고 말하자 "서민들을 위해 뛰는 정치인들을 싸잡아 돼지로 비유한 것"이라며 국회가 반발해 논란이 되었습니다.

• 캐시카우 Cash Cow

'캐시카우'는 수익 창출원, 즉 확실히 돈벌이가 되는 상품이나 사업을 의미합니다. 계속적으로 일정한 수익을 만들어내는데, 시장 점유율이 탄탄한 것이 특징입니다. 미래의 큰 성장률은 기대하기 힘들지만 그룹 입장에서는 확실한 '캐시카우'가 있으면 좋습니다. 현금흐름이 안정적이기 때문입니다. 특히 위기 때 든든한 자금줄 역할을 할 수 있고, 매각도 쉽습니다. 예를 들어 과거에 '버거킹'은 두산그룹의 캐시카우로 불렸습니다.

• 불마켓 Bull Market

주식시장에서 상승장을 의미하는 '불마켓(Bull Market)'은 황소에서 유래되었습니다. 에드워드 챈슬러가 쓴 『금융투기의 역사』를 보면 황소를 의미하는 독일어 'Bullen'에서 나왔다고 합니다.

'Bull'의 초기 의미는 '투기적 매수나 다른 방법으로 주가를 끌어올리려고 노력하는 사람들'이었다고 합니다. 1850년 월스트리트의 한 신문이 주식 상승장을 설명하면서 황소를 처음 끌어왔다는 주장도 있습니다. 월스트리트에는 황소상(charging bull)이 있는데 뿔을 만지면 행운이, 중요 부분을 만지면 돈이 들어온다는 속설이 있어 관광객들이 많이 찾습니다.

● 베어마켓 Bear Market

'베어마켓'은 주식하락장을 말합니다. 주식시장에서는 '베어마켓'이 '불마켓'보다 10여 년 먼저 쓰였습니다. 1700년대에는 미국에서 곰의 가죽과 털이 귀했습니다. 공격적인 성향의 곰을 사냥하기 쉽지 않아 공급이 수요를 따라가지 못했습니다. 상인들은 곰 가죽이 부족해지면 구매자들에게 '곰 가죽을 며칠 뒤에 내가 넘겨주겠다'라면서 미리 비싼 가격에 돈을 받았습니다. 곰 가죽이 비싸졌다는 얘기에 사냥꾼들이 목숨을 걸고 곰 사냥에 나서고, 그러다 곰이 많이 잡히면 가죽 공급이 폭등해 가격이 떨어졌습니다. 결과적으로 상인은 낮은 가격에 곰 가죽을 사서 비싼 가격에 팔아 막대한 차익을 얻게 되었습니다.

이때부터 '곰 가죽'은 가격이 떨어질 것을 생각하고 공매도를 하는 투기꾼이라는 의미가 생겨났습니다. 『로빈슨 크루소』의 저자 대니얼 디포는 1719년에 『증시의 해부』라는 책에서 공매도 투기꾼을 '곰 가죽 매수자'라고 지칭했습니다. "곰을 잡기도 전에 곰 가죽을 판다"는 영국 속담도 여기서 나왔습니다.

• 회색 코뿔소 Gray Rhino

미래의 위기를 예측할 때는 '회색 코뿔소'라는 용어를 많이 씁니다. 몸무게 2톤짜리 코뿔소가 멀리서 빠른 속도로 달려오고 있다고 가정해봅시다. 덩치가 큰 데다 땅이 울려 코뿔소의 존재를 모를래야 모를 수 없습니다. 그럼에도 코뿔소가 오는 것을 애써 외면하다 보면 큰 위기를 당할 수 있습니다. 미국의 싱크탱크인 세계정책연구소 미셸 부커 소장은 2013년 이 같은 현상을 '회색 코뿔소'라 명명했습니다.

미셸은 저서 『회색 코뿔소가 온다』에서 사람들이 뻔히 보이는 위기를 알아채지 못하는 것은 심리적 요인과 외부적 요인이 함께 존재하기 때문이라고 설명했습니다. 심리적으로 인간의 본성은 밝은 미래를 선호하도록 설계되어 '무슨 일 있겠어?'라며 낙관적으로 사건을 해석하려 한다는 것입니다.

단기적 성과를 부추기는 사회·정치적 제도도 문제입니다. 내임기에만 터지지 않으면 되기 때문에 장기적인 리스크 관리를 주저하게 됩니다. 어느 날 폭탄은 크게 터집니다. 이주열 한국은행 총재는 2016년 종무식에 "새해에는 예상치 못한 블랙 스완보다는 이미 알려진 요인이 구체적인 모습을 드러낼 확률이 높다"며 "회색 코뿔소가 예상치 못한 속도로 다가오며 리스크가 현실화될 수 있는 시기"라고 말했습니다. 당시 이 총재가 지목했던 '회색 코뿔소'는 가계부채였을 가능성이 높습니다. 부동산 부양정책에 따라 가계부채가 눈덩이처럼 늘어나지만 대통령 탄핵 등으로 국정공백이 생기면서 누구도 책임지고 손을 댈 수가 없었습니다.

• 하얀 코끼리 White Elephant

2018년 평창 동계올림픽 때는 '하얀 코끼리'가 주목받았습니다. 하얀 코끼리란 쓸모없이 돈만 많이 드는 시설을 말합니다. 유래는 이렇습니다.

옛날 태국에서는 하얀 코끼리를 매우 신성시했습니다. 왕들은 마음에 들지 않는 신하가 있으면 하얀 코끼리를 선물했습니다. 먹성 좋은 코끼리는 별 쓸모가 없지만 유지비용이 많이 들었습니다. 신성한 동물인 데다 왕이 선물했으니 신하는 하얀 코끼리를 감히 버릴 수 없었고, 그러다 결국 파산했습니다.

강릉 스피드스케이팅 경기장과 강릉 하키센터는 모두 2,300억 원을 들여 만들었지만 유지비가 너무 많이 들어 하얀 코끼리가 되었습니다. 두 시설의 운영비는 연간 85억 원에 달해 2~3년만 지나면 철거비용(170억 원)을 넘어섭니다. 이런 비용은 강원도가 자체적으로 해결하기에는 너무 큰 액수여서 운영과 철거에 대한 논란이 일었습니다.

캘린더와 관련된
흥미로운 경제용어들

연초 효과/1월 효과 · 11월 효과 · 산타랠리 · 4월 효과 · 핼러윈 효과 · 서머랠리 · 주말
효과 · 허니문랠리

사람은 계절을 탑니다. 봄을 타는 사람이 있는가 하면 가을을
타는 사람이 있고, 해가 바뀌는 시점인 연말과 연초를 타는 사람
도 있습니다. 사람처럼 경제도 계절을 탑니다. 사람들의 경제활동
이 계절의 영향을 받기 때문입니다.

특정 시점에서 주가가 강세 또는 약세를 보이는 현상을 '캘린
더 효과(Calendar effect)'라고 부릅니다. 증권시장에서 주로 사용되
지만 생산과 소비, 물가 등 거시경제 전반으로 의미가 확장되고
있습니다.

• 연초 효과 / 1월 효과 January effect

통상 1월과 2월에는 증시가 강세를 보입니다. 이런 현상을 '연초 효과'라 부릅니다. 마땅한 이유가 없는데도 주가가 상승합니다. 새해에 대한 기대감이 반영된 거라는 분석이 있습니다. 특히 1월에 증시 상승이 뚜렷합니다. 그래서 '1월 효과'라는 용어가 생겼습니다.

위키피디아를 보면 1월 효과는 투자은행가인 와츠텔이 1942년 처음 주장했다고 합니다. 그는 1925년 이후 매년 1월 중순까지는 소형주들이 다른 주식에 비해 상승하는 경우가 많았고, 특히 대통령 임기 4년 중 3년차 때 이런 현상이 뚜렷하다고 주장했습니다. 경제학자들의 분석에 따르면 미국뿐 아니라 영국, 일본, 독일 등 주요 국가에서 1월 주가가 전체 월평균 상승률보다 2%정도 높게 오르는 것이 발견되었습니다.

1월 효과는 1월의 기대심리와 함께 세금, 보너스, 기업 실적발표의 효과도 있는 것으로 경제학자들은 보고 있습니다. 미국은 한국과 달리 주식양도 차익을 과세하는데 손실분은 공제가 됩니다. 때문에 개인 투자자들이 연말 절세혜택을 보기 위해 손실이 생긴 주식을 매각하는 경향이 많다고 합니다. 절세 효과를 노린 급매다 보니 대형주보다는 소형주를 많이 매각합니다. 해가 바뀌어 1월이 되면 투자자들은 팔았던 주식을 다시 사 모으다 보니 주가가 올라간다는 것입니다.

또한 연말에는 보너스가 많이 지급됩니다. 직장인들은 1월이 되면 보너스의 일부로 주식을 매입하기 때문에 주가가 상승 압력을 받는다는 설명도 있습니다. 미국 기업의 실적발표는 1월인데, 경영 성과가 좋은 기업들을 중심으로 증시에 상승 기류가 생긴다는 분석도 있습니다. 개연성이 있습니다.

• 11월 효과 November effect

연초 증시 상승세는 전년 11월부터 시작됩니다. 잠잠하던 증시는 11월부터 서서히 불이 붙는데 이를 '11월 효과'라고 합니다. 추수감사절 이후 할인 판매 기간인 블랙프라이데이가 시작되면서 소비심리가 개선되는 것이 원인이라고 합니다.

• 산타랠리 Santa rally

11월 상승세는 12월 산타랠리가 바통을 이어받습니다. '산타랠리'는 크리스마스부터 새해까지 주가가 강세를 보이는 현상입니다. 산타클로스가 투자자들에게 선물을 줬다는 의미에서 산타랠리라는 이름이 붙여졌습니다. 크리스마스 연휴 때 가족과 친지들에게 선물을 사기 위해 소비가 급증하면서 기업의 매출액이 증가하는데, 이 때문에 투자자의 심리도 개선됩니다. 산타랠리에서 시작된 주가 상승이 1월 효과와 맞물리면 꽤 큰 폭의 연초 효과가 일어날 수 있습니다.

• 4월 효과 April effect

상반기 상승장의 끝은 4월입니다. 4월에도 강한 상승장이 생기는 경우가 많은데 이를 '4월 효과'라고 합니다. 날이 본격적으로 풀리면서 건설 경기가 살아나고 야외활동이 시작되면서 기업과 소비자들이 '경기가 나아지는 것 같다'고 느끼면서 기업심리와 소비자심리가 개선된다는 것입니다.

• 핼러윈 효과 Halloween effect

5월 이후 주식시장은 조정에 들어가는 경향이 많습니다. 5월부터 핼러윈데이가 있는 10월까지 투자자들이 투자를 자제하는 경향이 있는데 이를 '핼러윈 효과'라고 부릅니다. 1970~2017년 스탠더드앤드푸어스(S&P)500지수는 11월부터 다음해 4월까지 평균 6.9% 상승했습니다. 하지만 5~10월에는 평균 5.4% 오르는 데 그쳤습니다. 벤 제이콥슨 뉴질랜드 매시대학교 교수는 〈언제 어디서나 적용되는 핼러윈 효과〉 논문을 통해 겨울철 기간 증시 수익률은 여름철 기간에 비해 평균 4.5% 높았다고 밝혔습니다.

• 서머랠리 Summer rally

날이 더워지기 직전에 '서머랠리'가 찾아오는 경우도 있습니다. 매년 6~7월 사이 주가가 상승하는 장을 말합니다. 펀드 매니저들이 여름휴가를 떠나기 전에 주식을 미리 사려고 하다 보니 수요가 몰려서 상승상이 형성되는 것으로 전문가들은 보고 있습니다. 다만 서머랠리는 1월 효과에 비해 패턴이 그다지 뚜렷하지 않고 학계에서도 별도로 분석되지도 않아 실체가 없다는 주장도 많습니다.

- **주말 효과**Weekend effect

주별로도 주가가 영향을 받습니다. 기업들이 부정적인 정보를 공시하는 때는 언제일까요? 주로 금요일장이 끝난 이후입니다. 주말이 지나다 보면 그 충격이 완화될 수 있기 때문입니다. 부정적인 정보를 가득 안고 시작하는 월요일장이 좋을 리 없습니다. 유독 블랙먼데이가 많은 것도 이 때문입니다. 월요일 증시가 직전 증시인 금요일 증시보다 하락하는 현상을 '주말 효과'라고 합니다.

- **허니문랠리**Honeymoon rally

정치적 이벤트도 주가와 경제지표에 영향을 미칩니다. 새 정부가 출범하면 경기가 회복되고 증시가 오르는 경향이 있는데 이를 '허니문랠리'라 부릅니다. 그간의 정치적 불확실성이 사라지고 경기 부양에 대한 기대감이 커지면서 소비심리가 살아나고 증시가 상승 압력을 받는다는 것입니다. 2017년 미국 트럼프 대통령 취임 당시 뉴욕 증시를 비롯해 런던, 프랑크푸르트 등의 증시가 일제히 올랐습니다. 2018년 1월 다우지수가 사상 처음 2만선을 넘자 '트럼프랠리'라는 말도 만들어졌습니다. 문재인 정부가 출범한 2018년 5월에 코스피지수는 2300선을 넘어서며 강한 상승장이 형성되었습니다.

심리와 관련된
흥미로운 경제용어들

피그말리온 효과·스티그마 효과·플라시보 효과·노시보 효과

겨우내 매섭던 바람에 봄기운이 느껴지면 서서히 소비가 늘어납니다. 그런 날은 어디 밖에 나가 전망 좋은 카페에서 커피 한 잔을 해도 좋고, 마음 맞는 친구와 가벼운 쇼핑을 해도 좋습니다. 봄바람에 괜한 춘정이 지갑을 열게 만듭니다.

사람들은 합리적으로 경제활동을 합니다. 한푼을 써도 나에게 득이 되는지 실이 되는지를 꼼꼼히 따집니다. 하지만 항상 그런 것은 아닙니다. 때론 매우 감성적으로 소비가 이뤄집니다. 기분이 좋은 날은 무리가 된다는 것을 알면서도 한턱 내는 것을 마다하지 않습니다. 집값이 비싸다고 느끼면서도 가격이 상승하면 사지 못할까봐 안달이 납니다. 그래서 "경제는 심리"라고도 합니다.

• 피그말리온 효과 Pygmalion effect

2016년 리우올림픽 여자 태권도에서 금메달을 딴 오혜리 선수는 카카오톡 대화명에 '피그말리온'을 썼습니다. '피그말리온 효과'란 자신 혹은 타인의 긍정적인 믿음이나 기대, 예측이 그 대상으로 하여금 그것에 부응하는 행동을 하도록 하면서 좋은 결과를 가져오는 효과를 말합니다.

쉽게 말해 "잘한다 잘한다" 하면 정말로 잘해지는 현상입니다. 오혜리 선수는 피그말리온 효과를 떠올리면서 끊임없이 세계 최고가 되는 꿈을 꿨을 것이고, 마침내 그 꿈을 이뤘습니다.

유래는 이렇습니다. 피그말리온은 그리스 신화에 나오는 키프로스의 왕입니다. 키프로스 섬의 여인들은 나그네들을 박대했는데, 이를 본 아프로디테(비너스)는 화가나 여인들에게 저주를 내렸습니다. 여인들은 이후 나그네들에게 몸을 팔게 되었습니다. 피그말리온은 키프로스 여인들의 방탕함에 탄식하며 홀로 살다 자신이 상아로 만든 아름다운 여인을 사랑하게 되었습니다. 그는 그 조각에 '갈라테이아'라는 이름을 붙였습니다. 아프로디테의 축제날, 피그말리온은 갈라테이아가 진짜 여자가 되게 해달라는 소원을 빌었습니다. 아프로디테는 피그말리온의 정성에 감복해 조각상을 여인으로 만들어줬고, 피그말리온은 이 여인과 결혼합니다.

피그말리온과 갈라테이아에 대한 신화는 많은 문학가들에게 영감을 줬습니다. 버나드 쇼는 희곡 〈피그말리온〉을 썼고, 이 작품은 뮤지컬영화 〈마이 페어 레이디〉로 각색되었습니다. 〈피노키오〉나 〈프랑켄슈타인〉도 이 같은 범주에 속하는 작품들입니다.

• 스티그마 효과 Stigma effect

"너는 안 돼"를 반복하면 진짜로 안 됩니다. 이를 '스티그마 효과(낙인효과)'라고 부릅니다. 다른 사람으로부터 부정적인 말을 계속해서 들으면 자신의 행동도 부정적으로 변하는 것을 말합니다. '스티그마'란 불에 그을린 인두로 가축의 등에 찍은 낙인을 말합니다.

1960년대 미국 사회학자 하워드 베커는 '낙인 이론(Labelling Theory)'을 제안했습니다. 범죄를 저질러 범죄자라는 딱지가 붙으면 출소하더라도 사회적으로 기회를 얻기 힘들어져 결과적으로 다시 범죄를 저지르게 된다는 것입니다. 『레미제라블』에서 배고픈 조카들을 위해 빵 두개를 훔친 장발장은 가석방된 이후 좀처럼 일자리를 얻지 못합니다. 마리엘 신부를 만나지 못했더라면 장발장은 일개 범죄자로 생을 마쳤을지 모릅니다.

스티그마 효과는 피그말리온 효과와 정 반대의 의미를 가집니다. 스티그마 효과와 피그말리온 효과는 자신이 예언한 대로 결과가 나온다나는 뜻에서 '자기실현적 예언'이라고도 합니다.

• 플라시보 효과 Placebo effect

식당에서 밥을 먹던 한 아이가 "엄마 배 아파"라며 칭얼댑니다. 엄마가 아이 배에 손을 갖다 대고는 "배야, 빨리 나아라~" 하며 쓰윽쓰윽 문지릅니다. 잠시 후 아이는 언제 배가 아팠느냐는 표정으로 활짝 웃더니 다시 수저를 듭니다. 엄마 손은 약손입니다. 의학적으로 증명은 안 되지만 효험을 본 사람이 숱합니다.

가짜 약을 진짜 약이라고 속여도 환자의 병세가 나아지는 현상을 '플라시보 효과'라고 합니다. 플라시보란 '만족스럽게 하다' '좋아지게 하다'라는 뜻의 라틴어입니다. 의학이 발전하기 전 환자들을 치료하는 역할은 주술사의 몫이었습니다. 주술사의 주술이나 무당의 굿, 목사의 기도는 종종 아픈 사람을 낫게 했습니다.

　1794년 이탈리아 의사 게르비가 치통환자의 이에 벌레 분비물을 발랐더니 환자 3명중 2명은 1년간 치통을 앓지 않았습니다. 그 벌레의 분비물이 치통에 효과가 있다는 과학적 근거는 없었지만 게르비나 환자나 모두 효과가 있을 것이라 믿었고, 실제로도 효과가 나타난 것입니다.

　의학적으로 보면 통증을 호소하는 환자의 30%가량은 가짜 약을 먹어도 진짜 약이라고 믿는다면 통증이 잦아진다고 합니다. 플라시보 효과는 가짜 약 효과라고 해서 '위약(僞藥) 효과'라고도 합니다. 플라시보 효과는 환자가 의사를 신뢰할수록, 한번 약을 먹어서 그 약의 효과를 본 환자일수록 효과가 좋다고 합니다. 똑같은 약이라도 가격이 비싸면 더 잘 듣는다는 보고도 있습니다. 경제가 어려울 때 정부가 시급히 추가경정예산 편성을 발표하는 것은 추경편성 소식 자체만으로도 경제 주체들에게는 심리 회복의 효과가 나타나기 때문입니다.

　플라시보 효과는 소비자의 구매 판단에도 영향을 미칩니다. '유기농 우유'나 '유기농 콩'을 먹으면 왠지 몸에 좋을 것 같습니다. 실제 품질 차이는 그다지 크지 않을 수 있지만 소비자의 체감은 다릅니다. 이들 상품이 일반 상품보다 훨씬 비싼 이유입니다.

• 노시보 효과 Nocebo effect

아무리 좋은 약을 먹여도 환자가 '나는 틀렸다'라고 생각하면 약효가 반감될 수 있습니다. 이런 현상을 '노시보 효과'라고 부릅니다. 1961년 미국의 의사 월터 케네디가 제안한 용어로, '해를 입게 되다'라는 라틴어에서 유래했습니다.

심리학자 어빙 커시는 대학생들에게 깨끗한 공기를 마시게 한 뒤 공기에 독소 성분이 포함되어 있었다고 거짓말을 했습니다. 그러면서 한 집단에는 여성이 공기를 마시고 고통스러워하는 모습을 보여줬습니다. 실험 결과 여성의 모습을 본 집단에서는 고통을 호소하는 사람들이 많았습니다.

정부가 경기부양 대책을 내더라도 '경기가 살아나기 힘들 거야'라고 경제 주체들이 생각한다면 아무리 돈을 풀어도 경기가 반등하기 힘듭니다. 2011년 경기위축이 눈에 띄게 진행되자 박재완 기획재정부 장관은 "진짜 약을 먹고도 환자가 믿지 못해서 병이 낫지 않는 노시보 효과를 경계해야 한다"고 말했습니다.

노시보 효과는 환자에게 부작용을 자세히 말해주는 것에 대한 논란을 불러오기도 했습니다. 부작용을 자세히 알게 되면 약에 대한 신뢰가 떨어져 치유에 도움이 되지 않는다는 것입니다. 세상에 과하면 좋을 것이 없습니다.

그리움과 관련된
흥미로운 경제용어들

므두셀라 증후군·레트로 마케팅·뉴트로·헤리티지 마케팅

"지나간 것은 그리워진다"는 푸쉬킨의 말이 맞았습니다. 혹시 꽐도네넴띤을 아시나요? 그렇다면 팔도비빔면은 아시나요? 꽐도네넴띤을 안다면 당신은 밀레니얼 세대이고, 팔도비빔면만 안다면 그냥 아재입니다.

꽐도네넴띤이란 '팔도비빔면'을 멀리서 보이는 대로 읽은 것이라고 합니다. '팔도비빔면' 특유의 글씨체가 빚어낸 착시입니다. 예를 들어 페이스북은 떼이스북, 식혜는 싀혜, 멍멍이는 댕댕이라고 하는 식입니다. 이 같은 언어유희를 1020세대는 '야민정음'이라 부릅니다.

• 므두셀라 증후군 Methuselah syndrome

'므두셀라 증후군'이란 추억을 아름답게 포장하거나 나쁜 기억을 지우고 좋은 기억만 남기려는 심리를 말합니다. 므두셀라는 구약성서에 나오는 노아의 할아버지입니다. 969살까지 살았던 므두셀라는 나이가 들수록 회상할 때 좋은 기억만 떠올리고, 좋았던 과거로 돌아가고 싶어 했습니다.

므두셀라 증후군은 기억을 왜곡하는 도피심리와 관련이 깊다고 봅니다. 과거를 객관적으로 인지하기보다 좋은 기억만 선별적으로 떠올려 어려운 현실을 피하려 한다는 것입니다. 또한 자기가 지나온 삶에 정당성과 자긍심을 불어넣기 위한 방어심리이기도 합니다. 견디기 힘들었던 군대시절, 학창시절, 가난했던 시절이 유독 더 아름답게 느껴지는 것은 이 때문입니다. 이뤄지지 못한 첫사랑도 회상해보면 나쁜 기억보다 좋은 기억이 더 많이 떠오릅니다.

므두셀라 증후군은 오늘 우리가 힘을 낼 수 있는 긍정 에너지가 됩니다. 하지만 반대의 경우도 있습니다. 과거의 영광에 빠져 빠져나오지 못한다면 퇴행의 원인이 되기도 합니다.

• 레트로 마케팅 Retro marketing

과거를 아름답게 기억하려는 심리를 마케팅에서 이용한 것이 '레트로 마케팅'입니다. 과거의 향수를 자극하는 상품으로 고객을 유혹하는 것을 말하는데 '과거를 빌려와 현재를 판다'고도 할 수 있습니다. Retrospect의 약자인 레트로라는 단어가 처음 마케팅에서 쓰인 것은 1970년대입니다. 그 이후 패션, 자동차, 유통 등 분야를 가리지 않고 레트로 마케팅이 보급되었습니다.

레트로 마케팅은 우리말로 풀어 '복고 마케팅'이라고 합니다. 최근 새우깡이나 초코파이, 라면 등이 1970년대 혹은 1980년대 출시 당시의 포장 디자인으로 다시 출시되어 시판되고 있습니다. 영화 〈국제시장〉과 〈보헤미안 랩소디〉가 1천만 명이 넘는 관객을 유치한 것도 레트로의 힘입니다. 최근 각 지자체들은 1960~1970년대를 재현한 추억의 거리를 조성하고 있습니다. 당시 학생들의 교복이나 교련복을 입는 이벤트도 종종 볼 수 있습니다.

레트로 마케팅은 과거 세대에게는 친근함과 그리움을, 젊은 세대들에게는 겪어보지 못한 시기에 대한 호기심을 불러일으킵니다. 적은 광고비를 쓰고도 높은 인지 효과를 거둘 수 있습니다. 이미 친숙한 것들이어서 추가적인 홍보가 필요없습니다. 레트로 마케팅은 현실이 어려울 때 더 잘 먹히는데, 그 이유는 아름다웠던 그 시절로 돌아가고픈 욕구를 자극하기 때문입니다.

레트로가 주목받는 또 하나의 이유는 1960년대 후반~1980년 초반에 태어난 2차 베이비붐 세대가 소비 주체로 부상했기 때문입니다. 연간 100만 명씩 태어난 이들이 추억을 곱씹어 되새기고 소비하기 시작하면서 레트로가 팔리고 있습니다.

• 뉴트로 Newtro

레트로도 진화하고 있습니다. 새로움(New)과 복고(Retro) 더한 '뉴트로'가 등장했습니다. 뉴트로란 오래된 스타일을 새롭게 즐기는 문화를 말합니다. 가요무대에 7080 가수들이 노래를 부르는 것은 '레트로'지만 복면가왕에서 아이돌 그룹이 그 노래를 재해석해 부르면 '뉴트로'입니다. '팔도비빔면'으로 팔리면 '레트로'지만 '괄도네넴띤'으로 팔리면 뉴트로입니다.

그러니까 레트로는 주로 40, 50대가 소비한다면 뉴트로는 20, 30대도 소비합니다. 뉴트로는 아버지세대와 자녀세대 모두가 마케팅 대상입니다. 온고지신(溫故知新: 옛 것을 익혀 이를 통해 새 것을 안다)의 경영학판 모델로 볼 수 있습니다.

• 헤리티지 마케팅 Heritage marketing

과거에서 새로움을 추구하는 마케팅 기법입니다. 헤리티지(유산) 마케팅이란 기업과 제품의 오랜 역사와 전통을 마케팅에 이용하는 것을 말합니다.

코카콜라는 100주년 기념으로 '헤리티지 컬렉션 세트'를 발매했습니다. 가장 사랑받았던 광고 캠페인과 캐릭터를 담아 10년 단위로 디자인한 병과 코카콜라 전용 잔이었습니다. 2014년에 롯데리아는 20년 전인 1994년 판매된 가격으로 햄버거 1개에 1,400원에 팔아 화제가 되었습니다.

현대차도 최근 포니, 코티나, 스텔라 등을 헤리티지화 할 예정이라고 합니다. 헤리티지 마케팅은 기업이 보유한 전통을 극적으로 살린다는 점에서 레트로·뉴트로 마케팅과 닮았으면서도 다릅니다.

어린이와 관련된 흥미로운 경제용어들

엔젤 산업 · 엔젤 계수 · 에잇 포켓 · 텐 포켓 · VIB · 골드키즈 · 소황제/소공주 · 키덜트 족 · 리퍼브 제품 · 병행수입

아무리 불황이라도 부모들은 자녀를 위해 지갑을 엽니다. 아이는 저성장 소비시장에서도 귀한 고객입니다. 그래서 광고시장에서는 Baby(아기)와 Beauty(미용), Beast(동물)를 묶어 3B시장이라고 부릅니다.

• 엔젤 산업 Angel industry

취학 전까지 영유아를 대상으로 하는 사업을 '엔젤 산업'이라고 부릅니다. 영유아 교육과 문화 관련 사업이 포함됩니다. 어린이를 위한 전용 백화점, 전용 사진관, 전용 치과, 전용 액세서리 가게, 전용 도서관, 키즈카페 등이 눈에 띕니다. 백화점이나 대형 할인마트에서는 7세 미만 자녀가 있는 고객을 대상으로 각종 클

럽제를 운영하기도 합니다.

엔젤 산업은 아이를 적게 낳은 풍조 속에 관련 산업 규모가 쑥쑥 커지다 보니 생겨난 용어입니다. 노년층을 대상으로 하는 실버산업과 대비됩니다.

• 엔젤 계수 Angel coefficient

엔젤 산업은 엔젤 계수에서 유래되었습니다. '엔젤 계수'란 가계 총지출에서 차지하는 자녀 교육비의 비중입니다. 우리나라 엔젤 계수는 국민총생산(GDP) 대비 8% 수준으로 선진국(5~6%)보다 높습니다. 2015년 기준 시장 규모는 15조 원쯤 됩니다. 시장은 점점 더 커지고 있습니다.

• 에잇 포켓 Eight pocket

아이는 줄어들지만 하나밖에 없는 아이를 위해 부모뿐 아니라 친척들이 주머니를 열어 아이 1인당 지출액이 급격히 증가합니다. 이른바 '에잇 포켓' 현상으로 한 아이를 위해 8명이 주머니를 연다는 뜻입니다.

8인에는 할머니, 할아버지, 외할머니, 외할아버지, 엄마, 아빠, 이모, 삼촌 등이 포함됩니다. 과거에는 '식스 포켓'이었지만 이모와 삼촌이 추가되었습니다. 손주를 끔찍이 좋아하는 조부모를 '손주 바보', 조카를 끔찍이 아끼는 이모와 삼촌을 '조카 바보'라고 부르기도 합니다.

에잇 포켓 현상은 과거와 달리 경제력이 있는 조부모들이 많고 결혼을 늦게 하는 이모와 삼촌이 많다 보니 생겨난 현상으로도 볼 수 있습니다. 한화생명이 60대의 지출을 분석한 결과를 보면 어린이 용품인 인형, 완구, 아동용 자전거 지출액이 8만 2,000원으로 40대(7만 3,000원)와 50대(7만 5,000원)보다 많았습니다. 신혼부부가 많은 30대(8만 5,000원)과 비슷했습니다. 손주를 위해 돈을 그만큼 많이 쓴다는 이야기입니다.

• 텐 포켓 Ten pocket

에잇 포켓도 옛말이 되어갑니다. '텐 포켓'은 에잇 포켓에다 부모의 지인까지 포함해 10명이 한 아이를 위해 지출한다는 의미입니다. 한 가정에 아이가 하나 이상 있는 집이 많지 않다 보니 친구의 자녀를 위해 돈을 쓰는 게 부담스럽지 않게 되었습니다. 특히 어린이날이나 아이 생일 같은 날이라면 말입니다.

• VIB Very Important Baby

'VIB'는 매출에 큰 기여를 하는 어린이 고객을 지칭하는 용어입니다. VIP(Very Important Person)에서 따온 것으로 에잇 포켓 현상과도 관련이 깊습니다. 어린이날, 생일, 입학식, 졸업식 등 기념일에는 각종 할인쿠폰을 제공하면서 소비를 유도합니다. 한 사람을 위해 8명의 주머니가 열리려고 대기를 하고 있으니 VIB라 불릴 만합니다. 그래서 마케팅에서는 VIB(Very Important Baby)를 주목합니다.

• 골드키즈 Gold Kids

황금처럼 소중한 아이라는 뜻인 '골드키즈'라는 용어도 자주 쓰입니다. 왕자나 공주와 같은 대접을 받으며 귀하게 자란 아이를 의미하는 신조어입니다.

• 소황제/소공주 小皇帝·小公主

중국에는 골드키즈와 비슷한 말로 '소황제(小皇帝·샤오황디)'가 있습니다. 작은 황제처럼 소중한 아이라는 뜻입니다. 여자 아이는 '소공주(小公主)'라고도 합니다. 소황제는 1979년 덩샤오핑(鄧小平)의 독생자녀제(獨生子女制: 1가구 1자녀 원칙)가 낳은 사회현상입니다. 1980년대에 태어난 아이들이어서 바링허우(80년생) 세대로 분류됩니다.

강력한 산아제한 정책 아래 단 1명의 아이를 갖게 된 중국 가정은 최근 급속한 경제성장으로 주머니가 두둑해지자 내 아이를 위해 돈쓰는 것을 아끼지 않습니다. 반면 소황제는 부모의 과보호 아래서 태어나 이기적이고 버릇이 없다는 사회적 평가도 있습니다.

1980년대생인 소황제는 현재 중국에서 소비를 이끌고 있습니다. 해외문화를 좋아하고, 디지털기기에도 익숙합니다. 이들은 중국에서 K-화장품, K-POP, 한국여행 등을 소비하는 주체로 떠올랐습니다.

• **키덜트족** Kidult

엔젤 산업 주변을 기웃거리는 어른들도 있습니다. 바로 '키덜트족'입니다. 키덜트란 키드(kid·아이)와 어덜트(adult·어른)의 합성어로, 20~30대 어른이 되었지만 여전히 어린이의 분위기와 감성을 추구하는 성인들을 말합니다.

회사 책상에 키티인형을 올려놓은 직장인, 가방에 엽기토끼를 달고 다니는 대학생들이 있습니다. 일본 아니메 덕후들 중에서도 키덜트족이 많습니다. 조립 완구로는 건담이, 캐릭터로는 토토로 등이 여전히 인기입니다. 레고는 키덜트족의 사랑을 받으며 쭉쭉 성장한 대표적인 기업입니다. 키덜트는 1985년 8월 11일 〈뉴욕타임스〉에 처음 등장한 용어로 알려져 있습니다.

• **리퍼브 제품** Refurbished product

저출산에 합리적인 소비를 추구하는 부모들이 늘어나면서 최근 엔젤시장은 B급 상품시장으로도 확대되고 있습니다. 과거에는 형이 쓰던 것을 동생이 물려받을 수 있었지만 이제는 물려받을 형제자매가 없습니다. 키즈 상품의 수명이 짧아지다 보니 새것을 사는 것이 아깝게 느껴질 수 있습니다. 또 거의 새것인 상품을 그냥 버리는 것도 아쉽습니다. 그래서 나온 것이 중고 상품 취급 매장입니다.

대표적으로 리퍼브 제품이 있습니다. '리퍼브 제품'은 공장에서 물건을 생산하다보면 약간의 흠집이나 색상이 제대로 나오지 않는 경우가 있는데 이를 손질해 정품보다 저렴한 가격으로 소비자에게 되파는 제품을 말합니다. '새로 꾸미다, 재단장하다'라는 뜻의 '리퍼비시(refurbish)'에서 나온 용어입니다.

통상 정가보다 30~40% 가격이 저렴합니다. 미국, 유럽 등에서는 꽤 오래전에 정착된 판매방식으로 별도의 매장을 설치해 러퍼브 전문 코너를 운영하기도 합니다.

생산자와 유통업체는 값싸게 재고품을 줄일 수 있고, 소비자들은 똑같은 제품을 싸게 살 수 있어 서로에게 이득이 됩니다. 장난감, 어린이 도서, 어린이 가구, 유모차 등이 인기 있습니다.

● 병행수입 Parallel import

온라인으로 '병행수입'으로 상품을 구매하는 부모들이 부쩍 많아졌습니다. 병행수입이란 한 상표의 상품을 여러 수입업자가 수입해 국내에 판매할 수 있는 제도입니다. 즉 특정 상표의 상품을 생산자와 정식 유통 계약을 맺지 않고 다른 유통업자를 통해서 수입·판매하는 것입니다.

병행수입은 1995년부터 수입 공산품의 가격 인하를 위해 도입되었습니다. 외국상품의 국내 상표권자가 국내에서 독자적인 제조·판매망을 갖고 있지 않을 경우에만 병행수입이 허용됩니다. 다만 제품을 구입한 업체(쇼핑몰)에서만 A/S 및 교환/환불이 가능합니다.

초록과 관련된
흥미로운 경제용어들

그린슈트·골든골·옐로우 위즈·그린본드·ESG 채권·그린 거래소·그린백·그린
메일·블랙 메일·그린북·그린필드형 투자

경제가 초록으로 물든다면 어떨까요? 파랑과 노랑을 섞어 만
든 초록은 우리 눈에 가장 편안함을 주는 색입니다. 평화와 안전,
중립을 상징합니다. 그런 만큼 경제도 초록으로 물들면 좋습니다.

• 그린슈트 Green Shoots

봄의 새싹은 겨우내 얼어 있던 땅을 뚫고 올라옵니다. 오랫동
안 계속된 경기침체 속에 살짝 고개를 쳐들기 시작한 경기 회복
의 기미와 비슷합니다. 그래서 붙은 이름이 '그린슈트'입니다. 그
린슈트는 경기가 침체된 상황에서 경기선행 지수, 소매판매액 지
수, 실업률, 수출, 증시, 부동산, 대출액, 소비자심리 등 일부 지표
가 하나씩 호전될 때 쓸 수 있습니다.

1991년 영국의 정치인 노르만 라몬트는 경기침체 중 경기 반등에 대한 견해를 밝히면서 그린슈트라는 단어를 썼습니다. 2009년 3월 벤 버냉키 연방준비위원회(FRB) 의장이 CBS 방송사와의 인터뷰에서 이 용어를 쓴 이후 널리 알려졌습니다.

2010년 김중수 한국은행 총재도 미국 경제의 반등 조짐을 언급하면서 그린슈트라는 용어를 쓰기도 했습니다. 스티브 로치 예일대 교수는 2019년 미국 CNBC에 출연해 "중국 정부가 감세와 통화 완화 정책을 통해 경기부양에 나서면서 '그린슈트'가 일부 나타나기 시작했다"고 말했습니다.

● 골든골 Golden Goal

만약 그린슈트 상황을 넘어서 완연한 경기 회복세가 나타난다면 '골든골'이라는 용어를 씁니다. 가을에 황금빛 열매가 들판에 가득한 것처럼 그린슈트가 상황이 성숙돼 경기 회복의 과실을 따먹을 상황이 되었다는 이야기입니다.

● 옐로우 위즈 Yellow Weeds

그린슈트는 때때로 희망 섞인 기대에 불과할 수도 있습니다. 오랜 경기침체 속에서도 기저효과 등으로 지표 한두 개 정도는 순간적으로 개선될 수 있기 때문입니다. 경기 회복세를 타는 듯하다가 다시 시드는 것을 '옐로우 위즈'라고 부릅니다. 2009년 '닥터 둠'인 루비니 뉴욕대학교 교수는 버냉키 의장의 그린슈트 발언에 대해 "내게는 '옐로우 위즈'처럼 보인다"며 반박했습니다.

그린본드 Green Bond

초록은 통상 친환경을 의미합니다. 친환경 관련 프로젝트에 투자하는 채권을 '그린본드'라고 부릅니다. 국제자본시장협회(ICMA)가 자율적으로 마련한 '그린본드 원칙'에 따르면, 그린 프로젝트란 신재생에너지 개발·에너지 효율성 향상·공해 방지·생물자원 관리·생물 다양성 보존·청정 운송·수자원 관리·기후변화 적응·환경 친화상품 개발 등 9개 분야입니다.

첫 그린본드는 2007년 유럽투자은행(EIB)에서 발행한 '기후 인식본드'로 알려져 있습니다. 이후 세계은행, 아프리카 개발은행 등 최우량 신용등급을 가진 국제기구가 차례로 그린본드를 발행하면서 시장이 형성되었습니다. 2013년 이후에는 민간은행과 정부 소유 은행들도 그린본드를 발행하기 시작했습니다.

한국에서도 2013년 한국수출입은행이 5억 달러의 그린본드를 처음 발행했습니다. 2018년 산업은행은 3천억 원 규모의 그린본드를 국내 자본시장에서 첫 발행했습니다. 이어 신한은행도 2천억 원짜리 그린본드를 찍었습니다. LG화학은 2019년 세계 화학업계 최초로 그린본드 15억 6천만 달러(약 1조 7,800억 원)을 발행해 화제가 되었습니다. LG화학은 그린본드 발행을 통해 모은 자금으로 전기차 배터리 수주 물량 공급을 위한 투자자금으로 사용하겠다고 했습니다. 외화도 조달하고 친환경 기업 이미지도 높이는 일석이조의 효과를 거둔 셈입니다.

- **ESG 채권** Environment·Social·Governance

환경과 사회, 기업 지배구조 분야에 사용하기 위해 발행하는 채권을 통틀어 'ESG 채권'이라고 부릅니다. 환경(Environment)·사회(Social)·지배구조(Governance)의 첫 글자를 땄습니다. 그린본드와 함께 소셜 본드, 혹은 2개가 결합된 지속가능 채권 등이 여기에 속합니다.

- **그린 거래소** Green exchange

뉴욕상업거래소(NYMEX)가 2008년 개설한 환경 파생상품 거래소로 '그린 거래소'가 있습니다. 이 거래소는 전 세계 탄소 배출권 계약을 모태로 만든 환경 파생상품을 사고팝니다.

골드만삭스, 모건스탠리 등 글로벌 투자은행들은 향후 탄소배출권과 관련해 탄소 시장이 커질 것이라며 그린 거래소에 투자했습니다. 지금은 탄소 시장이 작지만 급속하게 성장하는 만큼 향후에는 스왑, 옵션과 같은 정교한 환경 파생상품도 나올 것으로 전망됩니다.

- **그린백** Green back

초록은 달러를 상징하는 색깔입니다. 미국 달러는 '그린백'이라는 애칭이 있습니다. 과거 미국 달러는 뒷면이 초록 잉크로 인쇄된 지폐였기 때문에 나온 말입니다.

그린백은 미국 남북전쟁 때인 1860년대 미국 정부가 군수산업에 종사하는 노동자와 군인들에게 지급하기 위해 찍은 돈입니다.

당시는 금본위제라 가지고 있는 지폐를 가져가면 금으로 바꿔줘야 했습니다. 금이 충분하지 않았던 미국 정부는 시중은행에 돈을 빌리려 했지만 이자가 너무 쎘습니다. 전비를 마련할 수 없게 되자 미국 정부는 정부가 지급 보증해주는 형태로 독자적인 지폐를 발행했습니다. 지폐로는 첫 법정화폐가 된 이 돈은 에이브러햄 링컨이 만들어 '링컨의 그린백'이라고도 부릅니다. 1994년 그린백은 유통이 중단되었지만 여전히 달러를 상징합니다.

• 그린 메일 Green mail

보유한 주식을 팔기 위한 목적으로 대주주에게 보내는 편지를 '그린 메일(Green mail)'이라 부릅니다. '초록색 달러화를 요구하는 편지'라는 의미를 갖고 있기 때문입니다.

그린 메일은 경영권이 취약한 기업과 대주주를 노립니다. 대주주의 지분율이 낮은 기업의 주식을 대거 매수했다가 기회가 오면 편지를 보내 경영권을 유지하고 싶으면 주식을 되사도록 요구하기 때문입니다. 이런 식으로 보유 주식을 높은 가격에 팔아 수익(프리미엄)을 챙기는 투자자를 '그린 메일러(Green mailer)'라 부릅니다. 그린 메일러의 다른 이름은 '기업 사냥꾼'입니다.

• 블랙 메일 Black mail

그린 메일러가 기업에 부당하게 돈을 뜯어내는 사기나 공갈 행위를 동반할 때는 '블랙 메일'이라 부르기도 합니다. 블랙 메일은 그린 메일에 비해 악성 사기꾼 냄새가 물씬 들어가 있습니다.

• 그린북 Green book

우리나라에는 '그린북'이 있습니다. 기획재정부가 매달 발행하는 보고서로 한국 경제동향을 담고 있습니다. 정식 명칭은 '최근 경제동향'입니다. 이 보고서를 그린북이라고 부르는 것은 겉표지가 초록이기 때문입니다. 미국의 경제동향 보고서는 책 표지 색깔이 베이지이기 때문에 '베이지북'이라 부릅니다.

• 그린필드형 투자 Green field investment

'그린필드형 투자'라는 용어도 알아둘 만합니다. 기업이 해외에 자체 부지를 확보하고 공장과 사업장을 설치해 고용을 창출하는 형식의 직접 투자 형태를 말합니다. 투자자 입장에서는 투자비와 시간이 많이 소요되지만 투자를 받는 입장에서는 고용 창출 효과가 클 수 있습니다.

현대차가 미국 앨라바마에 자동차 공장을 지은 것이 그린필드형 투자입니다. 이미 건설되어 있는 공장이나 회사를 사거나 합작해서 진출하는 것은 브라운필드 투자 방식이라고 부릅니다. GM이 대우차를 인수해 GM대우로 한국에 진출한 예가 있습니다.

소비와 관련된
흥미로운 경제용어들

밴드왜건 효과 · 스놉 효과 · 과시적 소비 · 베블런 효과 · 네트워크 효과

자본주의는 소비사회입니다. 얼마나 많은 소비를 할 수 있느냐에 따라 부가 측정되고, 행복이 측정됩니다. 경제학은 "인간은 합리적이라서 합리적인 소비를 한다"고 합니다. 그런데 우리는 정말 합리적으로 소비를 하고 있을까요? '지름신'이 강림하면 너무나 쉽게 지갑을 여는데, 내가 잘못된 것일까요?

• 밴드왜건 효과 Band wagon effect

영화 〈어벤저스: 엔드게임〉은 개봉 11일 만에 역대 최단 기간 1천만 영화의 대열에 올랐습니다. 하지만 이 영화를 본 사람들이 모두 마니아라고 생각하면 오산입니다. 영화가 재밌다는 입소문에 '안 보면 안 될 것 같아서' 본 사람도 적지 않습니다. 이처럼 많

은 사람들의 선택에 편승해서 상품을 소비할 때가 종종 있습니다. 이 같은 현상을 '밴드왜건 효과'라고 합니다. 밴드왜건이란 서커스나 퍼레이드 행렬 맨 앞에서 음악을 연주하는 악대차를 말합니다. 이 밴드왜건이 요란한 연주로 앞장서면 사람들도 무슨 일인지 궁금해하며 따라붙기 시작하고 사람들이 따라 붙는 것을 보며 또 다른 사람들이 따라붙어 긴 행렬이 이뤄집니다.

밴드왜건 효과는 원래 정치 쪽에서 나온 용어입니다. 1848년 미국 선거유세 때 광대였던 라이스가 마차에 악대를 태워 다니며 유권자들의 주목을 끌었습니다. 1900년 브라이언 후보가 밴드왜건에 올라타 선거유세를 하면서 선거운동의 기본이 되었습니다.

코로나19가 유행하자 호주의 대형할인매장에서 휴지가 품절 사태를 빚었습니다. 쌀, 생수처럼 필수품이 아님에도 불구하고 휴지 사재기가 일어난 것은 '남들이 사니 나도 산다'는 밴드왜건 효과의 영향이 큽니다. 밴드왜건 효과는 무리에서 떨어져 나가는 것을 꺼리는 사회적 동물로서의 심리가 영향을 많이 미칩니다.

투자심리에도 많은 영향을 미칩니다. 2018년 가상통화 비트코인이 1천만 원을 돌파했다는 소식에 너나없이 서둘러 가상통화 거래에 뛰어든 사람이 많았습니다. 2018년 서울 집값이 폭등하니 '묻지 마 투자'가 기승을 부렸습니다.

• 스놉 효과 Snob effect

남들이 "예스"라고 할 때 "노"라고 말하는 '청개구리'들이 꼭 있습니다. 남들이 다 유행을 따라가도, 이들은 결코 따라가지 않습니다. "하도 어벤저스, 어벤저스 하니까 오히려 보기 싫더라고요. 그래서 저는 안 보기로 했어요." 이들은 자신만이 특별하게 찾아낸 무언가를 홀로 소비하는 것을 즐기거나 남들이 갖지 못한 것을 소유함으로써 기쁨을 느낍니다. '나는 남들과 다르다'라고 생각하며 시류를 거부하는 심리는 '스놉 효과'로 설명할 수 있습니다.

스놉 효과란 특정 상품에 대한 소비가 증가하면 그것에 대한 수요가 줄어드는 현상을 말합니다. 스놉(Snob)이란 잘난 척을 하는 사람을 비꼬는 말로 우리말로는 '속물'로 번역됩니다. 그래서 '속물 효과'라고도 부릅니다.

남과 차별화된 취향을 갖고 있는 사람을 '속물'로 보는 이유는 어떤 측면에서는 부자들의 소비 형태와 매우 닮았기 때문입니다. 부자들은 자신들이 줄곧 써오던 물건이라도 그것이 대중화가 되면 더 이상 쓰지 않고 다른 상품으로 바꾸는 성향이 있습니다. 돈으로서 남과 나를 차별화시키려는 '과시적인 모습'이 마치 까마귀가 몰려들면 백로가 멀리 떨어지려는 것과 닮아 보인다고 해서 스놉 효과는 '백로 효과'로 불리기도 합니다.

• 과시적 소비 Conspicuous consumption

경제학자들은 인간은 합리적이기 때문에 비싼 물건은 사지 않는다고 봤습니다. 소비자는 수요공급 법칙에 따라서 가격 대비 그만큼의 타당한 가치가 있는 물건을 합리적으로 구매한다고 생각했습니다. 하지만 미국의 사회학자 소스타인 베블런은 1899년 『유한계급론』에서 "유한계급, 즉 상류계층의 두드러진 소비는 사회적 지위를 과시하기 위해 자각 없이 행해진다"고 밝혔습니다. 이른바 '과시적 소비'입니다.

상류층, 즉 특별히 일을 하지 않아도 경제적 여유를 누릴 수 있는 사람들은 어떤 물건의 값이 오르면 오를수록 오히려 그 제품을 더 구매하고 그것을 통해 자신을 과시하는 소비를 한다는 뜻입니다. 반면 값이 떨어지면 누구나 살 수 있기 때문에 그만큼의 가치가 없다고 여겨 더 이상 해당 상품을 구매하지 않습니다.

• 베블런 효과 Veblen effect

미국의 경제학자 라이벤스타인은 『유한계급론』이라는 책에서 물건 값이 오를수록 잘 팔리는 과시적 소비 형태를 '베블런 효과'라고 이름 붙였습니다. 명품 브랜드들이 가격을 올릴수록 잘 팔리는 이유가 베블런 효과로 명쾌히 설명되었습니다. 비쌀수록 잘 팔리는 상품을 '베블런재'라 부릅니다.

• 네트워크 효과 Network effect

제품의 품질보다 개인의 소비행위가 다른 사람으로 인해 긍정 혹은 부정적 영향을 받는데 이를 '네트워크 효과'라고 부릅니다. 즉 사용자들이 몰리면 몰릴수록 수요가 더 늘어나는 것으로 '얼마나 많은 사람이 샀느냐'가 구매 판단에 큰 영향을 미치게 됩니다. 일부 기획사들이 음원 순위를 조작하려 한 이유가 네트워크 효과로 설명됩니다.

편향과 관련된 흥미로운 경제용어들

근본적 귀인 오류·사후 확신 편향·인지 부조화

경제학은 선택의 학문입니다. "선택에 있어 가장 큰 영향을 미치는 것은 경제적 가치"라고 경제학은 설명합니다. 쉽게 말해 사람들은 돈이 더 된다고 생각하는 쪽을 냉정하게 선택한다는 것입니다.

그런데 우리 일상이 언제나 그렇던가요? 내 안의 편향은 선택에 큰 영향을 미칩니다.

• 근본적 귀인 오류 Fundamental attribution error

'근본적인 귀인 오류'란 어떤 문제가 발생하면 발생한 원인을 개인적인 성향이나 기질 등 개인적인 문제로 돌리는 것을 말합니다. 외부 상황이나 환경은 고려하지 않습니다. 귀인(歸因)이란 '원인을 무엇의 탓으로 돌린다'는 뜻입니다. '근본적인'이라는 형용사가 붙은 것은 이런 심리가 매우 보편적이고 너무나 쉽게 발생한다고 봤기 때문입니다.

근본적 귀인 오류가 쉽게 발생하는 것은 문제를 설명하기가 쉽기 때문입니다. 그냥 개인 탓으로 돌려버리면 복잡할 수 있는 여러 환경 요인들을 따로 분석하지 않아도 됩니다.

예를 들어 한 여학생의 수학 성적이 나쁘다면 "여자는 원래 수학을 못해"라고 말하면 그만입니다. 동남아계 외국인 노동자가 범죄를 저지르면 "동남아 출신이라서 그래"라고 일반화시키면 간단합니다.

하지만 한 여학생의 수학 성적이 나쁜 이유가 학교 수학 선생님이 맘에 들지 않아서 공부를 게을리했기 때문일 수도 있고, 외국인 노동자가 범죄를 저지른 이면에는 나쁜 한국인 사장을 만나서라는 이유가 있을 수도 있습니다.

논란이 된 『반일 종족주의』라는 책도 근본적인 귀인 오류에 빠졌을 가능성이 있습니다. 그 책은 "한국인은 일본인에 비해 나태하고 게으르다"는 인종적 편견에서 시작합니다. 한때 백인들은 흑인들은 '미개하다'고 봤습니다. 남성은 여성보다 '우월하다'고 여겼습니다. 실제로도 그럴까요? 결코 아닙니다.

근본적 귀인 오류는 사람들의 편견을 자극하기 때문에 설득시키기가 쉽습니다. 반면 이성이 아닌 감성(편견)이 의사결정에 큰 영향을 미치기 때문에 잘못된 결론에 도달할 가능성이 큽니다.

• 사후 확신 편향 Hindsight bias

잉꼬 커플로 소문났던 영화배우 A와 B가 1년 만에 파경을 맞았다는 소식이 들리자 이런 댓글이 달렸습니다. "내가 뭐랬어. 두 사람은 깨진다고 했잖아." 댓글을 쓴 네티즌은 남들이 모르는 두 사람에 대한 특별한 정보를 갖고 있었을까요?

이렇게 큰 소리를 치는 사람들은 사후 확신 편향에 빠져 있을 가능성이 큽니다. '사후 확신 편향'이란 '나는 이미 다 알고 있었다'는 편향에 빠져 판단과 결과 분석을 그르치는 것을 말합니다.

2010년 경제학자들은 2008년 금융위기에 대해 너나없이 "서브 프라임 모기지 대출이 너무 방만하게 나갔고, 파생상품은 너무 위험했다"고 말했습니다. 금융위기는 당연히 일어날 수밖에 없었다는 것입니다. 하지만 금융위기 직전인 2007년까지도 대부분의 경제학자들은 장밋빛 미래를 읊었습니다.

사후 확신 편향은 사람들에게 자신이 미래를 충분히 예측할 분석력을 갖추고 있다고 믿게 만듭니다. 이는 스스로를 오만하게 만들고, 잘못된 판단을 내리도록 이끕니다. 또한 결과가 좋으면 자신 덕분으로, 그렇지 않다면 타인을 탓하는 형태로도 많이 나타납니다.

주식시장이나 부동산시장이 들썩거릴 때는 "거봐, 그 종목 오를 줄 알았어" "그 집은 오른다고 했잖아"라고 말하는 사람들이 꼭 있습니다.

하지만 무조건 오르거나 무조건 내리는 땅이란 없습니다. 1년 뒤 코로나19가 덮쳐서 주식이 폭락하고 집값이 약세로 돌아서는 것을 예측할 수 있었던 사람은 단 한 명도 없습니다. 단지 결과론일 뿐입니다.

• 인지 부조화 Cognitive dissonance

아이가 수능시험을 망쳤습니다. 부모가 직접 목동과 대치동 최고의 학원을 택했고, 엄청난 사교육비를 투입했는데도 말입니다. 뭐가 잘못됐을까 고민하던 엄마는 이렇게 결론을 내렸습니다. "수능이 이상한 거야!"

아이가 수능에서 좋지 못한 성적을 받았다면 애초에 학원 선택이 잘못됐거나 아이의 학습 능력이 충분하지 못했을 수도 있습니다. 하지만 자신의 선택이나 (자신이 낳은) 아이의 능력을 인정하기는 죽기보다 싫습니다. 그래서 합리화시킨 것이 '수능이 어렵게 출제되었다'입니다.

자신의 행동이나 태도에 모순이 있다는 것을 인식하게 될 때 이를 인정하기보다 그 행동이나 태도를 끼워 맞춰 불편한 마음을 줄이려 하는 심리 상태를 '인지 부조화'라고 부릅니다.

심리학자인 레온 페스팅거가 1956년에 쓴 논문 〈예언이 틀렸을 때(When prophecy fails)〉를 봅시다. 1950년대 미국의 한 종말론 교주는 조만간 홍수가 나 세상이 멸망한다고 주장했습니다. 그러면서 열심히 기도를 하면 비행접시를 타고 온 외계인들로부터 구원을 받을 수 있다고 했습니다. 많은 사람이 이를 믿고 직장을 버리고 재산을 기탁한 뒤 한데 모여 기도를 했습니다.

예언의 날이 되었지만 종말은 일어나지 않았습니다. 그러자 교주는 다시 말했습니다. "우리가 열심히 기도를 해서 세상을 구했다!" 그러자 교인들은 "우리의 기도가 이뤄진 것"이라며 더 열정적으로 기도했습니다.

주식투자에 실패했을 때 "내가 잘못 투자했다"가 아니라 "증권사와 언론이 잘못된 정보를 줬다"고 비난하는 경우가 있습니다. 그런데 주식투자에 성공했을 때도 '증권사와 언론 덕분'이라고 말할까요?

역사와 관련된
흥미로운 경제용어들

파비우스의 승리·트로이의 목마·세렌디피티의 법칙·블루투스·피로스의 승리

역사적인 사건이나 인물은 경제학자나 경제인들에게 많은 아이디어를 줬습니다. 역사는 반복되는 것이어서 경제 현상을 설명하거나 상품명을 붙이는 데 제격일 때가 많았기 때문입니다. 경제를 이해하려면 때로 경제학적 지식보다는 인문사회학적 철학과 경험이 더 중요합니다.

● 파비우스의 승리 Fabius Victory

'파비우스의 승리'란 싸우지 않고 승리를 거두거나 혹은 피해를 보았더라도 결과적으로 승리하는 것을 뜻합니다.

고대 로마의 장군인 퀸투스 파비우스 막시무스는 알프스를 넘어온 카르타고의 장군 한니발에 대패하자 전쟁에 투입되었습니

다. 파비우스는 연전연승하는 한니발과 정면대결을 벌이기보다 뒤를 쫓아다니며 식량 보급로를 끊었습니다.

정정당당한 전쟁을 명예롭게 여기던 로마인들은 파비우스를 '한니발의 머슴'이라고 조롱하며 쫓아냈지만 로마군이 한니발에 대패하자 다시 그를 불러들였습니다. 파비우스는 철저하게 한니발과의 전투를 피하고 카르타고 본국과 동맹을 치는 지구전을 10여 년간 펼친 끝에 승리했습니다.

파비우스는 이후 '로마의 방패'라는 칭호를 얻었습니다. 카르타고는 한니발 이외에 유능한 장수가 없었고 수적으로 병사가 부족한 반면, 로마는 수많은 장수와 군사가 있었기에 이러한 전략을 사용했습니다.

파비우스의 승리는 주식투자나 경영에 있어서도 시사점을 줍니다. 언제나 '강 대 강'의 대결이 좋은 것만은 아니라는 것입니다. 쉬어가기 투자나 전략적 제휴를 통해 싸우지 않고도 이기는 길을 찾는 것이 필요합니다. '싸우지 않고 승리하는 것이 최선'이라는 『손자병법』의 '부전이승(不戰而勝)'과도 맥락이 같습니다.

파비우스는 '페이비어니즘(Fabianism)'의 유래가 되었습니다. 페이비어니즘은 1884년 영국에서 설립된 페이비언협회(Fabian society)의 이념으로, 급진적인 혁명이 아닌 점진적인 변화를 통해 사회주의로 변해가자는 주장입니다. 페이비어니즘은 복지국가에 대한 아이디어를 제공했고, 영국 노동당의 정책에도 큰 영향을 미쳤습니다. 유명한 경제학자 케인스도 페이비언협회의 회원이었습니다.

• 트로이의 목마 Trojan horse

사이버 세계에는 악성코드인 '트로이의 목마'가 있습니다. 이 악성코드는 정상적인 프로그램으로 위장해 램에 상주하며 해커가 공격할 때 시스템 내부 정보가 빠져나가도록 방화벽을 열어주는 역할을 합니다. 마치 트로이전쟁에서 그리스인들이 군사를 숨겨 트로이 성 안으로 보낸 뒤 한밤에 빠져나와 성문을 열어주는 데 이용했던 트로이목마와 닮았다고 해서 이런 이름이 붙었습니다.

트로이의 목마 악성코드는 웹하드, 이메일의 첨부파일, P2P, 프리웨어, 불법 복제 프로그램 등을 통해 사용자의 컴퓨터에 숨어듭니다. 사용자가 이메일에 첨부된 파일을 클릭하거나 링크를 클릭하는 순간 프로그램이 실행돼 사용자의 컴퓨터를 좀비 PC로 만듭니다. 컴퓨터 바이러스가 아니어서 타 컴퓨터로 전파하는 능력은 없지만 시스템 어딘가에 숨겨진 감염파일을 통해 지우고 지워도 다시 설치되는 끈끈한 생명력을 자랑합니다. 개인정보가 유출되고, PC가 느려지고, 시스템이 파괴되는 피해가 계속되다가 전체를 포맷해야 하는 상황이 생길 수 있습니다.

트로이의 목마 개념이 처음 제시된 것은 1974년 미 공군의 취약점 분석 리포트에서였습니다. 이 개념을 처음으로 구현한 것은 세계 최초의 시판용 컴퓨터인 유니박(UNIVAC)에 포함된 게임 '애니멀(Animal)'이었습니다. 악의적인 형태의 트로이의 목마는 1980년대에 본격적으로 등장했습니다.

트로이의 목마 감염을 막기 위해서는 출처가 모호한 이메일 첨부파일이나 소프트웨어를 내려받지 않아야 합니다. 또한 낯선 배너도 함부로 클릭해서는 안 됩니다. 공짜를 미끼로 잘 접근한다는 점에서 무료 소프트웨어도 조심해야 합니다.

• 세렌디피티의 법칙 Serendipity's Low

'세렌디피티'의 사전적 의미는 '운 좋은 발견'입니다. 세렌디피티는 보물을 찾아 먼 여행을 떠난 〈세렌딥의 세 왕자〉라는 페르시아 우화에서 비롯되었습니다.

세 왕자는 전설의 보물을 찾아 떠나지만 보물을 찾지 못합니다. 대신 계속되는 우연으로 지혜와 용기를 얻습니다. 세렌디피티는 18세기 영국의 작가인 호레이스 월폴이 자신의 친구에게 보낸 편지에서 언급하면서 알려지기 시작했습니다. 미국 사회학자 로버트 머튼은 이를 발전시켜 '세렌디피티의 법칙'을 제안했습니다. 세렌디피티의 법칙은 노력 끝에 찾아온 행운 혹은 실패 끝에 찾아온 행운을 의미합니다.

세렌디피티의 법칙의 예로 가장 많이 언급되는 것이 '포스트잇'입니다. 1968년 3M사의 스펜서 실버 연구원은 기존 제품보다 더 강력한 접착제를 개발하려다 배합을 잘못해 접착력은 강하지 않지만 끈적거리지 않고, 제거했을 때 잔여물이 남지 않는 접착제를 개발했습니다. 명백한 실패였지만 그는 자신이 발명한 접착제를 주위에 알렸습니다.

같은 연구소의 아트 프라이 연구원은 잘 떨어지지 않는 책갈피를 개발하려다 실버의 발명을 떠올렸고, 그에게 공동 연구를 제안했습니다. 1974년 마침내 포스트잇이 세상에 선보였고, 1980년대 이후 선풍적인 인기를 끌게 되었습니다. 만약 실버 연구원이 개발에 실패했다고 생각하며 자신의 연구를 폐기했더라면 나올 수 없는 제품이었습니다.

● **블루투스** Bluetooth

전자기기를 10~100m 정도 거리에서 무선으로 서로 연결하는 무선인터페이스 규격을 '블루투스'라고 부릅니다. 스마트폰와 무선헤드셋에 적용되는 기술로 PC, 프린터, 스마트폰, TV, 냉장고 등도 연결할 수 있습니다.

이 명칭은 10세기 덴마크와 노르웨이를 통일한 바이킹 왕 '헤럴드 블루투스 곰슨(910~985)'의 이름에서 유래했습니다. 북유럽을 통일한 블루투스 왕처럼 각종 디지털기기를 하나로 묶은 통신환경을 구축한다는 뜻입니다. 1988년 에릭슨을 주축으로 IBM, 인텔, 노키아, 도시바 등이 참여해 결성한 블루투스 SIG에 의해 세계적인 규격으로 자리 잡았습니다. 처음에는 프로젝트명이었지만 추후 기술 브랜드로 발전되었다고 합니다.

블루투스를 영어 그대로 해석하면 '푸른 이'가 됩니다. 왕이 전투 중 치아를 다쳐 파란색 의치를 넣었는데 웃을 때마다 파란 이가 드러나 '블루투스'라는 이름이 되었다는 설이 있습니다. 또 다른 설은 왕이 블루베리를 워낙 좋아해 이가 파래졌다는 이야기가 있습니다. 블루투스 왕은 기독교 문화를 덴마크에 정착시켰습니다. 생활이 안정되면서 당대 덴마크인들의 존경을 받았습니다.

• 피로스의 승리 |Pyrrhus victory

'피로스의 승리'란 의미 없는 승리를 말합니다. '상처뿐인 영광' '사실상 패전' 등으로 보면 됩니다. 고대 그리스 에피로스의 왕 피로스는 로마와 두 번에 걸친 전쟁을 치러 승리를 거둡니다. 하지만 두 전투에서 너무 많은 장수들을 잃었고, 결국 마지막 전투에서 패합니다. 이후부터 많은 희생이나 비용의 대가를 치른 승리를 '피로스의 승리'라 부르고 있습니다.

피로스의 승리를 경영·경제용어로 바꾸자면 '승자의 저주'가 됩니다. 즉 경쟁에서 이겼지만 과도한 비용을 치르는 바람에 어려움에 빠지는 것을 말합니다. 이 용어는 미국의 종합 석유회사인 애틀랜틱 리치필드 사에서 근무한 카펜, 클랩, 캠벨 등 3명의 엔지니어가 1971년 발표한 논문에서 처음 언급되었습니다. 이들은 1950년 멕시코만의 석유 시추권 공개입찰에 참여했던 미국 석유기업들의 예를 들었습니다. 당시 입찰자가 몰리면서 가격이 뛰었고 2천만 달러를 써낸 기업이 시추권을 따냈습니다. 하지만 석유 매장량 가치는 1천만 달러에 불과해 결과적으로 막대한 피해를 봤습니다. 이를 '승자의 저주'라고 정의 내렸습니다.

이 용어가 대중에게 알려진 것은 1992년 미국의 행동경제학자 리처드 세일러 교수가 『승자의 저주』를 발간하면서였고, 그는 행동경제학에 기여한 공로로 노벨 경제학상을 수상했습니다. 한국에서는 2006년 금호아시아나그룹의 대우건설 인수가 '피로스의 승리'로 불립니다. 금호아시아나그룹은 6조 원을 써내 인수에 성공했지만 자금 마련을 못해 풍비박산 났습니다.

문학과 관련된 흥미로운 경제용어들

위대한 개츠비 곡선·붉은 여왕 효과·보아뱀 전략·케렌시아

문학과 경제학은 생각보다 가깝습니다. 갈등을 다루는 것이 문학이라면, 선택을 돕는 것이 경제학이기 때문입니다. 그래서일까요, 소설은 때때로 경제학자들에게 아이디어를 줍니다.

• 위대한 개츠비 곡선 Great Gatsby curve

소득 불평등과 계층 이동의 상관관계를 보여주는 대표적인 지표로 '위대한 개츠비 곡선'이 있습니다. 마일스 코락 캐나다 오타와대 교수가 '대대로 이어지는 불평등'이라는 연구를 통해 소득 불평등(지니계수)과 소득 대물림 수준의 상관관계를 분석해 도출한 곡선입니다.

이 결과에 따르면 경제적 불평등이 커질수록 세대 간 계층 이

동의 가능성이 낮았습니다. 국가별로 보면 덴마크·노르웨이·스웨덴 등 북유럽 국가들은 가난한 집에 태어나도 고소득층으로 계층 이동이 쉬웠던 반면 미국과 영국은 계층 이동이 쉽지 않았습니다.

앨런 크루거 미 프린스턴대학교 교수는 2012년 백악관 경제자문관 시절 이 곡선을 '위대한 개츠비 곡선'이라 명명했습니다. 프랜시스 스콧 피츠제럴드의 소설 『위대한 개츠비』의 주인공 개츠비가 가난한 농부의 아들로 태어났지만 맨몸으로 막대한 부를 일궈 상류층에 진입한 데서 착안했습니다.

한국 사회도 갈수록 계층 이동이 어려워지고 부의 대물림은 심해지고 있습니다. 경제협력개발기구(OECD)에 따르면 한국의 소득 하위 10% 계층이 평균소득 계층에 진입하는 데 5세대(150년)가 걸리는 것으로 조사되었습니다.

• 붉은 여왕 효과 Red Queen effect

얼떨결에 붉은 여왕과 달리기를 하게 된 앨리스. 그런데 아무리 달려도 주변의 것들을 앞서나가지 못합니다. 여왕이 말합니다. "만약 다른 곳에 가고 싶으면 적어도 2배는 빨리 달려야 해."

루이스 캐럴의 작품 『거울나라의 앨리스』의 한 장면입니다. 이 장면을 미국의 진화생물학자인 밴 베일런이 주목했습니다. 그는 계속해서 발전하는 경쟁 상대에 맞서 끊임없이 변화하지 않는 주체는 결국 도태된다는 가설을 세웠습니다. 베일런은 이런 현상을 '붉은 여왕 효과'라고 이름 붙였습니다. 그러고는 1973년 자신의 논문인 〈새로운 진화 법칙(A New Evolutionary Law)〉에 담았습니다.

붉은 여왕 효과는 '붉은 여왕 가설(The Red Queen hypothesis)', 혹은 '붉은 여왕의 달리기'라고도 합니다. 베일런은 "생명체들은 모두 진화를 하는데 진화의 속도는 차이가 난다"며 "다른 생명체에 비해 상대적으로 진화가 더딘 생명체는 적자생존에 따라 소멸된다"고 주장했습니다.

1996년 미국 스탠퍼드대학교 교수인 윌리엄 바넷과 모튼 헨슨은 공동 논문 〈조직 진화 내의 붉은 여왕(The Red Queen in Organizational Evolution)〉을 통해 이를 경영학에 접목시켰습니다. 이들은 경쟁에서 성과를 높인 기업은 시장에서 승자가 되지만 오래 지속되기는 힘들다고 봤습니다. 후발주자는 선발주자의 장점과 단점을 알기 때문에 훨씬 빨리 달릴 수 있다는 것입니다. 노키아, 야후, 소니 등 몇 해 전만 해도 전 세계를 호령하던 기업이나 브랜드가 어느 날 사라져버린 현상을 붉은 여왕 효과는 잘 설명해주고 있습니다.

● 보아뱀 전략 보아뱀 M&A

'내'가 6세 때 그렸던 첫 번째 그림의 진의를 알아주는 사람을 어른이 되어서야 만났습니다. 그것도 불시착한 사하라 사막에서. 그가 '어린왕자'였습니다.

생텍쥐페리의 『어린왕자』에서 보아뱀 그림은 '진정한 사물의 가치는 겉이 아니라 내면에 있다'는 가르침을 일깨워주는 상징물입니다. 유로화가 도입되기 전, 프랑스가 썼던 50프랑 지폐 앞면에는 생텍쥐페리, 어린왕자와 함께 코끼리를 집어삼킨 보아뱀 그

림이 인쇄되어 있었습니다.

여기서 파생된 경제학 용어가 '보아뱀 전략'입니다. 보아뱀 전략은 자신보다 규모가 큰 기업을 인수합병(M&A)해 기업을 성장시키는 전략을 말합니다. 자신보다 규모가 큰 기업을 삼키다 보니 기업 형태 자체가 달라지기도 합니다. 주력산업이나 조직 구성이 크게 바뀌기 때문입니다. 코끼리를 집어삼킨 보아뱀의 모습이 모자처럼 바뀐 것과 유사합니다.

삼성경제연구소는 보고서 〈글로벌 M&A 시장의 보아뱀, 타타 그룹〉을 통해 2007년 인도 조강능력 세계 56위의 인도 철강회사 타타스틸이 세계 9위의 영국 코러스를 인수한 것을 '보아뱀 전략'이라고 표현했습니다.

• 케렌시아 Querencia

"케렌시아 스타일로 즐기세요." 가구나 아파트 CF 광고를 보면 '케렌시아'라는 말이 자주 등장합니다. 카페 이름 중에서도 '케렌시아'가 많습니다.

'케렌시아(Querencia)'는 투우에서 쓰던 용어입니다. 투우사인 마타도르에 의해 소가 궁지에 몰리면 자신의 죽음을 직감한 듯 마지막 휴식처를 찾는데 그곳을 '케렌시아'라 부릅니다. 이 용어는 헤밍웨이가 쓴 에세이집 『오후의 죽음』을 통해 널리 알려졌습니다.

케렌시아는 '바라다'라는 뜻의 동사 'querer(케레르)'에서 나왔습니다. 케렌시아는 피난처, 안식처, 귀소본능, 귀소본능의 장소 등을 의미하는 단어로 굳어졌습니다. 현대에 들어와서는 '스트레스와 피로를 풀며 안정을 취할 수 있는 공간, 또는 그런 공간을 찾는 경향'으로 의미가 확장되었습니다.

투우장에서 케렌시아는 장소가 고정되어 있지 않습니다. 소가 가고 싶어 하는 링 안의 일정한 곳이면 어디나 케렌시아가 됩니다. 대부분의 소들은 자신이 들어온 문과 투우장의 벽을 케렌시아로 삼는다고 합니다. 그곳이 가장 낯익기 때문입니다.

어떤 소는 투우 중 자신이 말을 죽였던 곳을 케렌시아로 삼기도 합니다. 혹은 투우사를 한번 들이받았던 곳을 택하기도 합니다. 자신이 어떤 성공을 거둔 자랑스러운 곳이기 때문입니다. 무더운 날이라면 축축하고 서늘한 모래밭을 택하는 경우도 있습니다. 그저 이유 없이 링의 한 곳을 정하는 경우도 있습니다.

'나의 케렌시아'도 마찬가지입니다. 가장 낯익거나 안락한 곳, 혹은 성취의 경험을 느낄 수 있는 곳이라면 어디든 가능합니다. 가장 대표적인 공간이 '마이 스위트 홈'입니다. 누구의 방해도 받지 않는 나의 집은 재충전을 위한 최고의 공간입니다. 조용히 작품을 감상할 수 있는 골목길 작은 미술관, '나 홀로 영화'를 즐길 수 있는 심야영화관, LP판으로 가득 찬 더께 묻은 반지하 바는 도심 속 케렌시아로 부족함이 없습니다. 부모님이 살고 계시는 고향이나 나의 추억이 서려 있는 동네도 케렌시아가 될 수 있습니다.

자연과학과 관련된 흥미로운 경제용어들

미니멈의 법칙·슈뢰딩거의 고양이·이력효과

아이작 뉴턴이 만유인력의 법칙을 발견하자 인문사회학자들은 큰 영감을 받았습니다. 인간의 행동도 자연처럼 어떤 규칙이 있는 것이라는 확신을 갖게 된 것입니다. 그 규칙을 찾을 수 있다면 인간의 행동도 미리 예측할 수 있습니다.

시작이 그랬던 만큼 경제학 용어 중에는 자연과학에서 유래된 것들이 많습니다. 예컨대 탄력성은 물체가 외부의 힘을 받았을 때 튀기는 정도를 의미하는 물리학 용어였습니다.

· 미니멈의 법칙 Law of minimum

쇠사슬의 강도는 가장 강한 고리가 결정하는 것이 아니라 약한 고리가 결정합니다. 세게 당기다 보면 끊어지는 것은 약한 고리입니다. 이처럼 모든 조건이 다 충족되더라도 능력은 가장 부족한 조건에 맞춰 결정됩니다. 이를 '미니멈의 법칙'이라고 합니다.

독일의 화학자 유스투스 폰 리비히는 작물실험을 하다가 궁금증이 생겼습니다. 똑같은 조건에서 자란 농작물인데도 불구하고 때때로 수확이 크게 달라졌습니다. 이유가 뭘까 파헤쳐보니, 식물은 성장에 필요한 요소 중 한 가지만 부족해도 성장에 장애가 생긴다는 것을 알게 되었습니다. 즉 질소, 인산을 아무리 많이 주더라도 칼륨이 모자란다면 식물의 성장은 제한됩니다. 그의 이론은 여러 개의 나무판을 잇대어 만든 나무 물통이 있을 때 나무 물통에 채워지는 물의 양은 가장 낮은 나무에 의해 결정된다는 '리비히의 물통'으로도 설명됩니다.

아무리 전문성이 뛰어나고 지식이 많아도, 도덕성이 부족하면 그 이상의 자리에 가기 힘듭니다. 대단한 조직도 때때로 직원의 작은 실수에 의해 무너집니다.

화려한 공격진을 갖춘 축구팀도 수비력이 약하면 우승하기 힘듭니다. 전 과목 A+를 받아도 한 과목이 F이면 졸업이 안 되는 것도 '미니멈의 법칙'과 닮았습니다.

대기업이 아무리 강해도 중소기업이 약하면 국가 경제가 그 이상의 힘을 갖기 힘듭니다. 국민소득이 높더라도 빈부 격차가 심하다면 역시 안정적인 경제 구조가 유지될 수 없습니다. 수출이 많이 되더라도 내수가 약하다면 위기에 쉽게 무너집니다. 중소기업과 저소득층, 내수를 튼튼히 해야 하는 것은 이 때문입니다.

• 슈뢰딩거의 고양이 Schrödinger's Cat

고양이가 상자 속에 갇혀 있습니다. 이 상자에는 방사성 핵이 들어 있는 기계와 독가스가 들어 있는 통이 연결되어 있습니다. 한 시간 안에 핵이 붕괴할 확률은 50%, 즉 반반입니다. 만약 핵이 붕괴하면 독가스가 나와 고양이는 죽습니다. 고양이의 생사 가능성은 50대 50입니다. 과연 이 고양이는 죽은 것일까요, 살아 있는 것일까요?

양자역학에서는 이 상태를 "고양이가 반은 살았고, 반은 죽었다"고 표현합니다. 즉 고양이는 죽었는지 살았는지 모르는 불확실한 상태로 존재합니다. 이를 '슈뢰딩거의 고양이', 혹은 '슈뢰딩거의 역설'이라고 합니다. 슈뢰딩거의 고양이는 우리가 세상만사를 다 알 수 없다는 것을 증명합니다.

슈뢰딩거의 고양이는 경제학에서 미래 예측이 틀릴 수밖에 없는 이유를 설명하는 자연과학적 근거로 자주 사용됩니다. 『10년 후의 미래』를 쓴 대니얼 앨트먼 뉴욕대 교수는 슈뢰딩거의 고양이를 거론하며 "세계 경제를 예측하는 일도 이와 비슷하다"고 말했습니다.

예측에 대한 자만은 사고를 부릅니다. 대표적인 것이 서브 프라임 모기지 사태입니다. 미국발 금융위기는 "수학과 물리학을 동원해 완벽하게 만든 파생상품이라서 경제위기를 불러오지 않는다"는 만용이 불러일으킨 인재였습니다.

슈뢰딩거의 고양이에 따르면 미래는 "모른다"가 정답입니다. 2019년 코로나19로 모든 인류가 마스크를 쓰고 다닐 것이라고 누가 예측했겠습니까? 한국 경제를 비롯 글로벌 경제가 마이너스 성장을 할 것이라고 누가 점칠 수 있었을까요?

• 이력효과 Hysteresis

1970년대 오일쇼크로 유럽의 실업률이 8%대로 치솟았습니다. 사람들은 기름값이 정상화되고 경제가 원래대로 돌아가면 직업을 갖지 못한 사람들이 일자리를 가질 수 있을 것이라 믿었습니다. 1980년대 오일쇼크의 충격은 사라졌지만 실업률은 10% 내외에서 좀처럼 떨어지지 않았습니다. 이유가 뭘까요?

용수철을 잡아당겼다 놓으면 원래대로 돌아갑니다. 하지만 항상 그런 것은 아닙니다. 과도하게 잡아당기면 망가져버리고, 다시 원래대로 돌아가지 않습니다.

이처럼 외부적인 힘에 의해 어떤 물질의 성질이 변화된 뒤, 그 변화의 원인이 제거되었음에도 본래의 상태로 되돌아가지 않는 현상을 물리학에서는 '이력효과'라 부릅니다. 예를 들어 쇠붙이에 자기장을 가해서 자성을 띠도록 만든 뒤에 자기장을 제거해도 쇠붙이는 여전히 자석 성질을 가집니다.

1970년대 오일쇼크로 높아진 유럽의 실업률이 다시 낮아지지 않는 것을 설명하기 위해 이력효과가 차용되었습니다. 경제학자들은 2가지로 설명했습니다. 하나는 실업자들이 장기간 실업 상태에 빠지면서 기술과 경험을 축적할 기회를 갖지 못한 반면 기술은 재빨리 발전해 경기호황이 되어도 재취업이 어려워졌다는 것입니다. 또 하나는 기존 취업자들이 경기호황의 성과로 임금을 높여 받으면서 고용주들이 직원을 추가로 채용할 여유가 없어졌다는 것입니다.

어찌되었건 경기호황기에 생각보다 일자리가 늘어나지 않는다는 것은 경제학자들을 곤란하게 만들었습니다. 통화론자들은 실업률을 떨어뜨리는 대안으로 "돈을 풀어 경기를 확장시켜야 실업률이 낮아진다"고 주장했습니다. 단순 경기 회복으로는 안 되고, 유동성을 공급해 일자리를 늘려야 고용이 증가한다는 것입니다.

낮은 경제 성장이 몇 년 계속되면 가계와 기업 등이 성장에 대한 확신을 잃어버려 실제 경제성장률이 떨어지는 현상도 이력효과로 설명됩니다. 추후 경기가 회복되더라도 경제에 대한 자신감이 없어 고성장으로 이어가기 어렵다는 것입니다. 저성장의 고착화는 그래서 무섭습니다.

겨울과 관련된 흥미로운 경제용어들

크리스마스의 자중손실·스노우볼 효과·휘게

크리스마스가 있는 겨울에는 눈과 얼음의 축제가 시작됩니다. 따뜻한 핫초코 한 잔을 호호 입김 불어 마시면 어느새 우리들 마음에도 훈기가 돕니다. 겨울이라는 계절은 경제학에 어떤 용어를 선사했을까요?

• 크리스마스의 자중손실 The Deadweight Loss of Christmas

크리스마스 선물을 고른다는 건 여간 고민스럽지 않습니다. 누구나 큰 기대를 하고 있어서 웬만한 선물을 사서는 상대를 만족시켜주기가 어렵습니다. 그러다 보니 크리스마스 때 받은 선물은 종종 실제 가치보다 낮게 평가되는데 이를 '크리스마스의 자중손실'이라 부릅니다.

미국 펜실베이니아대학교 와튼 스쿨의 조엘 월드포겔 교수는 크리스마스 때 선물을 받은 학생들에게 자신이 받은 선물의 가격을 추정해보라고 했습니다.

그랬더니 학생들이 평가한 구입가는 실제 구입가의 67~90%에 불과했습니다. 즉 100달러짜리 선물을 받고도 학생들은 67~90달러 정도면 살 수 있는 선물이라고 생각한 것입니다. 2009년 사회경제학 저널에 실린 논문을 보면 크리스마스 선물을 받은 사람이 평가한 효용가치는 책 74%, 신발 92%, 주방용품 77% 등이었다고 합니다.

선물이 값에 걸맞은 효용을 못 줬으니 사회 전체적으로는 그만큼 효용손실이 발생했습니다. 〈월스트리트저널(WSJ)〉은 크리스마스 기간 주고받는 선물 때문에 미국에서만 100억 달러(12조 원) 가량의 자중손실이 발생한다고 봤습니다.

바꿔 말하면 크리스마스 마케팅을 많이 할수록 경제에는 오히려 악영향을 끼칠 수 있습니다. 〈월스트리트저널〉은 "차라리 크리스마스 소비를 줄이는 것이 경제 전체적으로는 이득"이라고 밝혔습니다. 즉 크리스마스 때 아낀 돈으로 연초에 필요한 물건을 사는 것이 낫다는 것입니다.

하지만 〈월스트리트저널〉은 설문조사한 경제학자 54명 전체가 크리스마스 때 여전히 크리스마스 선물을 사고 있다고 밝혔습니다. 이성적인 경제 논리로는 바보 같은 행동으로 보이지만 가족이나 연인의 선물을 사지 않고 크리스마스를 넘길 강심장들은 없었습니다.

• 스노우볼 효과 Snowball effect

주먹만 한 눈덩이를 계속 굴리다 보면 산더미처럼 커집니다. 이처럼 처음에는 작았던 자산을 계속 굴리면 크게 되는 것을 '스노우볼 효과'라고 부릅니다.

세계적인 투자가인 워런 버핏은 스노우볼 효과가 자신의 장기투자 철학을 가장 잘 표현한다고 봤습니다. 그래서 가급적 투자는 빨리 시작하고, 하루라도 더 오래 투자하라고 했습니다. 2008년 출간된 자신의 자서전에 『스노우볼』(앨리스 슈뢰더 지음)이라고 이름을 붙인 것도 이 때문이었습니다. 그는 "삶은 스노우볼을 굴리는 것과 비슷합니다. 중요한 것은 촉촉한 눈과 아주 높은 언덕을 찾는 것에 있습니다"라고 말했습니다.

작은 돈도 시간과 이자를 만나면 엄청나게 큰돈으로 바뀔 수 있습니다. 이게 바로 복리의 놀라운 효과입니다. 복리는 원금에 붙은 이자에 이자가 붙는 것을 말합니다. 복리는 '72법칙'이 적용됩니다. 복리로 원금이 2배 될 때까지 걸리는 시간으로, 복리 수익률로 72를 나누면 됩니다. 즉 복리 수익률이 6%라면 '72/6=12년'이 됩니다. 100만 원을 넣고 12년이 지나면 200만 원이 된다는 의미입니다.

만약 연 4%의 수익률을 거둘 수 있는 투자 상품이 있다고 칩시다. 60세 은퇴까지 3억 원을 모아야 한다면 20대에는 월 25만 원을 저축해야 하지만 40대에는 82만 원을 투자해야 합니다. 무려 3배 이상 월 투자금이 필요하다는 얘기입니다. 만약 50대부터 시작한다면 월 203만 원을 저축해야 합니다. 20대 투자액의 10배입니다.

• 휘게 Hygge

추운 겨울, 벽난로 근처에서 친구나 가족들과 함께 혹은 혼자 커피를 마시면서 안락하다고 느낀다면 '휘게'라고 말할 수 있습니다. 휘게란 '편안한 행복함'을 뜻하는 덴마크어인데, 덴마크식 라이프스타일을 의미하는 말로 확장되었습니다.

코펜하겐에 있는 씽크탱크인 해피니스리서치 인스티튜트의 마이크 바이킹 최고경영자(CEO)는 "휘게는 따뜻한 포옹과 같은 감정"이라고 말했습니다. 주방이나 거실의 아늑한 구석 공간은 '휘게 크로그', 일요일에 여유롭게 책을 읽거나 음악을 듣는 것은 '쉰다스 휘게', 친밀한 대화는 '휘게스나크'라고 부릅니다. CNBC는 일상에서 행복을 찾는 덴마크식 라이프스타일이 전 세계적으로 퍼지면서 휘게와 관련된 책만 20여 권이 출판되었다고 밝혔습니다.